JN411396

우초신지 2

虞初新志

The New Selections of 'Yú-Chú'

옮긴이 이민숙(李玟淑)은 중국 문언소설과 필기문헌을 전공했다. 한국외국어대학교에서 「기윤의 『열미초당필기』 연구」로 박사학위를 받았으며, 현재 한국외국어대학교와 경희대 등에서 강의를 하고 있다. 쓰고 번역한 책으로는 『한자콘서트』(공저), 『열미초당필기』, 『태평광기』(전21권, 공역)가 있고, 기윤과 『열미초당필기』에 관련된 연구논문이 있다.

옮긴이 이주해(李珠海)는 중국 唐宋時代의 고전 산문과 문체이론을 전공했다. 國立臺灣大學에서 『唐代古文家의 문체혁신 연구'로 박사학위를 받았다. 논문으로는 「雜文과 唐代古文運動과의 관계」, 「悲士不遇 문학전통과 韓愈의 設論體 辭賦」 등이 있고, 옮긴 책으로는 『태평광기』 권9~21(공역) 『한유문집』 1~2 및 조선문인 홍길주 문집(『현수갑고』, 『표롱을첨』, 『항해병함』, 공역) 등이 있다.

옮긴이 박계화(朴桂花)는 중국문언소설과 필기문헌을 전공했다. 연세대학교에서 『청초문언소설의 서사특징 연구』로 박사학위를 받았으며, 현재 성균관대학교 동아시아학술원 대동문화연구소의 연구원으로 있다. 논문으로는 「18세기 조선 문인이 본 중국염정소설—『欽英』을 중심으로」, 「소송사회의 필요악 訟師—명청대 문언소설 속에 나타난 訟師의 형상과 법률문화」 등이 있고, 번역서로 『역사에서 허구로』, 『태평광기』가 있다.

옮긴이 정민경(鄭暋暻)은 중국 문언소설과 필기문헌을 전공했다. 중국사회과학원에서 「단성식의 『유양잡조』 연구」로 박사학위를 받았으며, 현재 이화여자대학교 중국문화연구소 전임연구원으로 있다. 쓰고 옮긴 책으로는 『청 모종강본 삼국지』(상·하), 『태평광기』, 『옛이야기와 에듀테인먼트 콘텐츠』가 있고, 이외에도 唐代소설과 明代문학에 관한 연구논문이 있다.

우초신지虞初新志 2

1판 1쇄 인쇄 2011년 7월 20일 **1판 1쇄 발행** 2011년 7월 25일

옮긴이 이민숙·이주해·박계화·정민경 **펴낸이** 박성모 **펴낸곳** 소명출판
등록 제13-522호 **주소** 137-878 서울시 서초구 서초동 1621-18 (란빌딩 1층)
대표전화 (02) 585-7840 **팩시밀리** (02) 585-7848
이메일 somyong@korea.com **홈페이지** www.somyong.co.kr

ISBN 978-89-5626-602-2 94820 값 19,000원,
ISBN 978-89-5626-600-8 (전4권)

이 번역도서는 2005년도 정부재원(교육인적자원부 학술연구조성사업비)으로 한국연구재단의 지원에 의하여 연구되었음.

우초신지 2

虞初新志

이민숙 · 이주해 · 박계화 · 정민경 옮김

◆ **일러두기**

1. 본 번역은 필기소설대관본(筆記小說大觀本; 上海 進步書局의 『우초신지』)을 저본으로 하여 역주하였다.
2. 참고서목
   ① 『우초신지』, 신안(新安) 사람 산래(山來) 장조(張潮)가 집(輯)하고, 경해(瓊海) 사람 양호번부(梁湖樊夫) 황국정(黃國政)이 교점(校點)한, 인민일보출판사(人民日報出版社) 출판본.(민국24년 上海 開明書店 鉛印本을 排印함)
   ② 『우초신지』, 문학고적간행사(文學古籍刊行社), 1954.
   ③ 『우초신지』, 하북인민출판사(河北人民出版社), 1985.(민국24년 상해개명서점 연배본을 배인)
3. 『우초신지』는 다음의 원칙에 의해 번역되었다.
   ① 작가 소개는 일괄적으로 모아서 수록한다.
   ② 처음 나오는 고유명사는 괄호 안에 한자를 넣어주고, 그 뒤로는 가급적 생략한다.
   ③ 연호는 흥국연간(興國年間 : 976~983)과 같이 표기한다.
   ④ 원문에는 없으나, 번역의 필요로 인해 첨가한 문장은 [ ] 안에 넣는다.
   ⑤ 작품 제목은 풀어주는 것을 원칙으로 한다.
   예) '記老神仙傳'의 경우 '노신선의 일을 기록하다[記老神仙傳]'
   ⑥ 각주에서는 표제어를 제시한다. 각주의 내용이 길 경우 "……"를 이용해 어디부터 어디까지에 관련된 주석인지를 밝힌다.
   ⑦ 책이름은 『 』로, 작품명은 「 」로 표기한다.
   ⑧ 【 】 안에 작은 글씨로 되어 있는 것은 『우초신지』에 실려 있는 원주(原註)다.
   ⑨ 원문과 번역문의 부호는 통일을 원칙으로 한다.

1

『우초신지(虞初新志)』는 명말청초(明末淸初) 시기의 문학가인 장조(張潮)가 편찬한 책으로, 출판 당시 집집마다 한 부씩 가지고 있을 정도로 인기가 있던 중국 강남문사들의 애독물이었다. 특히 이민족인 청조(淸朝)의 지배를 받게 된 한족에게는 울분과 향수의 대상으로 널리 애독되었다.

『우초신지』는 조선과 일본에도 전래되었는데, 특히 조선후기 문인들의 『우초신지』에 대한 관심은 대단했다. 먼저 유만주(兪晩柱 : 1755~1788)는 자신의 독서일기 『흠영(欽英)』에서 『우초신지』를 1755년 처음 접한 이래로 향후 5년 남짓 동안 틈틈이 이 책을 읽었고, 1784년에는 『우초신지』의 신간본(新刊本)을 또 접했다고 밝혔다. 유득공(柳得恭 : 1748~1807)은 1776년 연경(燕京)에 사신 가는 사람에게 '절묘한 문장'으로 이루어진 『우초신지』를 꼭 구해줄 것을 당부했으며, 김려(金鑢 : 1766~1821)와 김조순(金祖淳 : 1765~1832)은 『우초신지』를 몹시 애호하여 이와 유사한 작품들을 짓고 그 작품들을 모아 1792년 무렵 『우초속지(虞初續志)』를 만들기도 했다. 대학자인 정약용(丁若鏞)도 『우초신지』를 접한 바 있다고 하였다. 19세기의 유명한 여항시인인 유최진(柳最鎭 : 1791~1869)은 1846년에 자신이 평소 애호하던 명청시대의 글을 뽑아 『학산수초(學山手抄)』라는 제목으로 필사해 놓았는데, 이 책의 가장 많은 편수를 차지하는 것이 바로 『우초신지』의 작품들이었다.

2

장조는 자가 산래(山來), 호가 심재(心齋)이며 안휘성(安徽省) 흡현(歙縣) 사람이다. 여러 차례 과거에 응시했으나 모두 낙방하여 청초 문인인 공상임(孔尚任), 모벽강(毛辟疆), 진유숭(陳維崧) 등과 교유하면서 벼슬길에 나가지 않은 채 독서와 저술에 매진했으며 서적 출판을 낙으로 삼았다. 그 결과 많은 책들을 간행했는데, 그가 편집한 책으로는 명말 작가들의 소품문(小品文)을 모아놓은 『단궤총서(檀几叢書)』, 청초 학자들의 저작들을 모아놓은 『소대총서(昭代叢書)』 그리고 친구들이 장조에게 보낸 편지들을 모아놓은 『우성집(友聲集)』 등이 있다. 장조는 이들 책을 편찬하면서 실생활에 도움이 되는 쓸모 있는 문장만을 수록하고자 했다. 이러한 그의 출판 경향은 『우초신지』 편찬에도 그대로 드러난다. 그는 '새로움(新)'이라는 가치를 표방하며 이전의 우초 시리즈와 차별화되는 새로운 내용을 첨가했는데, 「자서(自敍)」에서도 밝히고 있듯이 그는 당시 명사(名士)들의 이야기를 직접 채록하여 명말청초에 살았던 인물들이 직접 겪은 기이한 이야기 위주로 기록하였다.

『우초신지』「범례」에서 장조는 자신이 그윽하고 기이한 것을 좋아하며, 가슴속에 감정과 울분이 많아, 신선과 영웅호걸 고사를 통해 자신이 품은 뜻을 기탁했고, 외사씨(外史氏)가 지은 기이한 문장을 통해 자신의 마음을 적었다고 밝혔다. 실의한 채 혼란의 시대를 살아야 했던 장조는 시대의 변화에 부응하여 출세와 영달을 꿈꾸기 보다는, 체제 반항적인 지식인들과 의식을 공유하며 자신의 분(憤)을 발산했던 것이다. 이 점은 장조가 편집 대상으로 삼은 작가들의 성향을 보아도 알 수 있다. 이들의 경력과 처세 등을 살펴보면, 대부분이 청대에 들어와 관직에 나가지 않고 은거하거나, 세상에 구속됨 없이 뜻 맞는 사람과 교유하며 자유분방하게 살았던 자들이다. 관직에 나갔더라도 주양공(周亮工)과 왕사정(王士禎) 등은 명나라 유민들과 교유하는 것을 좋아했고, 전겸익과 오위업(吳偉業) 등은 관직에 나갔다가 후에 자신의 행동을 후회하며 고국지정(故國之情)을 토로했다. 오위업, 후방역(侯方域), 장명필(張明弼)과 같은 이들은 명대 복사(復社)의 일원으로 정치적 비판에 적극적이었는데, 특히 후방역은 엄당(閹黨)의 완대성(阮大鋮)을 비판하다가 심한 탄압을 받은 것으로 유명하다. 그가 지은 「마령전(馬伶傳)」도 위충현(魏忠賢)과 한 패인 재상 고병겸(顧秉謙)을 빗대어 비판한 작품이다. 또 이들 문인들은 청조의 박학홍유 정책 등 유화책에도 동조하지 않았으며, 강압책 하에서는 저서가 금서조치 당하거나 과장안(科場案), 주소안(奏銷案), 남산집안(南山集案) 등 문자옥에 연루되는 수난을 당했다. 이러한 상황으로 볼 때, 장조는 정치적, 사회적으로 평탄치 않은 삶을 산 이들의 작품 속에서 자신이 느끼는 곤궁함과 근심, 분노를 읽어냈다고 할 수 있다.

한편 장조는 「범례」에서 "[나의 이 선집은] 책을 읽은 여가에 펼쳐보면 머리를 식힐 수 있을 것이고, 휴식을 취한 여가에 뒤적이다 보면 눈이 저절로 뻥 뚫릴 것이다"라 하면서 자신의 작품을 '소일거리로서의 소설'로 위치 지우고 있다. 이것은 『점교우초지(點校虞初志)』「서(序)」에서 소설의 오락적 가치를 인정한 탕현조(湯顯祖)의 소설관(小說觀)을 계승한 것이라고도 할 수 있다.

> 기이하고도 황당하고, 사라질 것도 같고 없어질 것도 같고, 재밌기도 하고 놀랍기도 한 이야기들로 읽는 사람의 마음을 열어주고 머리를 맑게 해주어 몸이 날아갈 듯, 눈썹이 춤을 출 듯 만든다. 비록 웅장하고 고상한 맛은 『사기』나 『한서』보다 못하고, 간략하고 담박한 맛은 『세설신어』보다 못하지만, 아름답고 매끄러운 것이 진실로 소설가의 보물선이다.
>
> 以奇僻荒誕, 若滅若沒, 可喜可愕之事, 讀之使人心開神釋, 骨飛眉舞. 雖雄高不如『史』·『漢』, 簡澹不如『世說』, 而婉縟流麗, 洵小說家之珍珠船也.

소설의 미적 기능이 독자들을 즐겁게 해주는 데 있으며, 딱딱한 고문(古文)보다 더 큰 감동과 영향을 줄 수 있다는 탕현조의 관점은 이전 소설가와 비평가들이 소설의 기능을 도(道)와 연결시켜 교화적 측면에서 오락성을 언급한 것과는 차별화 된다. 탕현조와 장조는 모두 소설의 오락적 기능을 문학적 가치로 인정하였던 것이다. 이와 같은 소설관은 『우초신지』의 편집 의도와 직접적으로 연결된다. 즉 "기뻐할 만하고, 놀랄 만하고, 노래할 만하고, 눈물 흘릴 만한" 일사(軼事)들은 옛날에만 있었던 것이 아니라 지금 세상에도 널리 존재하므로, 이처럼 "사람의 마음을 사로잡는 농담과 우스갯소리, 기이하고 괴상한 이야기들"을 일종의 소일거리로써 독자들에게 제공하고자 했던 것이다.

장조는 「원서(原敍)」에서 『우초신지』에 수록된 문장들을 소개하면서 대부분 "기이하고 상세하고 훌륭하고 정교하다"고 평하였다. 형상의 묘사가 생동감 있고 핍진하기 때문에 독자들에게 더 큰 "재미"를 부여할 수 있다는 것이다. 그러나 기교적 측면을 강조함과 동시에, 내용적으로도 생활의 진실성을 담아내야 한다고 주장했다. 기존의 패관소설들은 "즐겁지도 않은데 억지로 웃고, 슬프지도 않은데 억지로 울며, 말을 어지러이 늘어놓고 이어 붙였을 뿐"인데 반해, 『우초신지』의 글들은 우리네 삶 속에 "있을 법도 하고, 그럴 리가 없을 것 같은데 실제로는 존재하는" 그런 내용들로 점철되어 있기 때문에 읽으면 "괜히 즐겁고 괜히 놀라고 괜히 노래하고 싶고 괜히 울고 싶어진다"는 것이다. 이러한 일련의 견해들을 통해, 장조는 작가의 감정과 현실을 반영함과 동시에 오락적 기능을 지닌 소설의 미감을 자각하고 있었음을 알 수 있다.

3

『우초신지』는 '우초'라는 제목에서 알 수 있듯이 우초시리즈 중의 하나이다. 우초시리즈는 『우초주설(虞初周說)』에서부터 시작되는데, 한나라 무제(武帝) 때의 방사(方士)인 우초가 『주서(周書)』에 근거해서 『주설』 즉 『우초주설』을 지은 데서 비롯되었다. 『우초주설』은 반고(班固)의 『한서(漢書)·예문지(藝文志)』에 소설 15가(家) 중 하나로 기록되어 있고 장형(張衡)의 「서경부(西京賦)」에도 소설이 우초에서 시작되었다고 언급하고 있다. 그러나 장조 자신이 「범례」에서 밝히고 있듯, "우초의 이름으로 책 이름을 삼은 것은, 지괴류의 책이 늘 『제해(齊諧)』라고 이름 붙이고, 기이한 것을 모아 놓은 책이 늘 『이견(夷堅)』이라 이름 붙이는 것과 같은 맥락"에서이다. 즉 우초 시리즈에서의 '우초'는 이미 방사의 이름이 아닌 소설의 대명사가 되어 하나의 소설 체재를 상징하고 있는 것이다.

우초 시리즈가 등장한 것은 중국 고대 문언소설의 총집이 왕성하게 편찬되던 명대부터이다. 우초시리즈는 당시 이지(李贄), 탕현조(湯顯祖), 풍몽룡(馮夢龍), 원굉도(袁宏道) 등 문인들이 문학방면의 문헌들을 점교(點校)하거나 선별하여 편찬하는 분위기 속에서 출현하게 되었다. 우초시리즈의 문을 연 작품이 바로 『우초지(虞初志)』인데, 『우초지』는 당대(唐代)의 유명한 전기(傳奇)나 지괴(志怪) 작품 등을 선별하여 수록해 놓은 선집이다. 『우초지』가 나온 이후에 『우초지』에서의 소설 선별 기준과 체제에 근거하여 이를 모방한 속작들이 대량 쏟아져 나오면서 우초시리즈를 형성하기에 이르렀다. 대표적인 작품으로는 육씨(陸氏)의 『우초지(虞初志)』, 탕현조의 『속우초지(續虞初志)』, 등교림(鄧喬林)의 『광우초지(廣虞初志)』 등이다. 『우초지』 계열은 『우초주설』과는 다르게 개인의 소설집이 아니라 유명한 작가의 소설들을 선별하여 만든 소설총집이라고 할 수 있다.

명대에 유행했던 『우초지』 계열이 청대에 들어오면 새로운 체제로 다시 태어나게 되는데, 이것이 바로 『우초신지』이다. 『우초지』가 명대 이전의 유명한 소설 작품들을 선별하여 수록했다면 『우초신지』는 청대 당시 사람들의 전기(傳奇)나 전기(傳記) 작품을 선별하여 수록했다고 할 수 있다. 바로 장조가 중시했던 현실 중시 사상이 반영된 것이다. 『우초신지』는 명말청초의 문인들의 필기(筆記)와 시문집에 들어 있는 전기(傳奇), 지괴(志怪), 지인(志人) 등 당시 80여 명의 작품 150여 편을 수록하고 있다. 이렇게 『우초신지』는 『우초지』의 틀을 깨뜨리고 새로운 체제와 내용을 추구함으로써 당시 사회에서 반향을 일으켰다. 『우초신지』의 출현 이후 계속해서 속작들이 만들어졌는데, 청대 정성우(鄭醒愚)의 『우초속지(虞初續志)』, 황승증(黃承增)의 『광우초신지(廣虞初新志)』는 물론이고, 근대에도 『우초근지(虞初近志)』, 『우초지지(虞初支志)』, 『증광우초지(增廣虞初志)』 등이 계속해서 나와 그 영향력을 과시하고 있다.

4

『우초신지』「자서」와「총발(總跋)」및 장조의 서신 모음집『척독우성(尺牘友聲)』과『척독우존(尺牘偶存)』등의 자료에 의하면,『우초신지』는 대략 강희(康熙) 22년(1683)에 편집되기 시작해 1684년 무렵 8권의 형태로 간행되고, 이후 4권 씩 증간하여「총발」을 쓴 강희 39년(1700) 이후 1704년 무렵 현재의 20권 분량으로 완결 간행된 것으로 보인다.「범례」에서 본인 스스로 밝히고 있듯, 먼저 입수하는 순서대로 그때그때 간행했기 때문에 그 안에서 일관된 체례(體例)를 찾아보기는 어렵다.

출판된 이후 매우 유행했던 것으로 보아 그 판본 역시 다양해 보이는데, 함께 수록된 작가 중의 한 사람인 전겸익(錢謙益 : 1582~1664)의 문집이 1769년 청조로부터 공식 훼판(毁板)당하는 사건 등으로 인해『우초신지』의 이후 출간은 복잡한 양태를 띄게 되었다.

현재 중국에 남아있는 판본으로는 강희 39년(1700)각본, 건륭(乾隆) 병신(1760) 이청당중간수진본(詒淸堂重刊袖珍本) 등이 있고, 현재 통행되는 것으로는 필기소설대관본(筆記小說大觀本) 등이 있다. 최근에 나온 것으로는 민국24년 상해개명서점(上海開明書店)의 연인본(鉛印本)을 배인(排印)한 인민일보출판사(人民日報出版社) 간행본『우초신지』, 1954년 문학고적간행사(文學古籍刊行社) 간행본『우초신지』, 1985년 민국24년 상해개명서점(上海開明書店)의 연배본(鉛排本)을 배인(排印)한 하북인민출판사(河北人民出版社) 간행본『우초신지』, 그리고 민국57년(1968) 대만 광문서국(廣文書局)에서 간행한『우초신지』등이 있다. 각 판본마다 작품의 출입이 있고, 같은 작품 내에서도 문자의 출입이 보이는데, 이번 번역본은 필기소설대관본을 기본 텍스트로 하되 기타 판본들까지 널리 참고하여 오자를 고치고 내용을 추가하는 등, 보다 완전한 모습을 재현해내고자 심혈을 기울였다.

5

『우초신지』의 내용과 특징에 관해 간략히 소개하고자 한다.

『우초신지』에 가장 많이 보이는 것은 편찬자 장조가 직접 밝혔듯이 황당하고 기이한 이야기들이다. 따라서 귀신 이야기, 영험한 짐승 이야기, 불가사의한 현상에 대한 이야기, 도인들에 관한 이야기, 예언에 관한 이야기가 주류를 이룬다. 하지만 이러한 것들 이외에도 『우초신지』에는 의미심장한 내용의 글들이 다수 실려 있는데, 그 대략을 나누어보면 다음과 같다.

앞에서도 밝혔듯이 『우초신지』는 명말청초라는 시대를 배경으로 하기 때문에 그 시대를 들여다보는 훌륭한 창구(窓口)가 되어준다. 특히 강남 문사들의 교유와 그들이 형성했던 문화, 위충현(魏忠賢)과 완대성(阮大鋮)을 위시한 엄당(閹黨)의 핍박하에서 지식인들이 겪었던 고초, 이자성(李自成)의 난과 청군(淸軍)의 남하 등 시대의 동란으로 인해 신음하고 유리되었던 민초들의 삶 등이 『우초신지』라는 한 권의 책 속에 고스란히 녹아있다. 따라서 이 책은 흥미와 고도의 기교를 지닌 문학작품일 뿐만 아니라 한 시대사를 읽어내는 고귀한 사료로서의 의미도 지닌다. 「강정의 선생전(姜貞毅先生傳)」이나 「손문정, 황석재의 일사[孫文正黃石齋兩逸事]」, 「척삼랑의 일을 적다[書戚三郞事]」, 「주시어의 일을 기록하다[紀周侍御事]」 등의 작품이 대표적이다.

그 다음으로 흥미로운 것은 기인들에 관한 기록이다. 『우초신지』에 등장하는 기인들은 그 기이함의 내면에 시대의 아픔이 서려있다. 그들이 '정상인'의 삶을 버리고 기행(奇行)을 일삼는 '기인'의 길을 선택한 데는 나라를 잃은 울분이 잠재해 있다는 것이다. 일표자(一瓢子), 팔대산인(八大山人), 애철도인(愛鐵道人), 구피도사(狗皮道士), 소옹(嘯翁), 유주(劉酒). 이들은 시대와 타협하기 싫어 기행을 일삼았고, 또 그 기행을 통해 정상인을 비

웃고 시대를 비웃었다. 이는 개인의 아픔이자 곧 시대의 아픔이었던 것이다.

『우초신지』에는 금릉(金陵)을 중심으로 발달했던 기루(妓樓) 문화가 많이 소개되어 있다. 특히 권20의 「판교잡기(板橋雜記)」는 그것의 집대성이라 이를 만하다. 남조의 땅 금릉 진회하(秦淮河), 진(晉)나라 왕헌지(王獻之)와 애첩 도엽(桃葉)이 애틋한 사랑을 나누던 도엽나루 일대를 중심으로 펼쳐지는 명사(名士)와 기녀들의 사랑 이야기를 통해, 강남 풍류사(風流事)를 간접 체험할 수 있다. 뿐만 아니라 기녀들에 의해 형성된 음식과 의복과 장식과 기물 등, 독특한 기방 문화가 다양하게 소개되어 있어 당시의 금릉의 사치스럽던 단면을 읽어내는 데 많은 도움을 준다. 또 한 가지 주목할 점은 남성의 부용(附庸)으로 등장하던 기녀들이 여기서는 주체성을 지닌 인격체로 묘사된다는 점이다. 「모희 동소완전(毛姬董小宛傳)」에 나오는 모벽강(毛辟疆)의 애첩 동소완, 「유부인 소전(柳夫人小傳)」에 나오는 전겸익(錢謙益)의 애첩 유여시(柳如是), 「이희전(李姬傳)」에 나오는 후방역(侯方域)의 애첩 이향군(李香君) 등은 시를 지어 남편과 창화하고, 먹을 갈아 남편을 시중들며, 남편이 정치적 지조를 잃지 않도록 조언해준다. 때에 맞춰 술을 담그고, 매화 필 때면 꽃꽂이를 하며, 금을 뜯으며 노래를 한다. 한 사람 한 사람 서로 다른 개성과 아름다움을 지닌 인격체로 묘사된다. 생동감 있고 핍진한 묘사에, 그들의 그림자가 지면에 어른거리는 듯한 느낌을 받을 수 있다.

『우초신지』에는 「남유기(南遊記)」라는 장편의 유기(遊記)가 수록되어 있다. 실의한 마음을 달래려 여행을 시작한 작가는 중원 일대를 몇 달에 걸쳐 유람하면서, 중국 각지의 풍물을 접하고 사람을 접하고, 그러는 과정 속에서 자신의 정체성을 찾는다. 「서하객전(徐霞客傳)」은 비록 유기의 형태를 띠고 있지는 않지만 중국이 낳은 위대한 여행가 서하객의 일생을 통해, 그가 체험했던 '여행'과 그것이 지니고 있는 문화적 함의가 무엇인지 우리에게 보여주고 있다. 부득이한 '이동'으로 인해 여정을 기록한 것이 아니라, 목적의식을 갖고 여행을 시작한 이들의 자아 탐색 과정이, 장편의 여정 속에 잘 드러나 있다.

『우초신지』에서 가장 많이 다루고 있는 문체는 주지하다시피 전(傳)이다. 그만큼 '사람'을 대상으로 한 글이 많다는 이야기이다. 앞에서 이야기했던 '기인'이나 '명사'들 이외에 『우초신지』에 소개되어 있는 인물들은 다양함의 극치를 보여준다. 그중 가장 두드러진 것은 "개장수나 술파는 사람 사이에 섞여 지내던" 현자(賢者)들이다. 이들은 술을 팔기도 하고(賣酒者傳), 꽃을 팔기도 하며(「賣花老人傳」, 「花隱道人傳」), 남의 종살이를 하기도 하고(郭老僕墓誌銘), 나무꾼 노릇을 하기도 한다(「髯樵傳」). 이들은 어리석게 우직하게 한 세상을 살아갔지만, 그들의 삶속에는 지극히 고귀한 존엄과 인생철학이 있다. 장조는 이러한 이들의 전기를 통해 세속에 묻힌 사람들에게 삶의 지표를 제시하고자 한 것이다.

현자들 못지않게 많이 등장하는 것이 바로 회재불우(懷才不遇)한 재자(才子)들이다. 고금을 막론하고 재주를 품고도 세상에 쓰이지 못하는 자가 얼마나 많겠는가? 『우초신지』에 등장하는 탕비파(湯琵琶)와 성차공(盛此公)의 일생은 독자들의 심금을 울리기에 족하다. 회재불우와는 유형이 좀 다르지만 고귀한 품성을 지니고 자신을 몸을 깨끗이 지켰으나, 끝내 박복하여 요절하고 만 가인(佳人)들에 대한 내용도 「소청전(小青傳)」이나 「산산전(姍姍傳)」 등에서 볼 수 있다.

『우초신지』를 통해 가장 두드러지게 읽을 수 있는 것은 바로 명말청초의 문화 양태일 것이다. 『우초신지』에는 매우 다양한 문화 형태가 소개되어 있다. 과학자로서 수많은 기구를 발명한 황이장(黃履莊)을 통해 당시에 고도로 발달했던 과학 수준을 짐작할 수 있고, 「구우 제방에서 각저희 구경한 것을 기록하다[九牛壩觀觝戱記]」를 통해서는 당시에도 오늘날의 서커스와 흡사한 공연이 펼쳐졌음을 알 수 있으며, 「장남원전(張南垣傳)」을 통해서는 당시 성행했던 정원(庭園) 문화, 가산(假山) 축조기법 등을 알 수 있다. 「복숭아씨 염주에 대해 기록하다[記桃核念珠]」 및 「핵공기(核

工記)」의 세밀한 묘사를 통해서는 당시 고도로 발달했던 조각 예술의 극치를 맛볼 수 있다. 이밖에도 민간에서 유행했던 설서(說書), 구기(口技), 부계점(扶乩占) 및 바둑, 전각(篆刻), 악기 등 다양한 문화 양태가 소개되어 있어서 한 시대 문화를 이해하는 보고라 가히 칭할 만하다.

6

마지막으로 『우초신지』 번역이 지니는 의의에 대해 설명하겠다.

첫째, 『우초신지』 연구에 기초자료를 제공할 수 있다. 특히 『우초신지』 작품 말미에는 "장산래가 말한다[張山來曰]"로 시작하는 장조의 평점이 있다. 이것은 "태사공왈(太史公曰)"에서 비롯된 사찬어(史贊) 혹은 사평(史評)의 전통이 전(傳)으로 이어지고 전기(傳奇)의 의론으로 이어지고, 이것이 다시 소설로 이어져 정착된 것인데, 여기에 당시 유행하던 평점의 특징이 가미되면서 장조만의 독특한 평어 체제를 형성하고 있다. 장조, 즉 장산래는 한 작품을 기록하고 난 뒤 자신의 감상이나 비평을 짤막하게 적기도 하였고, 이와 비슷한 다른 이야기가 있으면 첨부하여 소개하기도 하였으며, 때론 문학 평론의 관점에서 그 글의 묘미를 가장 잘 나타낸 글자 혹은 구절이 무엇인지를 지적해내기도 하였다. 때론 역사적 맥락에서 윗대의 어느 글과 비슷하다거나 참조하여 읽을 만하다고 설명하기도 하였다. 특히 주목할 점은 장조의 거침없고 분방한 성격을 여과없이 보여주었다는 것인데, 사지(四肢) 없이 태어났지만 멀쩡히 남자 구실을 하고 살았던 기인에 관한 이야기 뒤에, "누가 시집왔을지 모르겠다"고 평을 단 것이나, "방구들에서 남편이나 잡을 줄 알았지, 가서 도둑 잡을 줄은 모른다"는 남편의 핀잔에 어쩔 수 없이 뛰쳐나가 도둑을 처치

하고 돌아온 협객 아내 이야기를 기록한 뒤에, "이 여자가 도둑 잡는 것은 보았으니, 방구들에서 남편 잡는 모습을 보고 싶다"고 평을 단 것이나, 시커먼 털보와 서생처럼 얼굴 뽀얀 남자가 몸뚱이가 서로 바뀐 채 죽었다 다시 살아온 이야기를 적은 뒤, "뽀얀 남편과 살던 여자가 시커먼 털보랑 자고 싶었을까?"라고 평을 단 것이나, 지극히 대담하고 거침없다. 음식남녀(飮食男女)에 대해 관대하기 이를 데 없던 시대적 분위기와 장조의 사상이 고스란히 배어 나오는 평어를 통해 『우초신지』의 문학성은 한 층 더 고조되었다.

둘째, 『우초신지』의 작가들은 명말 청초의 혼란한 시기에 생활하며 청나라 조정에 응하지 않던 명의 유민이 대다수이고, 유민은 아니더라도 이들과 주로 교류했던 인사들이 대부분이다. 지금까지 유민문학(遺民文學)에 대한 연구는 주로 유민시(遺民詩)에 치중되어 있으며 대부분 역사학에서 잠시 거론하고 있는 정도인데, 『청시기사초편(淸詩紀事初編)』 등에 실린 명 유민으로서 『우초신지』에 작품이 실린 문인은 18명이나 된다. 이들과 교유관계가 있던 문인들까지 포함하면 더 많은 수의 사람이 유민과 관련이 있으므로 『우초신지』의 대체적인 경향으로 명 유민의식을 간과할 수 없다. 따라서 『우초신지』의 번역은 유민문학 연구에도 일조할 수 있을 것이다.

셋째, 『우초신지』의 문학적 장르 경계의 불명확성에 대한 고찰을 시도해 볼 수 있을 것이다. 다양한 산문 형태들, 즉 우언(寓言), 소품(小品), 유기(遊記), 필기(筆記) 등과 소설인 전기(傳奇)와 필기소설이 뒤섞여 있는데, 이것을 고문의 소설화라는 특징과 장르의 한계를 극복하고자 하는 시도로서 설명할 수 있을 것이다.

넷째, 『우초신지』와 조선 후기 소품문 유행과의 관계이다. 조선의 많은 학자 문인들은 명청의 교체를 보면서, 만명(晩明) 문학을 망국(亡國)을 초래한 문학이라 하여 의도적으로 접하기를 꺼려했다. 특히 청의 문학은 오랑캐의 것이라 하여 수용을 거부했다. 그러다 18세기 초 김창협(金昌協)

일파를 비롯한 서울 경기 지역의 문인들을 중심으로 만명 문학의 수용이 본격화되었고, 18세기 중엽 이후로는 청대 문학과 문화가 적극 수용되기 시작해 조선의 문학은 다양한 양태로 변모해갔는데, 그 가운데 『우초신지』가 자리 잡고 있었다. 『우초신지』는 명말청초 인물 기사 소품문의 근원이자 후대 이런 성향의 글들의 표준 역할을 한 중요한 책으로, 여기에 실린 다양한 인물들의 기이한 형상은 조선후기 인물 전(傳)이나 기사문(記事文)의 발달에 적지 않은 영향을 끼쳤다. 따라서 『우초신지』의 번역은 중국 필기소설과는 또 다른 형태의 소품문 필기에 대한 이해를 높이고, 동시에 조선 후기 소품문의 많은 산재한 문제들을 해결하는 데 실마리를 제공할 수 있을 것이다.

우초신지 2_ 차례

우초신지 권9

우초신지 권10

우초신지 전체 차례

우초신지 권6

장남원전(張南垣傳)

준공(駿公) 오위업(吳偉業)

장남원은 이름이 연(漣)이고 남원은 그의 자다. 본래는 화정(華亭 : 지금의 상해시 松江縣 서쪽에 위치) 사람이지만 수주(秀州 : 지금의 浙江省 嘉興市 秀洲)로 이사해 살았으니 수주 사람이기도 하다. 어려서 그림을 배워 인물화를 잘 그렸고 산수화에도 능했다. 그는 자기 마음대로 돌을 쌓아보기 시작하였는데, 다른 재주는 그다지 뛰어나지 않았지만 돌 쌓는 것만은 당대 최고였으며 다른 사람은 아무리 해도 그에 미치지 못했다.

백여 년 이래로 이 기술을 일삼는 사람들은 모두 높고 가파르게 우뚝 솟은 모양을 흉내 내곤 했다. 호사가들은 괴석 한두 개를 가져다 늘어놓고 산봉우리를 만드는데, 전부 다른 읍에서 수레로 실어 나르느라 성읍을 허물고 길을 망가뜨렸다. 사람도 소도 모두 숨을 헐떡이고 땀을 흘려가며 날라야 겨우 옮길 수 있다. 굵은 끈으로 묶고 쇳물을 부어 고정시킨 다음, 희생을 바쳐 그 아래에서 제사를 올리고는 편액을 깎고 글자를 새긴다. 푸른 하늘을 가득 메울 듯 불쑥 솟아 우뚝한 것이, 마치 높은 산

중에 있는 듯하다. 그 어려움이 이와 같구나! 또 그 옆에 높은 다리를 놓고 가파른 산길을 만든다. 그곳을 노니는 사람들은 갈고리를 머리에 두른 듯 가시를 밟는 듯, 계단을 오르고 몇 번을 구비 돌아, 몸을 구부린 채 깊은 동굴로 들어가고 벽을 기어 틈 속으로 들어간다. 바라보기만 해도 두려워 벌벌 떨린다.

장남원이 지나가다 웃으며 말했다.

"이런 걸 두고 어찌 산 만드는 법을 아는 자라고 하겠습니까? 저 하늘 높이 솟은 봉우리들과 해를 가릴 듯 깊은 낭떠러지는 조물주의 신령함으로 만들어낸 것이지 사람 힘으로 만들어낸 게 아닙니다. 더구나 그 넓이는 수백 리도 넘으니, 내가 겨우 한 길 되는 터, 다섯 자 되는 구덩이를 가지고 그걸 흉내 내본들, 저자 사람이 흙덩이를 뭉쳐 어린아이를 속이는 것과 무어 다를 게 있겠습니까? 저 평평한 산등성이나 작은 언덕, 또 고개와 비탈 같은 것들은 며칠간의 공사로도 만들어낼 수 있습니다. 그런 다음 돌을 어지러이 늘어놓아 그 사이에 배치하고, 얕은 담장으로 주위를 두른 다음 대나무를 심어 빽빽이 그늘을 만들면, 마치 담장 밖 기이한 봉우리나 가파른 산처럼 보일 터인데, 이는 혹 남들도 볼 수 있습니다. 석맥(石脈)이 치달으며 움츠렸다 일어나 갑자기 성을 내고, 사자가 웅크린 듯 맹수가 낚아채 듯, 코를 벌름대고 입을 벌려, 날카로운 이빨을 드러내며 훌쩍 뛰어넘을 듯한 기세. 수풀을 헤치고 나왔다가 추녀에 부딪혀도 그 기세가 그치지 않아 마치 높은 산기슭 끊어진 계곡에 있는 듯한 느낌. 이러한 것들은 이 돌을 가진 자만이 볼 수 있습니다. 네모난 연못과 돌로 만든 도랑을 둥근 언덕, 구비진 모래펄로 만들고, 깊숙한 문과 아로새긴 기둥을 푸른 문과 흰 집으로 바꿉니다. 나무는 시들지 않는 것으로 가져와야 하니, 소나무 · 삼나무 · 회나무 · 노송나무를 어지러이 섞어 심어 숲을 이룹니다. 돌은 쉽게 가져올 수 있는 것으로 해야 하니, 태호(太湖)와 요봉(堯峰)의 것을 가져다가 적당히 배치합니다. 그러면 산림의 아름다움을 가질 수 있으면서 산을 오르고 피곤하게 운반해야하는 수고로움을 없으니, 훌륭하지 않습니까?"

화정의 종백(宗伯) 동현재(董玄宰 : 董其昌)와 징군(徵君) 진중순(陳仲醇 : 陳繼儒)이 극구 칭찬하며 말했다.

"강남의 여러 산들은 흙 속에 돌을 품고 있다고 황일봉(黃一峰)과 오중규(吳仲圭)[1]가 늘 그렇게 말했다. 이 사람이야말로 맥을 그려낼 줄 아는 자이다."

많은 사람들이 편지를 보내오고 폐백을 바쳐, 한 해에 무려 수십 집이나 원림을 조성해 주었다. 부름에 응하지 못하는 경우 장남원을 몹시 미워했으나 그래도 한번 장남원을 만났다하면 깜짝 놀라 기뻐하며 다시 처음처럼 웃고 즐거워했다. 장남원은 뚱뚱하고 키가 작으며 피부가 검었다. 또 우스개를 좋아하여, 마을에 떠도는 음담패설을 떠벌리면서 시시덕거리기를 좋아했다. 간혹 이미 진부해진 옛날 농담 따위를 이야기하다가 도리어 남에게 조롱받기도 하였지만 그래도 개의치 않았다. 그는 남과 더불어 잘 지냈고, 남의 좋은 점을 이야기하였으며, 신분의 고하를 가리지 않았고, 서로의 다른 점을 편안히 받아들일 줄 알았다. 이렇게 강남 여러 고을을 떠돌아다닌 지가 오십 여년이었다. 화정과 수주 외에도 백문(白門 : 江蘇省 南京市의 별칭)·금사(金沙 : 지금의 江蘇省 금사현)·해우(海虞 : 江蘇省 해우현)·누동(婁東 : 지금의 江蘇省 太倉市)·녹성(鹿城 : 浙江省 녹성) 등 지역에서도 한번 들렀다 하면 반드시 몇 달을 머물렀다.

그가 조성한 정원 중에서는 공부주사(工部主事) 이봉갑(李逢申)의 '횡운(橫雲)', 참정(參政) 우대복(虞大復)의 '예원(預園)', 태상소경(太常少卿) 왕시민(王時敏)의 '악교(樂郊)', 예부상서(禮部尙書) 전겸익(錢謙益)의 '불수(拂水)', 이부문선랑(吏部文選郎) 오창시(吳昌時)의 '죽정(竹亭)'이 가장 유명하다. 그는 밑그림 법을 활용해서, 높낮이와 농담 등에 일찌감치 정해놓은 법도가

---

1 황일봉(黃一峰)과 오중규(吳仲圭) : 원나라 때 화가. 황일봉은 황공망(黃公望)이다. 그는 산수화에 뛰어나 명청 산수화에 지대한 영향을 미쳤다. 오중규는 바로 오진(吳鎭)으로 초서와 시에 뛰어났고 수묵산수화를 잘 그렸다.

있었다. 막 토산(土山)을 쌓고 아직 나무를 심지 않았을 때에도 바위계곡을 대략 갖추어놓았는데, 그때그때 바위 사이에 굴곡을 내고 또 그때그때 고쳐갔다. 거기에 안개와 구름이라도 물들면, 나중에 보충한 흔적조차 없었다. 꽃 하나 대나무 하나, 성글고 빽빽하고 설핏 기운 모양까지, 운용의 오묘함을 얻었다. 산을 완성하기에 앞서 집을 먼저 생각하고, 집을 완성하기에 앞서 그 안의 배치를 생각했다. 창과 격자창, 안석과 걸상 등, 별다른 꾸밈을 가하지 않아도 아취가 있으면서 자연스러웠다. 주인이 사리분별을 잘 하는 사람이거든 장남원은 시일에 쫓기지 않고 차례차례 구성을 잡아갔다. 그러나 간혹 자기 멋대로 하려는 주인을 만나면 하는 수 없이 자신의 뜻을 굽혀 주인을 따를 수밖에 없었다. 후에 지나가던 사람들은 [그렇게 해서 조성된 정원을 볼 때마다] 탄식하면서, "이는 필시 남원의 뜻이 아니었을 게야!"라고 말했다.

장남원은 이 기예를 일삼은 지 오래되다 보니 흙과 돌, 풀과 나무의 성정을 모두 알게 되었다. 매번 공사에 착수할 때면 돌이 어지러이 널려 있고 나무가 세워져 있었는데, 어떤 것은 누워 있고 어떤 것은 기대 있었다. 장남원은 왔다 갔다 사방을 돌아보고는, 똑바로 놓을 것인지 봉우리 옆에 놓을 것인지, 가로세로 배치를 마음속에 다 새겨두고 있다가 여러 사람의 손을 빌려 완성하였다. 그는 늘 방안에 편안히 앉아 객과 담소를 나누면서 일꾼을 불러 "아무 나무 아래 아무 돌은 아무 곳에 두어라"라고 말하였는데, 눈으로 한번 돌아보지도 않고 손으로 다시 가리키지도 않았으니, 마치 금을 주조하면서 도끼나 끌을 빌리지 않는 것과 같았다. 심지어 장대를 꼭대기에 묶어두고 돌을 매달은 채 아래로 내릴 때에도, 조금도 어긋나지 않았다. 이 광경을 본 사람들은 모두 그의 능력에 탄복했다.

그 기술을 배운 사람들은 곡진한 변화를 주었다고 여겼으나 이것은 장남원 일생의 장기였던지라, 아무리 심력을 다하여 비슷해지려고 해도 처음엔 비슷한 듯 보이지만 오래보면 영 아니었다. 장남원만은 대규모 공사를 하면서, 며칠 사이에 몇 길 높이를 오고가게 사람을 부리느라 배치물이 서로 어울리기 힘들 것처럼 보였는데 완성된 뒤에 보면, 하늘이 무너질 듯, 땅이 솟아오를 듯, 일찍이 없던 것을 만들어내었다. 한번은 친구의 서재 앞에 형(荊)·관(關)[2]의 옛 필법으로 정원을 조성할 때, 평평한 돌을 마주 배치해 놓은 것이 이미 다섯 길이 넘었는데 단 한 번도 꺾지 않았다. 그런데 갑자기 맨 꼭대기에 있던 몇 개의 돌이 기세 좋게 면면히 이어지더니 전체가 날아올라 우뚝 성대한 모습이 되었다. 소위 다른 사람이 하면 따라올 수 없다는 것은 바로 이 때문일 것이다.

장남원에게는 네 아들이 있었는데, 모두 아비의 기술을 전수받았다. 만년에 탁록(涿鹿 : 지금의 河南省 소재) 출신 재상의 부름을 마다하고 둘째 아들을 보냈다. 그는 물러나 원하(鴛河) 옆에서 노년을 보내며 기둥 세 개짜리 초가집을 짓고 살았다. 내가 그를 찾아가자 내게 말했다.

"내가 이 기술로 강남을 떠돌아다닌 지 수십 년인데, 이름난 정원과 남달랐던 별장 중에 이미 옛 주인이 바뀌어버린 것들이 대부분이오. 전쟁 통에 없어지고 가시덤불에 묻히고, 기이한 꽃과 괴석들은 모두 남들이 실어가 버렸소. 내가 조성한 것들도 [그리 되는 것을] 내 번번이 보았소. 돌로는 나의 이름을 남길 수 없을 것 같으니, 그대의 문장을 얻어 전해지기를 바라오."

내가 말한다.

유종원(柳宗元)이 지은 「재인전(梓人傳)」은 경세치민의 뜻을 얻었다 일컬어지고 있다. 지금 장군(張君 : 張南垣)의 기술을 보니, 포정(庖丁)이 소를 잡는 것[3]도, 공수반(公輸班)이 고니를 조각해낸 것[4]도 이 보다 더 훌륭하지

---

2 형(荊)·관(關) : 오대(五代) 때의 화가인 형호(荊浩)와 관동(關仝)은 산수화를 잘 그려 이름났기에 형·관으로 병칭되었다.

3 포정(庖丁)이 소를 잡는 것 : 포정은 『장자』에 나오는 인물로, 칼을 기가 막히게 잘 써서 신기의 경지에 올랐다고 전해지는 백정이다.

4 공수반(公輸班)이 고니를 조각해 낸 것 : 공수반은 춘추시대 노나라의 목공이다. 공수는 성이고 이름이 반이다. 노나라 사람이라 해서 노반(魯班)이라고도 칭한다. 그

는 못할 것이니, 예(藝)와 도(道)를 일치시킨 자가 아니겠는가? 군자는 무익한 일을 하지 않는다. 못을 파고 누대를 쌓는 일은 『춘추(春秋)』가 경계하는 바이다. 그런데도 왕공귀인들은 가무를 즐기며 욕심을 부려 재물을 해친다. 하지만 이 재주만은 그저 이목을 즐겁게 하는 것이며 청정함에도 약간은 부합하는 바가 있다. 게다가 장군은 깊이로써 높이를 이루어 자연에 부합하였고 또 인력을 아꼈으니, 우공(愚公)의 기술을 배워 변형시킨 자가 아니겠는가! 그가 전해질만 자이기에 이에 「장남원전」을 짓는다.

장산래가 말한다.

산을 쌓고 돌을 쌓는 것은 또 다른 학문이다. 그러나 마음속으로 언덕과 계곡을 구상하는 일은 그림보다 더욱 어렵다. 그림은 멀고 가까움, 높고 낮음, 성글고 빽빽함, 험난하고 평이함을 자기 마음대로 할 수 있지만 이것은 지세에 맞아야 하고 돌의 속성에 맞춰야하며, 사물이 많다고 해서 남아도는 것을 버려서는 안 되고, 사물이 적다고 해서 부족한 것을 반드시 보충해야 하는 것도 아니다. 또 주인의 빈부를 가늠해야하고 주인의 성정에 맞춰줘야 하며 더군다나 반드시 여러 장인의 손을 빌려야만 하니, 어려울 수밖에. 하물며 화가의 장기는 필묵에 있지 길에 있지 않다. 내가 한번은 그림 속의 경치를 실제 경관이라 생각하고 보아봤더니 그다지 유람할만한 곳이 아니었다. 마찬가지로 시 속의 안개 · 비 · 궁색함 · 근심과 같은 글자는 시에 있으면 아름답지만 당하는 사람은 몹시도 괴롭다. 원정(園亭)을 잘 조성하는 것은 제대로 경물을 배치하는 데 달려 있을 뿐, 다른 사물을 빌어 신통해지기를 바랄 수 없다. 어찌 화가와 비교할 수 있겠는가?

張南垣, 名漣, 南垣其字. 華亭人, 徙秀州, 又爲秀州人. 少學畫, 好

는 나무 다듬는 솜씨가 거의 신기에 가까워서 나무를 깎아 새를 만들면 그 새가 하늘을 날았다고 한다.

寫人像, 兼通山水. 遂以其意壘石, 故他藝不甚著, 其壘石最工, 在他人爲之, 莫能及也.

百餘年來, 爲此技者, 類學嶄巖嵌特. 好事之家, 羅取一二異石, 標之曰峰, 皆從他邑輦至, 決城闉, 壞道路. 人牛喘汗, 僅而得至. 絡以巨絙, 錮以鐵汁, 刑牲下拜, 劚顔刻字. 鉤塡空靑, 穹窿巖巖, 若在喬嶽. 其難也如此! 而其旁又架危梁, 梯鳥道. 遊之者鉤巾棘履, 拾級數折, 傴僂入深洞, 捫壁投罅. 瞪盼駭慄.

南垣過而笑曰 : "是豈知爲山者耶? 今夫群峰造天, 深巖蔽日, 此夫造物神靈之所爲, 非人力可得而致也. 況其地輒跨數百里, 而吾以盈丈之址, 五尺之溝, 尤而效之, 何異市人摶土以欺兒童哉? 唯夫平岡小坂, 陵阜陂陁, 板筑之功可計日以就. 然後錯之以石, 棋置其間, 繚以短垣, 翳以密篠, 若似乎奇峰絶嶂壘壘乎墻外, 而人或見之也. 其石脈之所奔注, 伏而起, 突而怒, 爲獅蹲, 爲獸攫, 口鼻含呀, 牙錯距躍. 決林莽, 犯軒楹而不去, 若似乎處大山之麓, 截溪斷谷, 私此數石者爲吾有也. 方塘石洫, 易以曲岸回沙, 邃闥雕楹, 改爲靑扉白屋. 樹取其不凋者, 松杉檜栝, 雜植成林. 石取其易致者, 太湖堯峰, 隨宜布置. 有林泉之美, 無登頓之勞, 不亦可乎?" 華亭董宗伯玄宰·陳征君仲醇亟稱之, 曰 : "江南諸山, 土中戴石, 黃一峰·吳仲圭常言之. 此知夫畵脈者也."

群公交書走幣, 歲無慮數十家. 有不能應者, 用以爲大恨, 顧一見君, 驚喜歡笑如初. 君爲人肥而短黑. 性滑稽, 好擧里巷諧媟以爲撫掌之資. 或陳語舊聞, 反以此受人調弄, 亦不顧也. 與人交好, 談人之善, 不擇高下, 能安異同. 以此遊於江南諸郡者五十餘年. 自華亭·秀州外, 於白門, 於金沙, 於海虞, 於婁東, 於鹿城, 所過必數月.

其所爲園, 則李工部之 '橫雲', 虞觀察之 '預園', 王奉常之 '樂郊', 錢宗伯之 '拂水', 吳吏部之 '竹亭' 爲最著. 經營粉本, 高下濃淡, 早有成法. 初立土山, 樹木未添, 巖壑已具, 隨皴隨改. 煙雲渲染, 補入無痕. 卽一花一竹, 疏密欹斜, 妙得俯仰. 山未成, 先思著屋, 屋未就, 又思其中之所施設. 窗櫺几榻, 不事雕飾, 雅合自然. 主人解事者, 君不受促迫, 次第結構. 其或任情自用, 不得已骫骳曲隨. 後有過者, 輒歎惜曰: "此必非南垣意也!"

君爲此技旣久, 土石草樹, 咸能識其性情. 每創手之日, 亂石林立, 或臥或倚. 君躊躇四顧, 正勢側峰, 橫支竪理, 皆默識在心, 借成衆手. 常高坐一室, 與客談笑, 呼役夫曰: "某樹下某石, 可置某處." 目不轉視, 手不再指, 若金在冶, 不假斧鑿. 甚至施竿結頂, 懸而下縋, 尺寸勿爽. 觀者以此服其能矣.

人有學其術者, 以爲曲折變化, 此君生平之所長, 盡其心力以求彷彿, 初見或似, 久觀輒非. 而君獨規模大勢, 使人於數日之內, 尋丈之間, 落落難合, 及其旣就, 則天墮地出, 得未曾有. 曾於友人齋前作荊・關老筆, 對峙平礀, 已過五尋, 不作一折. 忽於其顚將數石盤亘得勢, 則全體飛動, 蒼然不群. 所謂他人爲之莫能及者. 蓋以此也.

君有四子, 能傳父術. 晩歲辭涿鹿相國之聘, 遣其仲子行. 退老於鴛河之側, 結廬三楹. 余過之, 謂余曰: "自吾以此術遊江以南也, 數十年來, 名園別墅, 易其故主者, 比比是矣. 蕩於兵火, 沒於荊榛, 奇花異石, 他人輦取以去. 吾仍爲之營置者, 輒數見焉. 吾懼石之不足留吾名, 而欲得子文以傳之也."

余曰: 柳宗元爲「梓人傳」, 謂有得於經國治民之旨. 今觀張君之術, 雖庖丁解牛, 公輸刻鵠, 無以復過, 其藝而合於道者歟? 君子不作無益. 穿池築臺,『春秋』所戒. 而王公貴人, 歌舞般樂, 侈欲傷財. 獨此爲耳目之觀, 稍有合於淸淨. 且張君因深就高, 合自然, 惜人力, 此學愚公之術而變焉者也! 其可傳也已, 作「張南垣傳」

張山來曰: 壘山壘石, 另有一種學問. 其胸中丘壑, 較之畵家爲難. 蓋畵則遠近高卑, 疏密險易, 可以自主, 此則必合地宜, 因石性, 物多不當棄其有餘, 物少不必補其不足. 又必酌主人之貧富, 隨主人之性情, 猶必借群工之手, 是以難耳. 況畵家所長, 不在蹊徑而在筆墨. 予嘗以畵上之景作實境觀, 殊有不堪遊覽者. 猶之詩中烟 · 雨 · 窮 · 愁字面, 在詩雖爲佳句, 而當之者殊苦也. 若園亭之勝, 則止賴布景得宜, 不能乞靈於他物, 豈畵家可比乎?

손문정·황석재의 일사[孫文正黃石齋兩逸事]

망계(望溪) **방포**(方苞)

두계(杜界) 선생[1]이 일찍이 이런 말을 해주었다.

귀안(歸安 : 지금의 浙江省 湖州市의 옛 이름)의 모지생(茅止生)[2]은 고양(高陽)의 소사(少師) 손도공(孫道公)[3]과 잘 아는 사이었다. 손도공이 천계(天啓) 2

1 두계(杜界 : 1617~1693) 선생 : 자는 창략(蒼略)이고 호북성(湖北省) 황강(黃岡) 사람이다. 두준(杜浚)의 아우이기도 하다. 제생(諸生) 출신으로 명나라가 망하자 형 두준과 함께 금릉(金陵)으로 피난 와 살았다.

2 모지생(茅止生) : 이름은 원의(元儀)이다. 『열조시집(列朝詩集)』에서는 "모지생은 군사 이야기를 좋아했고 고금의 용병전략 및 변방의 요새 등을 두루 꿰고 있었다[止生好談兵, 通知古今用兵方略及九邊阨塞要害]"고 적고 있다.

3 손도공(孫道公 : 1563~1638) : 이름은 승종(承宗)이고 호는 췌양(惴陽)이다. 만력 32년(1604)에 진사에 급제해 천계 2년(1623)에 병부상서 겸 동각대학사(東閣大學士)가 되었다. 그는 자청하여 계요 경략사로 나가 관외(關外)의 산천 요새를 감찰하고, 청나라와 대항하고 있던 명장 원숭환(袁崇煥)과 조대수(祖大壽)를 지지하여 변방의 방위를 견고히 하였다. 그러나 당시 명나라는 위충현에 의해 좌지우지되고 있었다. 천계 4년(1624)에는 좌도어사(左都御史) 양련(楊漣)이 위충현의 24가지 대죄를 탄핵하자 좌광두(左光斗) 등 동림당(東林黨)이 호응했다. 그러자 위충현은 당옥(黨獄)을 일으켜 좌광두 등을 죽이고 동림당 중신 조남성(趙南星) 등을 파직했다. 천계5년에 손승

년(1622)에 대학사(大學士)의 신분으로 계료(薊遼) 경략사(經略使)로 나가게 되자 술상을 차려놓고 친구들과 전별연을 열었는데, 모인 사람이 백 명이었다. 앞자리에 앉아있던 어떤 손님이 말했다.

"공께서 외지로 나가시게 되자 저는 처음에 이 나라를 위해 경사스러운 일이라 생각했으나 지금은 심히 근심스럽습니다. 국토와 사직이 공 한 몸에 달려있으니, 공께서 이를 능히 감당하실 수 있다면 갖은 물건으로 자기 몸을 봉양한다 하여도 아무도 공을 비난하지 못할 것입니다. 그러나 만일 그렇지 못한다면 일신과 집안을 다 없앤다 해도 책임을 면할 수 없을 터인데, 하물며 절검절약한다고 되겠습니까? 제가 보니 손님들이 먹는 음식은 모두 도정된 것인데 공만은 거친 밥을 드시고 계십니다. 하찮은 명성을 꾸며 만물을 제압하려 하는 것은 천하의 중임을 진 자의 도리가 아닐 것입니다!"

손도공이 읍하고 감사하며 말했다.

"선생의 깨우침이 매우 타당합니다만 이는 감히 명성을 위해서가 아니었습니다. 좋은 옷과 맛난 음식은 내가 수재일 적에는 마다하지 않았습니다. 진사가 된 이래로 베옷을 벗고 조정에 들어오고 보니, 이 몸이 더 이상 내 것이 아니라는 생각이 들었습니다. 조정에는 일이 많고 변방에서는 날마다 놀랄 일이 생기니, 어느 날 책임을 맡게 되었을 시 배고픔과 수고로움을 견디지 못하고서는 사람들을 통솔할 수 없을 것입니다. 그때부터 입과 육신의 안락을 구하지 않고 스스로를 강인하게 면려해온 것이 벌써 19년입니다."

아! 공의 기개는 간악한 환관도 꺾을 만하고 현명함은 만사를 두루 살

종 휘하의 대장 마세룡(馬世龍)이 군사를 내보냈다가 뜻을 이루지 못하고 돌아온 사건이 벌어지자 위충현은 이를 빌미삼아 손승종을 탄핵하고 관직에서 해임했다. 숭정 2년(1629)에 청나라 병사가 도성을 함락하자 그의 관직을 회복시키니, 영평(永平)과 통화(通化) 등 지역을 수복했다. 그러나 숭정 11년(1638)에 청나라 병사가 장성으로 들어와 도성 남쪽으로 고양성을 공격하자 식구를 이끌고 성을 지키며 청나라와 항전하다가 결국 목매 자살했다. 『고양집(高陽集)』을 남겼다.

필 만하다. 지모 있고 충성스러운 용사들을 모두 모아 그 재주를 다하게 하고, 곤경에 처하여 파리해진 병사들에게 자신들의 무용(武勇)을 바치게 하였으니, 혹 당송 시대의 명현 중에서는 이에 견줄 자가 있을 것이다. 그러나 정성으로 만물을 감동시켜, 갈등이 있었건 내침을 당했건 물러남에 원망의 말이 없고, 배반한 장수나 소원한 사람조차 모두 그 뜻을 알아 딴 뜻을 품지 않겠노라 마음 고쳐먹게 하였으니, 한나라 제갈무후(諸葛武侯 : 諸葛亮) 이래로 그런 모범과 기상을 가진 이는 오직 공뿐이다! 이는 자신을 이기고 제 몸을 돌아보며, 백성을 근심하고 나라를 아끼는 진실한 마음이 자연히 천하에 두루 미친 것이라, 호걸스런 재사(才士)로서 성인의 도를 터득하지 못한 자가 어찌 여기 낄 수나 있겠는가? 그러나 몇몇 집정자와 중앙 혹은 변경의 일을 맡은 자들만은 그를 받아들이지 못하였다. 『주역』에서 말하기를, "신의가 돼지와 물고기에까지 미친다"[4]고 하였다. 시기하고 질투나 하는 신하들은 차라리 돼지나 물고기만 못하니, 두려워하지 않을 수 있겠는가!

황강(黃岡)의 두창략(杜蒼略 : 杜界) 선생은 금릉(金陵)에서 객지생활을 해서 명말 여러 선배들의 유사(遺事)를 잘 알고 있다. 그가 일찍이 다음과 같은 말을 해주었다.

숭정연간(崇禎年間 : 1628~1644) 아무 해에 중승(中丞) 여집(余集)[5]과 담우하(譚友夏)[6]가 금릉에서 모임을 결성했을 때 마침 석재(石齋) 황공[7]이 놀러

4　신의가 …… 미친다 : 『주역』 「중부괘(中孚卦)」에 나오는 말로 군신간의 신의가 두터움을 가리키는 말이다.

5　여집(余集 : 1738~1823) : 자는 용상(蓉裳)이고 호는 추실(秋室)이며 절강성 인화(仁和) 사람이다. 건륭 31년(1766)에 진사가 되어 시강학사(侍講學士)까지 지냈다. 귀향한 후에는 대량서원(大梁書院)을 맡으면서 문예로 낙을 삼았다. 성품이 고결하고 후진을 이끌기를 좋아했다. 여집은 박학다식하였고 시와 고문에 능했으며 인물화를 잘 그렸다. 『백눌금(百吶琴)』 1권을 남겼다. 그의 작품은 대부분 흩어졌는데, 사후 공여정(龔麗正)이 『양원귀탁록(梁園歸棹錄)』과 『억만암잉고(憶漫庵剩稿)』를 간행해 세상에 전해진다.

6　담우하(譚友夏) : 경릉파(竟陵派) 문인 담원춘(譚元春). 호광(湖廣) 경릉(竟陵 : 지금의 호북성 天門市) 사람. 만력 14년(1586)에 태어났다. 젊어서부터 예술과 재화로 명성

왔기에 교분을 맺었는데, 마음이 서로 잘 맞았다. 황공은 모든 일에 예법을 따졌기에 사람들은 마음속으로 그를 동경했지만 그가 너무 고지식한 것이 안타까워 한번 시험해보고자 했다. 고씨(顧氏) 성을 가진 기녀[8]는 천하절색이었으며 총명하기까지 하여 서사(書史)에 두루 통했다. 그 기녀가 박자를 두드리며 노래를 부르면 그 모습을 본 사람들은 하나같이 심취하였다. 큰 눈비가 내리던 어느 날, 여씨 댁 정원에서 황공에게 술대접을 하면서 고씨에게 술시중을 들게 했는데, 황공의 기색을 보아하니 별로 싫어하는 것 같지 않았다. 여러 공들과 더불어 잔을 주거니 받거니 신나게 마시고 잔뜩 취하자 공을 특실로 데려가 눕혔다. 침상 위에는 베게와 이불과 요 하나씩만 놓고 고씨에게 될 수 있는 한 옷을 야하게 풀어헤치고 있으라 하고는 방문을 잠그고 엿보았다. [얼마 후] 공이 놀라 깨어나 옷을 찾았으나 보이지 않자 이불을 끌어다가 깔고 덮고는 고씨더러는 요 위에 누우라고 시켰다. 그러나 요가 두껍고 좁아 몸을 두를 수조차 없어서 이불로 들어와 자게 했다. 고씨가 공 가까이 몸을 붙이자 공은 느릿한 말로 "소용없다!"라고 말했다. 그리고는 몸을 돌려 안쪽을 향하더니 열 번 정도 숨을 쉬다가 이내 단잠에 빠졌다. 사경(四更)을 알리는 물시계 소리에 잠에서 깨어나더니 이번에는 얼굴을 돌려 바깥쪽을 향했다. 고씨는 정신없이 잠에 빠진 척 하고 몸을 공 옆에 붙였다. 하지만 얼마 후 공은 이내 다시금 단잠에 빠졌다. 이튿날 아침 고씨는 밖으로 나

을 얻었으며 다섯 아우를 잘 자르쳐 효제(孝悌)로 이름을 날렸다.

7 석재(石齋) 황공 : 황도주(黃道周 : 1585~1646). 자는 유현(幼玄), 호가 석재이다. 장포(漳浦 : 지금의 福建省 漳浦縣) 사람이다. 천계 2년(1622) 진사로, 숭정 3년(1630) 4월에 우중윤(右中允)으로 있을 때 상소를 올려 대신 양사창(楊嗣昌) 등의 잘못을 아뢰었는데, 그 일로 광서(廣西)에 폄적되었다. 복왕(福王) 홍광제(弘光帝) 때 예부상서(禮部尙書)를 지냈다. 홍광제가 실권하자 다시 정지룡(鄭芝龍) 등과 함께 당왕(唐王) 주율무(朱聿鍵)를 옹립한 뒤 무영전대학사(武英殿大學士)에 올랐다. 병사들을 이끌고 청에 대항하다가 무원(婺源)에서 사로잡혔다. 청나라 순치(順治) 3년(1646) 남경 대중교(大中橋)에서 피살되었다.

8 고씨(顧氏) 성을 가진 기녀 : 명말 진회의 명기였던 고미(顧眉)를 가리키는 듯하다. 고미는 자가 미생(眉生)이다.

가 간밤 상황을 이야기했다. 그러면서, "당신네들은 명사(名士)랍시고 시 짓고 술 마시는 것만 즐길 따름이지요. 성인이 되고 부처가 되고, 충을 이루고 효를 이룰 사람은 결국 황공 뿐일 거예요."

명나라가 망했을 때 공은 금릉에서 체포되었는데, 옥중에서 매일같이 『상서』와 『주역』을 읽더니 몇 달 지난 뒤에는 풍채가 더욱 좋아졌다. 죽기[9] 전날 저녁에 한 노복이 바늘과 실을 들고서 공을 바라보며 울며 말했다.

"이것이 제가 주인님을 모시는 마지막 일입니다."

황공이 말했다.

"내가 뜻을 바로하다 죽는다면 이는 고종명(考終命)한 셈이거늘, 너는 무엇 때문에 슬퍼하느냐?"

옛 친구들이 술과 고기를 가져와 그와 마지막으로 이별하였는데, 그는 평상시처럼 먹고 마셨다. 아침까지 달게 자고 일어나 세수하고 옷을 갈아입고는 아무개 종에게 말했다.

"전날 아무개가 두루마리를 가져와 글씨를 써달라고 했는데, 내가 그러겠다고 허락을 했으니, 말을 어길 수가 없구나."

그리고는 먹을 갈고 종이를 펼쳐 작은 해서를 쓰고 그 다음으로 행서를 썼는데, 편폭이 매우 길었다. 큰 글씨로 마무리하고 인장을 찍은 다음 그제야 형을 받으러 나갔다. 그 두루마리는 금릉 아무개의 집에 소장되어 있다.

고씨는 공을 만난 이후 간혹 홀로 수심에 잠기곤 했다. 얼마 후 아무 관리에게 시집갔는데 이자성(李自成)이 도성을 함락하자 남편에게 말했다.

"당신이 죽을 수 있다면 제가 먼저 목을 매겠습니다."

그 남편은 끝내 이자성 밑에서 일을 하지 못했다. 이 이야기는 사대부

---

9 죽기 : 원문은 '정명(正命)'이라 되어있다. 유가에서는 천수를 다하고 죽는 것을 일러 '정명'이라 하였다. 『맹자』 「진심상(盡心上)」에 보면, "도를 다하고 죽은 자는 정명하는 것이다[盡其道而死者, 正命也]"라는 말이 나온다.

들 사이에 한때 미담으로 여겨졌다.

김종정(金棕亭)[10]이 말한다.

맛난 음식을 좋아하고 색을 밝히는 것은 인정상 어쩔 수 없는 부분이다. 두 공께서 그러한 기호에 담담하셨던 성품은 자연에서 우러나온 것이니, 그랬기에 천고의 제일가는 인물이 될 수 있었던 것이다. 민중숙(閔仲叔)이 돼지 간을 받지 않은 일[11]이나 안숙자(顔叔子)가 집을 뜯어내 불을 지핀 일[12]도 결국은 음식과 여색에 얽매임을 면치 못했던 것이로다. 망계(望溪 : 方苞)의 문장은 사마천을 곧장 계승하고 있는데, 두 가지 고사를 이어 엮은 품새 또한 영락없이 용문(龍門) 합전(合傳)의 체제[13]다.

杜先生界嘗言. 歸安茅止生習於高陽孫少師道公. 天啓二年, 以大學士經略薊遼, 置酒別親賓, 會者百人. 有客中坐前席而言曰 : "公之出,

10 김종정(金棕亭) : 김조연(金兆燕). 자는 종정 또는 종월(鐘越)이며, 안휘 전초(全椒) 사람으로 건륭 31년(1766)에 진사가 되어 국자감(國子監) 박사를 역임하였으며 후에 양주교수(揚州教授)를 지냈다. 그의 전은 『청사(清史)』 「열전」 권71 「문원전(文苑傳)」 2, 「장붕충전(張鵬翀傳)」 부록에 보인다.

11 민중숙(閔仲叔)이 …… 않은 일 : 중숙은 후한 민공(閔貢)의 자. 민중숙이 안읍(安邑)에 우거할 적에 늙고 가난해 고기 살 돈이 없어 늘 돼지 간을 사먹곤 하였다. 그러나 푸줏간 주인이 잘 팔려고 하지 않자 안읍 현령이 주선하여 돼지 간을 사먹을 수 있게 했다. 아들을 통해 그 소식을 들은 민중숙은, "내가 어찌 나 하나 먹는 것 때문에 안읍에 폐를 끼칠 수 있겠느냐?" 하면서 그곳을 떠나갔다고 한다. 『후한서』 「주섭·황헌등전(周燮黃憲等傳) 서문」에 보인다.

12 안숙자(顔叔子)가 …… 일 : 한 과부가 폭풍우에 집이 무너져 안숙자의 집에 찾아오자 안숙자는 그 과부에게 촛불을 들게 하고 자신은 땔감으로 불을 지폈는데, 땔감이 다하자 다 집을 뜯어내어 계곡 불을 지폈다 한다. 이 고사는 축옥칭정(縮屋稱貞)이라 하여 아녀자의 정절을 지켜주는 일을 상징하게 되었다.

13 용문(龍門) …… 체제 : 사마천이 용문 출신이기에 용문은 사마천을 대신하는 말로 종종 사용된다. 합전(合傳)이라 함은 한 사람에게 한 편의 열전을 써주는 것이 아니라 생평의 업적이 비슷한 둘을 합쳐서 하나의 열전을 만드는 것인데, 예를 들어 제나라 재상으로 정적이 뛰어나고, 또 『관자』와 『안자춘추』라는 저술을 남긴 점도 비슷한 관중(管仲)과 안영(晏嬰)을 묶어 「관안열전」을 만든 것이 일례이다.

始吾爲國慶, 而今重有憂. 封疆社稷, 寄公一身, 公能堪, 備物自奉, 人莫之非. 如不能, 雖毁身家, 責難逭, 况儉觳乎? 吾見客食皆鑿, 而公獨飯粗. 飾小名以鎭物, 非所以負天下之重也!" 公揖而謝曰 : "先生誨我甚當, 然非敢以爲名也. 好衣甘食, 吾爲秀才時, 固不厭. 自成進士, 釋褐而歸, 念此身已不爲己有. 而朝廷多故, 邊關日駭, 恐一旦肩事任, 非忍饑勞, 不能以身率衆. 自是不敢適口體, 强自勗厲, 以至於今, 十有九年矣."

嗚呼! 公之氣折逆奄, 明周萬事. 合智謀忠勇之士以盡其材, 用危困瘡痍之卒以致其武, 唐宋名賢中, 猶有倫比. 至於誠能動物, 所糾所斥, 退無怨言, 叛將遠人, 咸喩其志, 而革心無貳, 則自漢諸葛武侯而後, 規模氣象, 惟公有焉! 是乃克己省身, 憂民體國之實心, 自然而愜乎天下者, 非躬豪傑之才, 而概乎有聞於聖人之道, 孰能與於此? 然惟二三執政, 與中樞邊境, 事同一體之人, 實不能用. 『易』曰 : "信及豚魚." 媢嫉之臣乃不若豚魚之可格, 可不懼哉!

黃岡杜蒼略先生, 客金陵, 習明季諸前輩遺事. 嘗言. 崇禎某年, 余中丞集生與譚友夏結社金陵, 適石齋黃公來遊, 與訂交, 意頗洽. 黃公造次必於禮法, 諸公心嚮之, 而苦其拘也, 思試之. 妓顧氏, 國色也, 聰慧通書史. 撫節按歌, 見者莫不心醉. 一日大雨雪, 觴黃公於余氏園, 使顧佐酒, 公意色無忤. 諸公更勸酬劇飮, 大醉, 送公臥特室. 榻上枕衾茵各一, 使顧盡弛褻衣, 隨鍵戶, 諸公伺焉. 公驚起, 索衣不得, 因引衾自覆薦, 而命顧以茵臥. 茵厚且狹, 不可轉, 乃使就寢. 顧遂暱近公, 公徐曰 : "無用爾!" 側身向內, 息數十轉, 卽酣寢. 漏下四鼓, 覺, 轉面向外. 顧佯寐無覺, 而以體傍公. 俄頃, 公酣寢如初. 詰旦, 顧出, 具言其狀. 且曰 : "公等爲名士, 賦詩飮酒, 是樂而已矣! 爲聖爲佛, 成忠成孝, 終歸黃公."

及明亡, 公縶渔金陵, 在獄日誦『尙書』·『周易』, 數月貌加豊. 正命之前夕, 有老僕持鍼線向公而泣, 曰 : "是我侍主之終事也." 公曰 : "吾正而斃, 是爲考終, 汝何哀?” 故人持酒肉與訣, 飮啖如平時. 酣寢達旦, 起盥漱更衣, 謂僕某曰 : “囊某以卷索書, 吾旣許之, 言不可曠也.” 和墨伸紙, 作小楷, 次行書, 幅甚長. 乃以大字竟之, 加印章, 始出就刑. 其卷藏金陵某家.

顧氏自接公, 時自懟. 無何, 歸某官, 李自成破京師, 謂其夫 : “能死, 我先就縊.” 夫不能用. 語在縉紳間, 一時以爲美談焉.

金椋亭曰 : “甘食悅色, 人情所不能已者. 而兩公淡嗜好之性, 出於自然, 故爲千古第一流人物. 覺閔仲叔之不受猪肝, 顔叔子之蒸盡搚屋, 尙未免爲食色所累. 望溪文直接史遷, 今連綴二事, 亦宛然龍門合傳之體.

곽씨 성 가진 노복의 묘지명[郭老僕墓誌銘]

조종(朝宗) **후방역**(侯方域)

곽씨 성을 가진 노복이 죽자 성 북쪽 금가교(金家橋)에 묻었다. 주인이 그를 위해 묘지명을 짓는다.

노복은 이름이 상(尙)으로, 열여덟부터 나의 조부이신 태상공(太常公)을 섬겼다. 사도공(司徒公)께서 젊었을 적 수재(秀才) 시험을 치를 때나 효렴(孝廉)이 되셨을 때, 그리고 진사에 급제했을 때도 노복이 늘 따라다녔다. 사도공께서 벼슬에 나아가셔서 서쪽으로 진량(秦涼) 변새에 이르고 남쪽으로 검방(黔方)을 안찰하고, 또 북쪽으로 황화(黃花)·거용(居庸) 등 변방을 돌아다닐 때에도 노복이 모두 따라다녔다. 사도공께서는 일찍이 화산(華山)을 지나실 일이 있었는데, 벼랑을 기어오르고 동굴에 매달리기도 하면서 꼭대기까지 올라갔다. 그때 노복은 손으로 쇠사슬을 잡아당겨주면서 사도공을 따랐다. 화산의 늙은 도사는 나이가 백 팔십 살이나 되었는데, 사도공에게 이런 말을 했다.

"공은 귀인이요. 평생 공업은 많이 세우겠으나 복은 많지 않은 편이요. 허리에 옥대를 차고서 천자를 모시고 밥을 먹게 될 때, 그로부터 한 달 동안 어려운 일을 만나게 될 것이요. 다섯 번 어려운 일을 겪게 될 터인데, 그 고비만 넘기면 장수할 수 있소. 이 종이 공을 어려움 속에서 구해낼 것이요. 잘 봐주도록 하시오."

그러나 노복은 좀체 일도 제대로 하지 않았다. 사도공이 그를 보내 남쪽 밭에 있는 농막을 지키게 했는데, 한참이 지나고 보니 그가 관리하던 밭이 모두 황폐해져있었다. 사도공이 사람을 보내 그의 뒤를 밟아보게 하니, 노복은 직접 비파를 들고 한 부인과 녹읍(鹿邑)의 성문루(城門樓)에서 술을 마시고 있었다. 사도공은 노하여 그를 쫓아내고는 가까이 오지 못하게 했다. 무진년(1628)에 도성으로 들어가게 되자 노복은 한사코 따라가게 해달라고 청했다. 그러더니 도성에 도착하자마자 매일같이 성황시(城隍市)에서 술이나 실컷 퍼마셨다. 사도공이 아침에 무슨 일을 시키면, 노복은 저녁에 술에 취해 다 잊어버린 채 돌아왔다. 사도공이 노하여 욕을 하면 노복은 벽에 기대 코를 골았는데, 코고는 소리와 사도공의 욕하는 소리가 번갈아가며 들렸다. 이렇게 이년이 지나자 그저 그러려니 하게 되었다.

사도공이 오정(烏程) 출신 재상[1]에게 모함 당해 하옥되자 여러 종들을 돌아보며 말했다.

"너희들 모두 내가 입히고 먹여주었으니, 누가 나를 따르겠느냐?"

그러자 노복이 울면서 당 아래에서 절을 했다. 사도공이 물끄러미 바라보다 말했다.

"아이구, 네가 어찌 가당키나 하겠느냐!"

노복이 앞으로 나와 말했다.

---

1 오정(烏程) 출신 재상 : 온체인(溫體仁)이다. 절강성(浙江省) 오정(烏程 : 지금의 湖州) 사람이기 때문에 오정 재상으로 불렸다. 숭정연간(崇禎年間 : 1628~1644)에 가장 오래 재상으로 있던 사람 중 하나로, 복사(復社), 특히 전겸익과 원한이 깊었다. 후에 『명사(明史)』「간신전(奸臣傳)」에 들어갔다.

"주인어른께서 대단하실 때에야 이 노복을 부리실만한 일이 뭐가 있었겠습니까? 이 노복도 그저 술이나 실컷 마셨을 뿐입지요. 그러나 지금 이 노복은 개나 말보다도 먼저 죽을 몸이고, 주인어른께서는 어려움을 만나셨는데, 어찌 온 몸을 다 바치지 않을 수 있겠습니까! 주인어른께서는 늙은 도사님의 말씀을 기억하지 못하십니까?"

그날부터 노복은 술을 마시지 않았고, 자기 집과 연락도 끊었다. 옥에서 사도공을 모신 것이 칠년이었다. 오정 재상과 한성(韓城) 재상[2]이 연이어 정권을 쥐었는데, 모두 가혹하기 그지없었다. 저들이 여러 제교(緹校)[3]들에게 시켜 지난 일을 염탐하게 하니, 사대부 친구들이나 노복들조차 종종 피해 도망가버리곤 했다. 그러나 노복만은 늘 헤진 옷을 입고서 새벽별을 보고 나갔다가 밤에 달이 떠야 들어오면서 사도공을 모셨다.

이에 앞서, 연(燕) 땅 출신 요씨(姚氏)라는 여자가 있었는데, 여러 번 시집을 가고도 또 가고 싶어 했다. 여자는 돈이 많아서 매번 이렇게 말했다.

"나는 관리에게 시집을 가야해."

노복은 관리인 척 속이고서 그 여자를 얻어왔다. 날마다 그 돈을 가져다 술과 음식으로 바꾸어서는 여러 제교들에게 환심을 얻은 덕에, 시종 난관에는 부딪히지 않을 수 있었다. 후에 요씨는 노복이 거짓말을 했다는 것을 알고서 대성통곡하며 노복을 욕했는데, 손으로 귀를 잡아당기고 얼굴을 물어뜯어서 노복의 얼굴에는 늘 상처가 잔뜩 나있었다. 후에 사도공이 외지로 나가 병사를 시찰하게 되자 노복을 군관(軍官)으로 삼고 장군의 모자를 씌우고 장군의 옷을 입힌 다음 요씨와 만나게 했다. 그러자 요씨가 크게 기뻐했다. 노복은 안에 들어가 사도공에게 감사하며 말

---

2 한성(韓城) 재상 : 설국관(薛國觀)을 가리킨다. 그가 섬서성(陝西省) 서안부(西安府) 한성현(韓城縣) 사람이기 때문이다. 만력 17년(1619)에 진사가 되어 호과급사중(戶科給事中)・형과도급사중(刑科都給事中) 및 태상시소경(太常寺少卿)을 역임하였다. 이 사람은 학식이라고는 없었고, 동림당(東林黨)을 원수로 여겼기에, 온체인의 눈에 들었다.

3 제교(緹校) : 명나라 때 금의위(錦衣衛) 교위(校尉)를 말한다.

했다.

"노복이 술 마시기를 좋아하는데, 벌써 칠년 동안이나 술을 마시지 않았습니다. 앞으로는 매일매일 함께 술을 마심으로써 보상받기 원합니다."

한참 후에 노복은 술 마신 게 점차 병이 되어 끝내 죽고 말았다. 향년 쉰일곱이었다.

노복에게는 아들이 넷 있었는데, 둘째가 한번은 군법을 범해 처형당할 처지가 되었다. 제대수(諸大帥) 복종선(卜從善) 등이 사도공을 에워싸고서 말했다.

"공께서 법을 어기시는 것은 원치 않으니, 군중(軍中)에서 충의로써 그를 권면해 봄이 어떠냐고 상부에 청을 넣어보려 합니다."

당시 곽씨 노복의 명성이 이미 양하(兩河) 사이에 퍼져있었던 것이다.

이에 명문을 짓는다.

> 그대는 사대부의 스승이거늘,
> 노복으로 살았구나.
> 노복이여! 노복이여!
> 노복 중엔 이런 자가 그래도 있거늘,
> 사대부 중엔 끝내 없구나.

장산래가 말한다.

노복의 기이함은 후에 술을 끊은 데에 있지 않고 앞에 술을 마신 데에 있다. 술 끊는 일이야 충의로운 선비라면 가능한 일이지만, 술 마시는 일은 그 속에 대단한 학문이 숨어있는 법이다. 만일 날마다 술이나 마시면서 무위도식 하지 않았더라면 사도공이 번성했을 시기에 악을 퍼뜨리고 죄업을 짓고도 한 번에 만족하지 않았을 것임에 틀림없다.

郭老僕死而葬於城北之金家橋. 其主人爲之誌其墓而銘之曰:

老僕名尙, 十八歲事予祖太常公. 方司徒公之少而應秀才試, 以及擧孝廉, 登進士第, 老僕皆身從之. 司徒公仕, 而西抵秦涼之塞, 南按黔方, 北盡黃花・居庸邊鎭上, 老僕又皆從. 司徒公嘗道經華山, 攀崖懸洞, 而陟其巓. 老僕則手挽鐵索從焉. 華山老道士, 年百八十歲矣, 謂司徒公曰:"公, 貴人也. 然生平豊於功業, 嗇於福用. 當腰圍玉而陪天子飯, 此後一月難作. 凡有五大難, 過此可耄耋. 此僕當濟公於難者也. 幸善視之."

然老僕殊不事事. 司徒公嘗遣視南圃之墅, 久之, 所司皆荒失. 命人迹之, 則老僕自攜琵琶, 與一婦人飮於鹿邑之城門樓. 司徒公怒, 斥之, 不使近. 戊辰, 赴官京師, 老僕固請從. 至則日酣飮於城隍市. 司徒公朝所命, 老僕暮歸, 醉而盡忘之. 司徒公怒而罵, 老僕則倚壁而鼾, 鼾聲與司徒公之罵聲更相間也. 積二歲餘, 以爲常.

司徒公爲烏程相所搆下獄, 顧謂諸僕曰:"爾輩皆衣食我, 今誰當從乎!" 老僕涕泣, 拜於堂下. 司徒公熟視曰:"嘻, 爾豈其人耶!" 老僕前曰:"主人盛時, 安所事老僕? 老僕亦酣醉耳. 今老僕且先犬馬死, 主人又患難, 豈尙不盡心力! 主人不憶老道士言乎?" 自此不飮酒, 亦不與其家相通. 從司徒公於獄者, 七年. 烏程相與韓城相, 相繼秉政, 皆苛深. 託諸緹校詗察往事, 士大夫親朋奴僕, 往往避匿去. 老僕嘗衣敝衣, 星出月入, 以事司徒公.

初燕女有姚氏者, 數嫁不終. 饒於財, 每曰:"我當嫁官人耳." 老僕乃僞爲官人, 娶之. 日取其財, 易酒食交歡諸緹校者, 故得始終不及於難. 後姚氏察知其僞, 大哭, 罵老僕, 以手提其耳嚙其面, 面上痕常滿. 及司徒公出視師, 乃以老僕爲軍官, 冠將軍冠, 服將軍服, 以見姚氏. 姚氏則大喜. 老僕入謝司徒公曰:"老僕嗜飮酒, 今七年不飮酒. 此後願日夜倍飮酒以償之." 久之, 飮酒積病, 遂以死. 年五十七.

老僕有四子, 其次嘗犯軍法, 當死. 諸大帥卜從善等, 羅拜司徒公曰:

"非願公紲法, 乃軍中欲請之以勸忠義也." 當是時, 郭老僕之名, 播兩河云. 銘曰 :

汝士大夫之師, 而乃居於奴. 奴乎! 奴乎! 奴尙則有, 士大夫卒無.

張山來曰 : 老僕之奇, 不在後之戒酒, 而在前之飮酒. 蓋戒酒猶屬忠義之士所能, 若飮酒則大有學問在. 苟非日飮亡何, 則當司徒盛時, 其播惡造業, 當不一而足矣.

다섯 사람 이야기[五人傳]

정암(晴巖) 오숙공(吳肅公)

천계연간(天啓年間 : 1621~1627)에 역적 위충현(魏忠賢)[1]이 포악한 짓을 일삼아, 수많은 경대부들이 충직함을 지키다 처형되었다. 이에 원망과 분통의 소리가 온 마을에 가득했다. 일반 백성들조차 머리카락이 뻗쳐오르고 가슴이 아팠으나, 그 누구하나 소주(蘇州 : 지금의 江蘇省 소주) 백성들이 이부(吏部) 주순창(周順昌)[2]을 위해 했던 것처럼, 공공연히 분에 떨치고 일

1 역적 위충현(魏忠賢) : 원문은 '역당(逆璫)'이다. 환관을 멸시하여 "당수(璫豎)"라 하는데, 명말 역적인 위충현이 환관 출신이기에 이렇게 부른 것이다.

2 주순창(周順昌 : 1584~1626) : 자는 경문(景文)이고 호는 요주(蓼洲)로, 소주(蘇州) 오현(吳縣) 사람이다. 만력 41년(1613)에 진사에 급제하여 복주(福州) 추관(推官 : 형옥을 관장하는 관리)을 지냈다. 만력 42년(1614)에 복주 백성들이 학정을 일삼던 환관 신분의 세사(稅使) 고채(高寀)와 투쟁을 벌이자 그는 백성 편에 서서 지지를 보냈다. 후에 이부(吏部)에 들어가 문선사원외랑(文選司員外郞)을 맡았는데, 인사를 결정하는 자리에 있었어도 정직과 청렴으로 일관하였다. 그러나 환관들의 미움을 받아 위충현이 작성한 『동림점장록(東林點將錄)』에 이름이 올랐다. 천계 5년(1625)에 환관들에 의해 핍박받은 "여섯 군자" 중의 한 명인 위대중(魏大中)이 체포되어 소주를 지나게 되었는데, 대화 중에 환관의 도당들을 향해 이를 갈며 욕설을 퍼붓다가 제기

어나 환관에게 대항하고 제기(緹騎)[3]와 맞서 싸우면서, 자기 몸 하나 죽는 것 아까워하지 않고 오직 의로움을 위해 목숨을 바치고자 하지 않았다. 나는 일찍이 『송천여필(頌天臚筆)』[4]도 읽어보았고 오(吳) 땅의 부로들에게 물어도 보았는데, 그때마다 무릎을 치며 개탄하고 흠모하지 않은 적이 없었다.

애초부터 이부께서는 인망이 높았다. 사람들이 그의 집을 찾아가 뵙고 인사를 고하면 때때로 조정의 일에 대해 절치부심했다. 또 백성들에게 불편한 명령이 있어도 직접 권세가를 찾아가 이야기했기에 소주 사람들은 공을 덕 있는 분이라 여겼다. 도간(都諫) 위대중(魏大中)[5]이 체포되

(緹綺)에게 고발당해 관직을 박탈당했다. 이에 앞서 원래 강소순무(江蘇巡撫)로 있던 주기원(周起元)이란 사람이 관직을 박탈당했을 때, 주순창이 그에게 글을 써주었는데, 글 속에 주기원을 찬미하고 환관의 무리를 배척하는 말이 있었다. 후에 소항(蘇杭) 직조(織造)로 있던 이실(李實)이라는 자 역시 환관이었는데, 위충현의 앞잡이 강소순무 모일로(毛一鷺)와 작당하여 주기원을 탄핵하면서 주순창까지 끌어들였다. 그리고는 두 주씨가 결탁하여 부정을 저질렀다고 하였다. 이에 거짓 조서가 내려와 주순창을 체포했다. 주순창은 천계 6년(1626) 3월에 북경으로 이송되어 왔는데, 성한 데가 없을 정도로 고문을 당하면서도 위충현을 욕했다. 그해 6월 17일에 고문으로 인해 옥중에서 죽으니, 그때 나이 43세였다. 숭정(崇禎) 원년에 그의 억울함을 풀어주고 충개(忠介)라는 시호를 내렸다.

3 제기(緹騎) : 명나라 때 금의위(錦衣衛)를 부르던 말이다.

4 『송천여필(頌天臚筆)』: 총 24권으로 명나라 김일승(金日升)이 집록했다. 명말 환관의 잔당들이 충직한 군자들을 학대한 사건의 시말을 기록한 책으로, 명말 역사를 연구하는 데 중요한 사료이다.

5 위대중(魏大中 : 1575~1625) : 자는 공시(孔時)이고 호는 곽원(廓園)으로 가선(嘉善) 천북구(遷北區 : 지금의 大舜鄕) 사람이다. 만력 44년(1616)에 진사가 되어 공부·예부·호부·이부의 급사중(給事中) 및 도급사중(都給事中) 등 직위를 역임했다. 고반룡(高攀龍)에게서 학문을 배웠는데, 청렴하고 강직했다. 천계 원년(1621)에 상소를 올려 양호(楊鎬) 등의 죄는 마땅히 중벌로 다스려야 한다고 주장했고, 두 차례나 대학사(大學士) 심최(沈漼)를 탄핵했는데, 글 속에 위충현을 건드리는 대목이 있었다. 홍환안(紅丸案)을 논하면서는 방종철(方從哲)·최문승(崔文升)·이가작(李可灼) 등을 죽여야 한다고 청하였고, 정국태(鄭國泰)가 동궁태자를 모함한 죄도 다스려야 한다고 논했다. 양련(楊漣)이 위충현을 탄핵하자 위대중 역시 「역적 환관을 치라는 상소[擊逆璫疏]」를 올렸다. 또 대학사 위광미(魏廣微)가 위충현과 안팎으로 간악한 짓을 일삼자 위광미를 탄핵하는 글을 누차 올렸다. 천계 4년(1624)에 위광중은 측근 진구주(陳九疇)를 시켜 위대중을 탄핵하게 했는데, 이로 인해 관직이 깎이고 외지로

었을 때, 지나가는 주읍(州邑)의 사람들은 감히 그와 만나지 못했다. 그러나 이부는 작은 배를 타고 오문(吳門)으로 가 기다리다가 서로 부둥켜안고 통곡하면서 구구절절 위충현을 욕했다. 이부는 [자신의 딸을 위대중의 아들과] 혼인 시키겠다 약속을 하고, 위대중에게 술과 고기 등을 차려주었다. 며칠 뒤 위대중은 오문을 떠났다. 위충현이 이 말을 듣고 분노하자 환관이 아끼던 어사(御史) 예문환(倪文煥)이 이부를 일러 당파를 일삼는 간신이라고 탄핵하였고, 이로 인해 관적이 박탈되었다. 그러자 소주 사람들은 물론이고, 세상 사람들 모두 두려움에 떨었다. 천계 6년(1626)에 직조중사(織造中使) 이실(李實)이 위충현의 교지를 받들어 이부께 다시 강학(講學)의 무리라는 죄명을 뒤집어씌우니, 도어사(都御史) 고반룡(高攀龍), 어사 주종건(周宗建), 유덕(諭德) 무창기(繆昌期), 어사 황존소(黃尊素)·이응승(李應昇)과 함께 체포되기에 이르렀다. 조서를 받든 사자가 소주에 도착했는데도 이부께서는 태연히 비분강개하셨다. 소주 백성들은 노소를 막론하고 모두 분개하였는데, 그 중에서도 다섯 사람이 가장 극렬했다. 다섯 사람이란, 안패위(顔佩韋)·마걸(馬傑)·심양(沈揚)·양념여(楊念如)·주문원(周文元)을 말한다. 안패위는 상인의 자식으로 집에 천금의 재산이 있었다. 그러나 젊어서부터 부형을 따라 장사하려 하지 않고 혼자 협객 노릇을 하며 마을을 돌아다녔다. 마침내 이부를 체포해가자 군(郡)의 사람들은 깜짝 놀라 시장도 다 파해버렸는데, 조서를 받든 사자 장응룡(張應龍)과 문지병(文之炳)이라는 자는 백성들을 학대하기까지 했다. 백성들의 분노는 더해갔으나 먼저 나서는 자가 없었다. 이때 안패위가 향을 사르고 시장을 울며 돌아다니면서 성을 돌며 소리쳤다.

추방되었다. 얼마 후 환관의 무리들이 또 거짓 조서를 꾸며 왕문신(汪文言)을 체포한 다음 왕문신을 협박해 위대중이 양호 등으로부터 3000냥의 뇌물을 받았다고 모함하게 했다. 천계 5년(1625) 4월 24일에 위대중이 억울하게 체포되자 수천의 백성들이 길에 나와 울며 따랐다. 6월에 북진무사감(北鎭撫司監)에 끌려들어가 고문을 당하다가 7월 26일에 양련(楊漣)·좌광두(左光斗) 등과 함께 옥중에서 죽었다. 저서로는 『장밀재집(藏密齋集)』이 있다.

"이부를 위해 맞서려는 자가 있거든 나오시오."

시장에 있던 사람들 중, 어떤 이는 일을 의논하고 어떤 이는 상황을 묻고 다녔으며, 어떤 이는 울고 어떤 이는 이 갈며 욕했다. 또 어떤 이는 머리를 움켜쥐고서 하늘을 불렀고, 어떤 이는 점을 쳐 길흉을 알아보았으며, 어떤 이는 돈을 꺼내 노자로 주었다. 또 어떤 이는 행장을 꾸려 도성으로 올라간 다음 등문고(登聞鼓)[6]를 쳤다. 분주히 막다른 골목을 뛰어다닌 것이 나흘 밤낮이었다.

조서가 선포되자 제생(諸生) 왕절(王節)·양정추(楊廷樞)·문진형(文震亨)·서병(徐汧)·원징(袁徵) 등이 몰래 모여 의논했다.

"민심이 노하였소. 우리들이 양대(兩臺)[7]를 찾아가 뵙고 사람들의 노여움을 풀어주어야 할 것이오."

또 부로들에게 말했다.

"지나치게 흥분해서는 안 되오. 흥분은 오히려 이부의 화를 더 무겁게 만들 뿐이오."

부로들은 모두 "그러겠소"라고 대답했다. 이에 그들은 함께 서서(西署)[8]를 찾아가 순무도어사(巡撫都御史)에게 청을 넣어보려고 했다. 순무는 모일로(毛一鷺)라는 사람으로 환관의 사람이었다.

이날 이부는 죄수복을 입고 오현령(吳縣令) 진문서(陳文瑞)와 함께 현에서 서서로 압송되었다. 안패위가 대중을 이끌고 그 뒤를 따랐는데, 마걸이 이미 앞장서서 목탁을 두드리며 시장 사람들을 불러 모아 따르는 자가 도합 만 명도 넘었다. 마침 비가 내려 대낮인데도 음침하고 어두웠다.

---

6 등문고(登聞鼓): 백성들이 임금에게 건의할 사항이나 호소할 일이 있을 때 치던 북으로 조당(朝堂) 밖에 걸려 있었다.

7 양대(兩臺): 반대(藩臺)와 얼대(臬臺)의 합칭이다. 청나라 때 지방 최고 행정장관인 승선포정사(承宣布政使)와 제형안찰사(提刑按察使)를 가리킨다.

8 서서(西署): 서쪽에 있는 도찰원(都察院)이다. 도찰원은 명나라 홍무연간(洪武年間: 1384~1398)에 설치한 부서로 관리의 감찰과 탄핵, 그리고 중대한 사건의 심리를 맡아보았다. 청나라 때도 있었다.

사람들이 향을 손에 들고 있어서 마치 횃불을 들고 줄지어 서있는 것 같았다. 의관은 비에 젖었고 신과 신이 서로 짓밟혔으며 진흙탕에 정강이가 다 빠졌다. 이부께서는 견여(肩輿)에 실려 있었는데, 사람들이 앞 다투어 이부를 조문하려는 통에 길이 막혀 앞으로 나아갈 수 없었다. 이부께서 여러 부로들의 노고를 위로하자 안패위 등은 대성통곡했으며 그 소리가 몇 리 밖까지 진동했다. 얼마 후 서서에 도착했다. 서서에는 휘장이며 의장 등이 설치되어 있었고, 장응룡과 여러 제기들이 기세등등하게 뜰에 서있었다. 맨 아래에 쇠사슬과 족쇄 등 형구를 진열해 놓았는데, [그걸 본] 사람들은 눈이 휘둥그레지고 목이 메었다. 왕절과 문진형 등이 모일로와 순안어사(巡按御史) 서길(徐吉) 앞으로 나아가 아뢰었다.

"주공(周公 : 吏部 周順昌)께서는 인망이 높으신 분이신데, 하루아침에 환관의 뜻을 거슬렀다가 체포당하여 어떤 화를 당할지 예측할 수조차 없게 되었습니다. 백성들은 원통해하면서도 어디 하나 대고 호소할 곳이 없습니다. 명공(明公)께서는 천자의 중신이니, 주공을 풀어 달라 청을 올려 백성들의 마음을 위로해 주심이 어떠십니까?"

모일로가 말했다.

"성상께서 노하시면 어쩌나?"

제생이 말했다.

"오늘의 일은 사실 동창(東廠)[9]에서 조서를 꾸민 것이지, 이부께서는 아무 죄가 없습니다. 다만 구설로 인해 화를 초래했을 뿐이니, 명공께서 적절히 주상께 아뢰면 요행히 윤허하실 수도 있을 것입니다. 이부께서 다시 살아나신 날이 바로 명공께서 영원불멸하게 되는 해일 것입니다. 윤허하지 않으신다 하여도 곧은 도리를 지킨 사람으로 이 세상에 남을

9 동창(東廠) : 명나라 때 관서 명칭이다. 성조(成祖)가 연왕(燕王)으로 있을 때 황제의 자리를 빼앗기 위해 몰래 도성의 환관과 결탁하였는데, 제위를 빼앗고 나서도 조정의 대신들을 믿지 못하고 환관을 중용했다. 영락(永樂) 18년(1420)에 도성 동안문(東安門) 북쪽에 동창을 설치하고 직접 환관을 파견해 관리를 감시하고 백성을 진압하게 하였다. 여기서는 위충현 환관의 도당을 상징하는 말로 사용되었다.

것이니, 명공께서는 얻는 게 많지요."

모일로는 근심스러워하며[10] 대답하지 못했다. 제기들은 서로 눈짓을 하며 귓속말로 "저자들이 대체 누구냐"고 말하면서, 모일로가 법으로 옭아매지 않는 것을 이상하게 생각했다. 양염여와 심양 두 사람이 팔을 걷어 부치고 앞으로 나가 호소하면서 "꼭 윤허를 받아내셔야만 합니다"라고 말했다. 양염여는 원래 창문(閶門)에서 옷을 파는 사람이었고 심양은 원래 거간꾼으로 둘 다 이부와는 가까운 사이가 아니었다. 게다가 안패위와도 가까운 사이가 아니었다. 둘은 한참동안 엎드린 채 비키라고 손을 휘저어도 일어나려 하지 않았다. 제기들이 노하여 욕을 했는데, 그때 갑자기 무리들 사이에서 큰 소리로 "위충현, 역적, 역적!" 하고 욕하는 소리가 들렸다. 바로 마걸이었다. 제기가 크게 놀라 말했다.

"쥐새끼 같은 놈들이 감히! 네놈의 목을 속히 베어버리겠다."

그러더니 손에 쇠사슬과 족쇄를 쥐고 계단에 휙 하고 던지며 소리쳤다.

"죄수는 어디 있느냐? 속히 가두고 동창에 보고 드려라."

안패위 등이 말했다.

"어명이 조정에서 나오는가, 동창에서 나오는가?"

이에 한바탕 소동이 일어났다. 이부의 가마꾼 주문원이란 자는 전날 이부께서 체포되었다는 이야기를 듣고는 울부짖으며 사흘 동안 음식을 먹지 않았다. 그러더니 이날 갑자기 앞으로 뛰쳐나가 수갑을 빼앗았다. 제기가 그를 매질하여 이마에 상처를 내자 주문원은 분노하였고 사람들도 같이 분노하여 급기야는 들고 일어나 문지병을 공격하였다. 문지병이 도망가자 사람들은 그를 에워싸고 위로 올라갔다. 그 통에 난간이며 문

10 근심스러워하며 : 원문은 '장주(張周)'이다. 민국24년 상해(上海) 개명서점(開明書店)의 연인본(鉛印本)을 배인(排印)한 인민일보출판사(人民日報出版社)본 『우초신지』에는 '주장(周張)'이라 되어있는데, 이는 '추창(惆悵)'과 통한다. 그래서 근심스러워한다고 번역하였다.

미가 모두 부러졌다. 그들이 당 위로 벗어 던진 신발이 마치 화살과 돌처럼 날아왔다. 제기들은 도성을 나온 이래로 오랫동안 횡포를 일삼았으며, 가는 곳마다 사람들을 능멸하여 군읍의 장관들조차 네, 네 하며 분부만을 기다렸었다. 그런데 소주 백성들이 뜻밖에도 흥분을 하자 모두 허겁지겁 도망쳤다. 한 놈이 관부 서까래를 타고 올라가 숨었다가 서까래가 움직이는 통에 놀라 떨어진 것을 양염여가 쳐 죽였다. 또 한 놈은 담장을 넘어가다가 진흙탕 속에 고꾸라졌는데, 그 역시도 신발로 밟아 머리를 터뜨려 죽였다. 변소에 숨은 자나 가시덤불로 몸을 가린 자들까지 모조리 뒤져내서 다 죽였다. 모일로와 서길은 같이 도망가 숨었다. 왕절 등은 일이 실패한 것을 알았으나, 군중의 사기가 너무 충천해 있는지라 앞에 나가 멈추라고 말하려 해도 그럴 수 없었다. 노련한 여러 부로들도 곧 후회하기 시작하더니 하나 둘 흩어졌다.

이날 어사 황존소를 체포해 오던 제기가 마침 배를 타고 서강(胥江)에 도착했는데, 외성을 노략질하고 시장 사람들을 붙잡아 매질했다. 외성 사람들은 성 안에서 제기들을 두들겨 팼다는 이야기를 듣고 자기들도 제기를 두들겨 팼다. 배는 불살라 물속에 빠뜨렸다.

이튿날 비가 개자 향대부(鄕大夫)들은 소복 차림으로 양대를 찾아가 고을 백성들을 살릴 방도를 도모했다. 그러나 모일로는 이미 밤새 밀서를 보내 동창에게 아뢰고, 상소문을 적어 난리가 났음을 고하였다. 이에 현으로 다음과 같은 격문(檄文)이 내려왔다.

"누구든 목탁 소리를 내어 무리를 모으거나, 누구든 향을 사르며 울부짖거나, 누구든 영웅이랍시고 앞장을 서거나, 죄수 편에 서서 천자의 사자를 죽이거나 한 자가 있으면 용서치 않고 죽여 버려라."

처음에 사람들은 이부가 잡혀간 일로 인해 의분에 겨워 있었기에 다섯 사람이 한번 소리치자 백 명 천 명이 모였다. 그러나 잡아 죽이겠다는 말을 듣고는 조금씩 두려워하기 시작했다. 이때 다섯 사람만은 의연하게 앞으로 나오면서 스스로 인정하며 말했다.

"내가 안패위요, 내가 마걸이요, 내가 심양이요, 내가 양염여요, 내가 주문원이요."

모두 감옥에 갇히면서도 "우리 같은 소인들이 이부를 따라 죽을 수 있다면 죽어도 썩지 않을 수 있다"고 말했다. 이부가 옥에서 처형되고 다섯 사람도 오 땅 저자에서 참수되었는데, [그때까지도 여전히] 태연히 담소를 나누었다. 처형되기 전날 폭풍우가 내려 태호(太湖)가 넘쳐났다. 광릉(廣陵 : 지금의 江蘇省 일대를 지칭하던 말) 사람들은 이런 말을 했다.

"예문환이 대낮에 집에 앉아 있는데, 홀연 다섯 사람이 엄숙한 차림을 하고 검을 짚은 채 깃발을 들고 이부를 인도해 오더니 홀연 사라졌다. 마당 우물의 돌 벽이 일어나 공중에서 춤을 추더니 한참 후에 땅에 떨어졌는데, 그 소리가 우레 치는 것 같았다."

이듬해에 열황제(烈皇帝)[11]가 즉위하고 위충현이 처형되었다. 이부의 아들 주무란(周茂蘭)이 피로써 억울함을 호소하는 상소문을 써 올리니, 황제께서는 이부를 긍휼히 여겨 예문환을 처형하라는 조서를 내렸다. 소주 사대부들은 환관의 사당을 허물고 난 폐허에 다섯 사람의 시신을 모아다가 합장하고 비석을 세워 표지를 만들었다. 지금까지도 그곳을 '다섯 사람의 묘'라고 부른다고 한다.

가사씨(街史氏)가 말한다.

환관의 화로 말하자면, 옛날에도 임금을 시해하고 나라를 망하게 한 자가 있었다. 하지만 대체 저 위충현이라는 역적이 어떤 물건이기에 그 타오르는 위세에 협박당하여 온 나라가 다 그에게로 쏠렸더란 말이냐. 염치도 도의도 없어졌으니, 역사상 가장 심하였구나! 중조의 사대부들이 모두 이 다섯 사람 같다면, 저자나 조정에 시체를 널어놓는 따위의 일[12]

11 열황제(烈皇帝) : 명나라 숭정제(崇禎帝)를 말한다.

12 저자나…… 따위의 일 : 『논어』 「헌문(憲問)」에 나오는 내용이다. "공백료(公伯寮)가 자로(子路)를 계손(季孫)에게 참소하니, 자복경백(子服景伯)이 공자에게 아뢰었다. '계손은 본시 공백료에게 마음이 미혹됨이 있습니다. 그러나 나의 힘은 오히려 공백료의 시체를 시장이나 조정에 널어놓을 수 있습니다.' 그러자 공자께서 말씀하셨다.

이 왜 생기겠는가? 다섯 사람은 성명이 온전히 전하며 의인이라 일컬어지니, 사람의 도리를 지킨 자가 저들 사대부가 아니라 이들 다섯 사람이기 때문 아니겠는가!

장산래가 말한다.

이 일은 백년 이래 가장 통쾌한 일이라, 다 읽고 나서 큰 잔에 술을 부어 한 잔 들이킨다.

天啓朝, 逆璫魏忠賢扇虐, 諸卿大夫以忠直被刑戮. 怨憤徹閭里. 匹夫匹婦, 髮竪心傷, 然未有公然發憤, 抗中貴, 毆緹騎, 不恤其身家之殞, 惟義之殉, 若蘇民之於吏部周公順昌者也. 嘗讀『頌天臚筆』, 及詢之吳父老, 未嘗不擊節慨慕之云.

初吏部負人望. 謁告家居, 時切齒朝事. 令不便於民者, 輒言之當事, 蘇人德之. 會都諫魏公大中被逮, 所過州邑莫敢通. 吏部輕舠候吳門, 相持慟哭, 罵忠賢不去口. 爲約婚姻, 奉炙酒. 累日乃去. 璫聞之怒, 璫所私御史倪文煥, 劾吏部黨奸人, 削籍. 蘇固已, 人人自懾矣. 天啓六年, 織造中使李實, 以忠賢旨, 復坐講學聚徒, 與都御史高公攀龍, 御史周公宗建, 諭德繆公昌期, 御史黃公尊素, 李公應昇, 俱逮治. 詔使至蘇, 吏部慷慨自若. 而蘇民無少長皆憤, 五人其最烈云. 五人者, 曰顏佩韋, 曰馬傑, 曰沈揚, 曰楊念如, 曰周文元. 佩韋, 賈人子, 家千金. 年少不欲從父兄賈, 而獨以任俠游里中. 比逮吏部, 郡人震駭罷肆, 而詔使張應龍·文之炳者, 虐於民. 民益怒, 顧莫敢先發. 佩韋於是爇香行泣於市, 周城而呼曰: "有爲吏部直者, 來." 市中或議或詾, 或泣或切齒詈.

'도가 장차 행해지는 것도 천명이요 도가 장차 폐해지는 것도 천명이니, 공백료가 천명을 어떻게 하겠는가?'[公伯寮愬子路於季孫, 子服景伯, 以告曰: '夫子固有惑志於公伯寮, 吾力猶能肆諸市朝.' 子曰: '道之將行也與, 命也. 道之將廢也與, 命也. 公伯寮其如命何?']"

或搏顙籲天, 或卜筮占吉凶, 或醵金爲贐. 或趣裝走京師, 撾登聞鼓. 奔走塞巷衢, 凡四日夜.

洎宣詔, 諸生王節·楊廷樞·文震亨·徐汧·袁徵等, 竊計曰: "人心怒矣. 吾徒當爲謁兩臺, 以釋衆怒." 又謂父老: "毋過激. 激祇益重吏部禍." 父老皆曰: "諾." 乃相與詣西署, 將請於巡撫都御史. 巡撫者, 毛一鷺, 璫私人也.

是日吏部囚服, 同吳令陳文瑞, 由縣至西署. 佩韋率衆隨之, 而馬傑亦已先擊柝呼市中, 從者合萬餘人. 會天雨, 陰慘晝晦. 人拈香如列炬. 衣冠淋漓, 履屐相躪, 泥淖沒脛骨. 吏部舁肩輿, 衆爭吊吏部, 枳道不得前. 吏部勞苦諸父老, 佩韋等大哭, 聲震數里. 移時抵西署. 署設幃幕儀仗, 應龍與諸緹騎立庭上, 氣張甚. 最下陳鋃鐺鈕鐐諸具, 衆目屬哽咽. 節震亨等, 前白一鷺及巡按御史徐吉曰: "周公人望, 一旦以忤璫就逮, 禍且不測. 百姓怨痛, 無所控告. 明公天子重臣, 盍請釋之, 以慰民乎?" 一鷺曰: "奈聖怒何?" 諸生曰: "今日之事, 實東廠矯詔, 且吏部無辜. 徒以口舌賈禍, 明公剴切上陳, 幸而得請. 吏部再生之日, 卽明公不朽之年. 卽不得請, 而直道猶存天壤, 明公所獲多矣." 一鷺張周無以對. 而緹騎以目相視, 耳語謂: "若輩何爲者?" 訝一鷺不以法繩之. 而楊念如·沈揚兩人者, 攘臂直前, 訴且泣曰: "必得請乃已." 念如故閶門鬻衣人, 揚故牙儈, 皆不習吏部. 幷不習佩韋者也. 蒲伏久之, 麾之不肯起. 緹騎怒, 叱之, 忽衆中聞大聲罵: "忠賢, 逆賊, 逆賊!" 則馬傑也. 緹騎大驚曰: "鼠輩敢爾! 速斷爾頸矣." 遂手鋃鐺, 擲階砉然, 呼曰: "囚安在? 速檻報東廠." 佩韋等曰: "旨出朝廷, 顧出東廠耶?" 乃大譁. 而吏部輿人周文元者, 先是聞吏部逮, 號泣不食三日矣. 至是, 躍出直前奪械. 緹騎笞之, 傷其額, 文元憤, 衆亦俱憤, 遂起擊之炳. 之炳跳, 衆羣擁而登. 欄楯俱折. 脫屐擲堂上, 若矢石. 然自緹騎出京師, 久驕橫, 所至淩轢, 郡邑長唯唯俟命. 蘇民之懺愕出不意, 皆蜋蹌走. 一匿署閣緣桷, 桷動, 驚而墮, 念如格殺之. 一踰垣仆淖中. 蹴以屐, 腦裂而斃. 其匿厠中翳荊棘者, 俱搜得殺之. 一鷺・吉皆走匿. 王節等知事敗, 而當衆氣方張之時, 卽欲前諭止不可得. 諸父老練事者亦旋悔, 稍稍散.

是日也, 緹騎之逮御史黃公尊素者, 適舟次胥江, 掠於郛, 執市人撻之. 郛人聞城中之毆緹騎也, 亦毆之. 焚其舟, 擠水中.

次日雨霽, 鄉大夫素服謁兩臺, 策所以救地方. 而一鷺則夜已密書飛騎白東廠, 且草疏告變矣. 檄下縣曰: "誰爲柝聲聚衆者, 誰爲爇香號泣者, 誰爲驍雄賈勇, 黨罪囚而戕天使者, 必悉誅無赦." 始衆以吏部故, 用義氣相感發, 五人一呼, 千百爲羣. 聞捕誅, 稍稍懼. 五人毅然, 出自承曰: "我顔佩韋, 我馬傑, 我沈揚, 我楊念如, 我周文元." 俱就縶, 曰: "吾儕小人, 從吏部死, 死且不朽." 及吏部死詔獄, 五人亦斬於吳市, 談笑自若. 先刑一日, 暴風雨, 太湖水溢. 而廣陵人則言: "文煥家居晝坐, 忽忽見五人, 嚴裝仗劒, 旌旆導吏部來, 忽不見. 庭井石闌, 飛起舞空中, 良久乃墮, 聲轟如雷." 明年, 烈皇帝卽位, 忠賢伏誅. 吏部子茂蘭, 刺血上寃狀, 詔卹吏部, 誅文煥. 蘇士大夫卽所夷璫祠廢址, 裒五人身首, 合葬而竪石表之. 至今稱'五人之墓'云.

街史氏曰: 奄寺之禍, 古有弑君覆國者矣. 而何物魏逆, 威燄所愒, 俾率土靡然. 廉恥道喪, 振古爲極矣! 向使中朝士大夫, 悉五人者, 則肆諸市朝, 何爲哉? 五人姓名具而人之, 無亦以人道之所存, 不於彼而於此歟!

張山來曰: 此百年來第一快心事也, 讀竟, 浮一大白.

소동허 소전(簫洞虛小傳)

평숙(平叔) 부점형(傅占衡)

지금의 퉁소는 퉁소가 아니라 옛날에 '척팔(尺八)'[1]이라 불렀던 것이다. 근자에 우리 고향 임천(臨川)에 차곤(車袞)이라는 퉁소를 잘 부는 사람이 있었는데, 지금 사람들이 '동허자(洞虛子)'라고 부르는 자가 바로 그 사람이다. 차곤은 대호촌(戴湖村) 사람으로 자는 용문(龍文)이다. 어려서 여러 학문을 섭렵하여 문사(文史)에 근접한 예술에는 모두 능했으며, 특히 대나무에 조예가 깊었다. 대나무로 된 것들은 모두 잘 다루었고, 그중 가장 잘 다루었던 것은 척팔이었다. 스스로 말하기를, 일곱 살 때에 세간의 퉁소를 가지고 놀다가 제법 소리를 내게 되었는데, 그 소리가 싫더라 하였다. 열 살 때에 오 땅 시장에서 파는 퉁소를 얻어 불어보았으나 그것도 성에 차지 않았다. 그러나 퉁소에 대한 사랑이 갈수록 깊어져서 심지어

1 척팔(尺八) : 옛날 관악기 이름으로 대나무로 만들고 세로로 불었으며 구멍이 여섯 개 있었다. 옆에 난 구멍에는 죽막(竹膜)으로 가려져있었다. 관의 길이가 1척 8촌이었기에 척팔이란 이름이 생겼다.

는 남과 이야기하고 밥 먹는 것까지 방해할 지경이었다. 그는 퉁소를 깎고 도려내고 새기고 하여서 본래 법식을 크게 바꾸어 놓았다. 낮에는 그걸 들고 물가 괴석 옆으로 가기도 하고, 혹은 그윽한 수풀 울창한 나무 그늘 밑으로 들어가기도 하였다. 뜰에는 달빛 비추고 마당엔 서리 내리고, 새들은 잠들고 벌레들만 깨어 우는 밤이 오면, 퉁소 구멍을 열었다 닫았다, 눌렀다 짚었다, 손에서 떼어놓질 못했다. 그러던 어느 날 갑자기 방법을 터득하여 일어나 춤을 추고 침상을 두드려대더니, 전대 사람들은 참으로 미련하고 귀가 먹어 이렇듯 오묘한 소리를 얻지 못했다며 욕을 했다.

얼마 후 한 마을 사람이 [동허자가 만든] 퉁소를 들고 나갔다가 만 리 밖에서 소리를 아는 객을 만났는데, 그 객이 돈 만 냥과 겹비단으로 사들였다. 그때부터 동허자의 퉁소는 천하에 이름을 얻게 되었다. 그러나 그는 너무 궁벽한 곳에서 태어났을 뿐더러 오(吳) 땅이나 월(越) 땅의 가무장소에는 가보지도 못한 탓에 집에 있으면서 자기 입하나 먹여 살리지 못했다. 그 후에 세간의 퉁소도 조금씩 그의 모습을 대충이나마 흉내 내기 시작했는데, 울긋불긋한 칠을 하여서는 '동허(洞虛)'라 이름 붙이고 오 땅 시장을 어지럽히며 엄청난 값을 받았다. 그러나 진짜 동허자의 집은 여전히 가난하기만 했다. 그는 한때 술에 취해 거리낌 없이 굴면서 높으신 분이나 고아한 선비들 사이에서 식객 노릇을 했는데, 이야기를 하다가 좌중에게 욕을 해대면 사람들이 그를 구타하려고 했다. 그러나 잠시 후 그의 퉁소 소리를 듣고 나면 자리에 있던 사람 모두 기뻐하면서 너도 나도 잔을 씻어서 번갈아가며 술을 부어주었으니, 그 사람됨이 이와 같았다.

사방에서 동허자를 알던 사람들조차도 지금까지 그가 어디 사람인지를 모른다. 그의 퉁소는 안팎이 모두 씻은 듯 정갈했으며 법식의 오묘함을 얻었기에, 잡음이나 속세의 기운이 없었다. 행서나 초서 몇 구절, 산수와 낚시하는 모습, 궁관(宮觀)과 안개 낀 나무, 사람과 사물, 꽃과 새,

곤충과 벌레 따위로 꾸밈을 가하기도 하였는데, 여러 가지 재주와 묘사한 솜씨가 거의 입신(入神)의 경지였다. 그러나 그만이 터득한 오묘함은 바로 대나무를 고르는 데 있었으니, 천 척이나 되는 대나무에서 십분의 일을 잘라내는데, [채옹(蔡邕)의] 가정(柯亭)[2]과 아궁이 밑[3]에 남겨놓은 감식안이 아니겠는가. 통소를 불 때면 그는 언제나 도끼며 톱을 지니고 다녔는데, 정원공이나 수풀 관리하는 사람들은 그걸 탓했지만 호사가들은 그의 기벽을 흐뭇해하며 묻지 않았다. 나도 그의 퉁소 둘을 얻었다. 그 하나는 소수(瀟水)와 상수(湘水)가 합류하고 팔경(八景)이 나뉘어 치닫는 가운데, 그 틈새에 머리카락조차 다 헤아릴 수 있을 듯 세밀하게 시를 지어 넣은 것이었다. 나머지 하나에는 십팔존자(十八尊者)의 그림[4]과 이용면(李龍眠)의 글씨,[5] 소자첨(蘇子瞻 : 蘇軾)의 찬(贊)과 진태허(秦太虛 : 秦觀)의 기(記)가 다 갖추어져 있었다. 나는 일찍이 술상을 차려놓고 금을 옆에 놓은 채 그것을 불다가 이렇게 말했다.

"그대의 이 기예는 마치 북방의 아름다운 여자가 홀로 세상에 우뚝 서있는 것 같으니, 나머지 분칠이나 하고 눈썹이나 그린 것들은 모두 흙이나 마찬가질세. 옛날 사람들은 유신(庾信)이 달빛 아래 홀로 퉁소 분 것을 훌륭하다 여겼지만, 동허자의 퉁소가 아니라면 어찌 자산(子山 : 庾信)

2 가정(柯亭) : 절강성(浙江省) 소흥시(紹興市) 서남이다. 좋은 대나무가 많이 난다. 한(漢)나라 때 채옹이 그곳으로 피난 갔다가 대나무로 서까래를 만든 것을 보고는, 좋은 대나무라고 여겨 잘라 피리를 만들었다고 한다.

3 아궁이 밑 : 『후한서(後漢書)』 「채옹전(蔡邕傳)」에 나오는 전고이다. "오 땅 사람 중에 오동나무로 불을 때고 있는 사람이 있었는데, 채옹은 불길에 타는 소리를 듣고, 좋은 나무라 여겨 그 사람에게 달라고 하여 잘라 거문고를 만들었는데, 과연 소리가 훌륭했다[吳人有燒桐以爨者, 邕聞火烈之聲, 知其良木, 因請而裁爲琴, 果有美音]"고 한다.

4 십팔존자(十八尊者)의 그림 : 원나라 때 수화(繡畵)로, '원대 제일 재녀[元代第一才女]'로 이름 난 관중희(管仲姬 : 1262~1319)가 그린 것이다. 그녀의 이름은 도승(道升), 자는 중희(仲姬)이며 절강 오흥(吳興) 사람이다. 원대 서화가 조맹부(趙孟頫)의 처로, 위국부인(魏國夫人)에 봉해졌다.

5 이용면(李龍眠)의 글씨 : 이용면은 송대 저명한 화가 이공린(李公麟)으로, 자는 백시(伯時), 호는 용면거사(龍眠居士)이며 산수와 불상을 잘 그렸다. 『선화서보(宣和書譜)』의 기록에 의하면 이공린의 글씨는 '위진(魏晋)'의 풍격을 갖췄다고 한다.

의 문장에 어울리겠는가?"

그러자 차곤은 크게 기뻐하여 퉁소 하나를 더 만들어 내게 주었다. 붉은 빛으로 언덕 하나 골짜기 하나, 술 한 잔에 시 한 수 읊는 것을 그리고는 그 위에 이렇게 글씨를 썼다.

"푸른 대는 왕포(王褒)의 부(賦)[6]에 부치고 싶고, 밝은 달 아래서 불면서 유신의 글을 완성시키고 싶구나."

또 말했다.

"퉁소의 수명은 몇 년에서 길어야 십 년이지만 사람의 수명은 몇 십 년에서 길면 백년입니다. 선생께서 전을 지어주신다면, 제 수명은 헤아릴 길 없이 길어질 터이니, 감히 청을 올립니다."

나는 웃으며 허락했다. 그러고 나서 퉁소를 다룰 때 가장 중요한 이롭고 해로운 점을 물으니 차곤이 대답했다.

"퉁소 구멍 아래에 꿴 실이 두 가닥 나와 있는데, 약간 뒤로 기운 듯 놓아야지 가운데에 놓으려다가 넘어가버리면 안 됩니다."

내 그의 남다른 총명함과 재주를 아끼는 마음에서 장난삼아 퉁소 부는 동허자를 위해 전을 지어준다. 아! 이것도 유마목우(流馬木牛)[7]처럼 만드는 방법이 제갈량 책 안에 다 갖추어져 있건만, 사람들이 쓰지 못할까 두렵구나.

장산래가 말한다.

오늘날의 퉁소는 실을 꿴 곳이 뒤쪽 가까이에 있고 기운 듯 비스듬하여

---

6 왕포(王褒)의 부(賦) : 왕포는 서한(西漢)의 사부가(辭賦家)로 자는 자연(子淵)이다. 「동소부(洞簫賦)」에서 우선 죽림의 풍경을 뒤에 사람을 매혹시키는 퉁소 소리를 묘사하였는데 매우 힘이 있으면서도 섬세하게 묘사했다.

7 유마목우(流馬木牛) : 제갈공명이 기산(祁山) 출정 때 군량을 옮기던 수단으로 목우와 유마에 실어 옮겼다. 『삼국지·촉지(蜀志)』「제갈량전(諸葛亮傳)」에 "9년, 제갈량이 다시 기산에 출정할 때, 목우로 운반하였는데 양식이 다 떨어지자 퇴군했다[九年, 亮復出祁山, 以木牛運, 糧盡退軍]"는 기록이 있다.

한가운데 놓여있지 않은데, 아마도 차군(車君 : 車衮)에게서 나온 듯하다.

또 말한다.

황구연(黃九烟)[8] 선생이 내게 말해주길, 한옹(韓翁)이 쇠로 만든 퉁소를 잘 분다고 하였다. 한옹은 차림새가 기이해서, 어떤 때는 부잣집 귀공자처럼 널찍한 소매의 붉은 적삼을 입고 나타나기도 하고, 어떤 때는 가난한 거지처럼 다 헤져 기운 남루한 옷을 입고 나타나기도 했다. 나는 그 말을 듣고 이상한 생각이 들어 한옹을 찾아가보았다. 그는 성 맞은편에 살고 있었는데, 기둥 한 개짜리 허름한 집이었다. 책상 위에 놓인 크고 작은 대나무 대롱 몇 개에는 모두 구멍이 뚫려 있었고 길이는 4촌, 5촌, 6촌으로 일정치 않았다. 서너 촌쯤 되어 보이는 종이 조각에 퉁소 악보 약 삼사십 자 가량을 적어놓은 것이 책상에 잔뜩 쌓여있었다. 한옹은 담비 가죽옷을 입고 여우털모자를 쓰고 있어서 군대에 있는 사람 같아 보였고, 북방 말투를 쓰고 있었다. 내가 솜씨를 한번 들어보고 싶다고 청하자 쇠로 만든 퉁소 세 개를 꺼냈는데, 그중 두 개는 일반 퉁소와 만든 법이 비슷했다. 양 손에 각각 하나씩 쥐고 코로 불었는데, 소리가 들쭉날쭉하지 않았다. 나머지 하나는 길이가 대략 2척 남짓 되었고 그것은 입으로 불었다. 내가 잘라 놓은 대나무 대롱에 대해 물어보자 이렇게 대답했다.

"대나무는 길건 짧건 모두 불 수 있소. 다만 반드시 재료에 맞게 깎아 구멍을 내야 하오. 나의 퉁소 악보에는 겨우 네다섯 구절밖에 적혀있지 않지만 익숙해지면 많은 곡들이 다 거기 들어맞게 마련이오. 쇠로 만든 거문고도 하나 있는데, 지금은 진주(眞州)에 두고 가져오질 않아 그대를 위해 연주해줄 수가 없구려. 내 재주를 배우면 제법 병도 고칠 수 있다오. 무군(撫軍) 아무개는 눈병을 앓았는데, 내가 퉁소 부는 법을 가르쳐주

8 황구연(黃九烟 : 1611?~1680) : 이름은 주성(周星)이고 호는 이암(而庵)이다. 상원(上元 : 지금의 江蘇省 江寧) 사람. 명나라 때 주사(主事)를 역임했으나 청나라에 들어와 호주(湖州)에 은둔하면서 황인(黃人)이라 이름을 바꾸고 자 또한 약사(略似)라 바꾸었다. 시를 잘 지어 『추구재집(芻狗齋集)』과 『구연시초(九烟詩抄)』 등이 세상에 전한다.

었더니 병이 다 나았고, 제부(制府) 아무개는 치통이 심했는데, 내가 퉁소 부는 법을 가르쳐주었더니 다 나았소. 그렇게 병을 고친 사람이 한 둘이 아니라오."

또 내게 말했다.

"지금 의원들은 매번 왕도(王道)로 병을 고치는데, 왕도는 성질이 마르고 뜨거워 오히려 병세를 악화시킬까 걱정이라오. 나는 순전히 패도(霸道)로 병을 고치고 있소. 이 약은 모두 혼(魂)만을 취하고 형질(形質)은 버리기 때문에 가볍고 맑은 기운뿐이라오."

이에 나는 한옹이 책을 읽지 못해 실수로 '패(霸)'를 '왕(王)'이라 말하고 '왕'을 '패'라 말했음을 알 수 있었다. 「소동허전」을 읽은 김에 여기에 부록한다.

今簫非簫也, 蓋古'尺八'. 近予臨川車衮, 擅其巧, 今世稱'洞虛子'者是也. 衮, 戴湖村人, 字龍文. 幼涉學, 凡藝近文史者皆工, 而尤妙於竹. 凡竹之屬皆善, 而最善者竅尺八也. 自言年七歲, 弄俗簫成聲, 輒惡其聲. 十歲時得吳市簫吹之, 亦不厭己意. 然好彌甚至妨語食. 剡刳刻鏤, 大變舊法. 晝則操造水濱怪石旁, 或入幽岫林樾蒼蒨中. 當月野霜庭, 鳥睡蟲醒之際, 啓塞抑按, 未嘗去手. 一日悟其法, 起舞拍牀, 罵前人聾鈍, 不聞此妙矣.

頃之, 其鄕人持一管萬里外遇解音客, 購之萬錢雙絹. 自是洞虛子簫聞天下. 顧産僻左, 足不到吳越歌舞場, 家居十指不給. 其後俗簫, 稍稍竊其粗似, 丹碧之, 名'洞虛', 亂吳市中, 暴得直. 而眞洞虛子家, 故貧自若也. 時澹蕩以酒人客高門雅士間, 語次罵坐, 衆欲毆之. 已而聞簫聲, 滿坐皆歡, 又相與洗盞更酌, 蓋其爲人如此.

四方之知洞虛子者, 至今莫知其何許人也. 其簫表裏濯治, 得議制之妙, 無瑕聲, 無累氣. 飾以行草秀句, 山水漁釣, 宮觀煙樹, 人物花鳥蟲豸, 雜工寫描勒入神. 而其獨得之妙, 在選竹, 竹至千尺取十一, 蓋有柯亭爨下遺識乎. 嘯咏之頃, 輒以斤鋸自隨, 園公林監或訛病之, 好事者賞其僻不問也. 予嘗得二焉. 其一瀟湘合流, 八景分峙, 隙間題詠, 毫髮可數. 其一十八尊者圖, 李龍眠筆, 蘇子瞻贊, 秦太虛記皆具. 嘗置酒倚琴而吹之, 因謂:“子是藝, 如北方佳人, 絶世獨立, 餘粉黛皆土耳. 昔人品庾信月明孤吹, 然非洞虛簫, 寧稱子山文乎?” 袞大喜, 遂別作一枝遺予. 彤以一邱一壑, 一觴一詠, 而題其上云:“青筠欲托王褒賦, 明月吹成庾信文.” 且曰:“簫之壽計年計十, 人之壽計十計百. 先生作傳, 洞虛之壽不可計, 敢請.” 予笑諾之. 因訪其利病最要處, 袞乃曰:“簫孔下出貫綸者兩, 宜差後而斜睨, 勿居中而徑往.” 予愛其聰巧絶倫, 戱爲簫洞虛子傳之. 嗟夫! 恐亦如流馬木牛, 尺寸具諸葛書中, 人不能用也.

張山來曰:此日之簫, 其貫綸處, 皆近後而斜睨無居中者, 其殆皆本於車君耶.

又曰:黃九烟先生, 爲予言韓翁能吹鐵簫. 冠服詭異, 時而衣大袖紅衫如豪富公子, 時而破衲襤褸如貧乞兒. 予聞而異之, 因訪焉. 面城而居, 敗屋一楹. 几上置大小竹管若干具, 皆有竅, 長四五六寸不等. 裂片楮三四寸許者, 書洞譜約三四十字, 堆滿几案. 翁衣貉裘, 冠狐冒, 如營伍中人, 語操北音. 予請聆其技, 乃出鐵簫者三, 其二制與常簫等. 左右手各握一具, 以鼻吹, 音無參差也. 其一約長二尺餘, 口吹. 余因詢其所裁竹管, 答云:“竹不論長短皆可吹. 但須因材剜竅耳. 予簫譜止四五句, 熟之則諸曲皆可合也. 尚有鐵琴一, 今在眞州, 未攜來, 不能爲君奏矣. 學予技, 頗能已病. 撫軍某患目疾, 予授以吹簫而愈, 制府某患齒病, 予授以吹簫而愈. 所治者非一人矣.” 復爲余言:“今醫家每以王道治病, 王道性燥烈, 恐反增疾. 予則純以覇道治之. 是藥皆取其魂而去其質, 僅輕清之氣耳.” 予因知翁未嘗讀書, 誤謂‘覇’爲‘王’, 爲‘王’爲‘覇’也. 因讀「簫洞虛傳」, 附記於此.

귀신 효자 이야기[鬼孝子傳]

사릉(射陵) **송조**(宋曹)

해녕(海寧 : 지금의 浙江省 해녕시) 사람 육빙수(陸氷修)가 민중(閩中 : 지금의 福建省 일대) 고운객(高雲客)에게서 들은 이야기를 해주었다.

그 마을에 귀신 효자가 있었다. 태어난 지 일고여덟 해만에 부친은 타지에서 죽고 집에 남아있는 식량이라곤 없었다. 효자는 자기 힘으로 모친을 봉양하면서 모친이 집에 편히 거하며 딴 생각을 하지 못하도록 했다. 장가들 나이가 되자 아무 씨네 딸과 약혼했다. 그러나 장가들기 전에 효자는 갑작스레 병으로 죽었다. 이때부터 모친은 의지할 데가 없어졌다. 이웃에 아무개라는 자가 있었는데, 효자의 모친을 아내로 맞이하려고 매파에게 말하기를, "저 여자 남편은 이미 오래 전에 없어졌고, 저 여자 아들도 갑자기 죽었으니, 집에는 2척 동자하나 없고 입을 것 먹을 것도 없다네. 그러니 저 여자가 무얼 가지고 죽을 때까지 살 수 있겠나? 내 저 여자와 해로하고자 하는데, 저 여자가 허락할까?"라고 하였다. 매파가 그 이야기를 모두 효자 모친에게 고하자 모친은 허락하려고 했다. 효자는 그날 밤 갑자기 방에서 무슨 소리를 내더니, 흐느끼며 침상머리를 돌다가 어머니에게 고했다.

"아들이 비록 죽었으나 아들의 마음만은 아직 죽지 않았습니다. 아들이 비록 몸은 어머니와 떨어져있으나 영혼만은 함께 있습니다. 이웃 사람이 어머니를 빼앗아가고자 하는데, 어머님은 그렇다고 그 사람에게 시집갈 생각이십니까?"

깜짝 놀란 어머니는 울며 말했다.

"몸을 버리는 것이 어찌 내 본래 뜻이겠느냐? 처음 네 아버지가 돌아가셨을 때는 그래도 너라도 있어 의지할 수 있었다. 그러나 너마저 죽으니, 내가 이제 누굴 의지한단 말이냐? 네가 한번 나를 위해 궁리해 보거라. 내가 무슨 수로 살아가야 할지."

효자가 말했다.

"제가 살아있을 적에는 제 힘으로 어머니를 봉양하고, 또 여력이 있어 아무 씨네 딸과 약혼도 하였습니다. 그러나 불행히도 요절하는 바람에 어머니께서 의지할 바를 잃으셨으니, 아무개 네서 마땅히 제가 보낸 혼인 예물을 돌려주어 어머님이 생계를 꾸릴 수 있도록 해주어야 할 것입니다."

어머니가 말했다.

"그러지 못하겠다고 하면 어떻게 하느냐?"

효자가 말했다.

"제가 말할 것입니다."

효자가 그날 밤에 과연 아무개 네 집에 귀신 모습으로 나타나니, 아무개는 전날 받았던 재물보다 갑절이나 많은 양을 그 어미에게 돌려보냈다. 어머니는 그것으로 먹고 살았다.

삼년 남짓 되었을 때 밑천이 다 떨어지자 어머니는 다시 효자의 영혼을 불러 고했다. 효자가 말했다.

"살아있을 적에 힘으로 어머니를 봉양할 수 있었듯, 죽어서도 힘으로 어머니를 봉양할 수 있습니다."

어머니가 말했다.

"아들아, 너는 귀신인데 어떻게 다시 힘으로 봉양할 수 있겠느냐?"

효자가 말했다.

"어머님께서는 시장의 짐꾼을 만나서, '평상시에 지는 양의 두 배로 지고 가면 우리 아들이 너를 도와줄 것이다'라고 말하십시오."

어머니가 시장에 들어가 짐꾼에게 그렇게 말했더니 짐꾼이 말했다.

"당신 아들은 이미 죽었는데, 어떻게 나를 도와 짐을 들어준단 말이요?"

어머니가 말했다.

"한번 시험해보시오."

짐꾼이 그 말대로 짐을 배로 늘렸더니, 효자가 몰래 도와주어 짐꾼은 평상시처럼 뛰어갈 수 있었다. 짐꾼은 자기가 얻은 곡식과 돈의 절반을 효자 어머니에게 주었는데, 효자가 매일같이 짐꾼을 도와주어 어머니는 그렇게 얻은 돈으로 늙을 때까지 스스로 의식을 해결할 수 있었다.

아! 효자는 아버지가 돌아가시자 부모에 대한 효심[1]을 다해 어머니를 봉양함으로써 어머니가 집에 편히 거하며 딴 뜻을 품지 않게 해드렸다. 죽은 뒤에도 다시 혼령이 되어 어머니 주위를 맴돌면서, 어머니가 평생의 지조를 온전히 할 수 있도록 해드렸다. 또 죽은 사람의 힘으로 어머니가 늙을 때까지 짐꾼을 도와 어머니를 봉양하였으니, 효자의 덕은 죽음도 변하게 만들 수 없었던 것인가? 이에 그 일을 기록하여 전을 짓는다.

장산래가 말한다.

귀신이 사람보다 낫다고 말해야만 하리라. 사람은 귀신의 일을 할 수 없는데, 귀신이 능히 사람의 일을 하였으니 말이다. 그러나 세상에서 뜻

---

1 부모에 대한 효심 : 원문은 '유모(孺慕)'인데, 부모에 대한 효심과 공경을 이르는 말이다.

을 품은 채 죽어간 사람들도 그 영혼이 사람에게 붙어 귀신이 되지 못한다. 정말 자산(子產)이 말한 '육체를 양성하여 정기가 많아지면 그 혼과 백이 둘 다 강해진다'[2]는 것이 혹 이와 반대가 아닐까? 지금 귀신 효자는 능히 자신의 뜻을 실행하였으니, 귀도(鬼道) 가운데 하나의 법문(法門)을 열었다 이를만하다.

海寧陸氷修, 述閩中高雲客之言曰 : 其鄕有鬼孝子者. 生七八歲, 父亡於外, 家無宿糧. 孝子卽能以力養其母, 俾母安其室而無他志. 將束冠, 聘某氏女. 未及娶, 孝子忽以疾死. 自是母無所依. 有鄰人某者, 將娶之, 謂媒者曰 : "若之夫久相失矣, 若之子又卒亡矣, 若之家無二尺之童, 且無衣無食矣. 若其何以自終乎? 予欲與若偕老, 若其許之乎?" 媒者悉以告其母, 母將許之. 孝子是夜忽聲作於室, 嗚嗚然環榻而告母曰 : "兒雖死, 兒心未死也. 兒與母形相隔, 魂相依也. 鄰人欲奪吾母, 母遂將從之乎?" 母驚哭曰 : "失身豈吾素志? 始汝父死, 賴有汝. 汝死, 吾復何賴? 汝爲我謀. 我何以生." 孝子曰 : "兒之生, 曾以力養吾母, 亦曾以餘力聘某氏女. 兒不幸早喪, 母無所依, 某當歸吾聘資爲母生計." 母曰 : "如不應何?" 孝子曰 : "兒當語之." 是夜果見異於某家, 某倍償前資, 以歸其母. 母以是自給.

三年許, 資盡, 母復呼孝子之魂而告之. 孝子曰 : "兒生能以力養吾母, 死亦能以力養吾母." 母曰 : "吾兒鬼矣, 烏能復以力養?" 孝子曰 : "母當市中語擔者曰 : '爾倍平日所擔, 吾兒當佐汝.'" 母果入市語擔者, 擔者曰 : "若兒死矣, 烏能佐吾擔?" 其母曰 : "請試之." 擔者果增以倍, 孝子陰佐之, 擔者疾走如平日. 因以所獲錢穀歸半於其母, 孝子日佐之無間, 母以是自給至老.

嗚呼! 孝子當父死後, 能盡孺慕之孝, 以養其母, 俾母安其室而無他

---

2 '육체를 …… 강해진다' : 『좌전(左傳)』 「소공(昭公) 7년」에 보이는 자산(子產)이 한 말이다.

志. 迨身死後, 復能精魂周旋其母, 俾母獲全生平之節. 而且以死力佐擔養母, 以至於老, 豈非孝子之爲德, 非死之所能間乎? 爰記其事而傳之.

張山來曰 : 予當謂鬼勝於人. 以人不能爲鬼之事, 而鬼能爲人之事也. 然世之齎志以歿者, 不能憑依於人以爲厲. 豈眞如子產所云 : '用物精多, 則魂魄强', 不且反是耶? 今鬼孝子竟能自行其志, 可以爲鬼道中開一法門矣.

황이장 소전(黃履莊小傳)

문소(文昭) **대용**(戴榕)

황이장은 내 고종사촌뻘 되는 사람이다. 어려서부터 총명하여 책을 몇 번 안 읽고도 바로 외웠다. 새로운 것을 고안해내기를 특히나 좋아하여 여러 가지 정교한 물건을 만들어냈다. 일고여덟 살 때에 서당 훈장을 속이고 몰래 장인(匠人)의 칼이며 송곳을 훔쳐다가는 1촌 남짓 되는 목각 인형을 깎은 다음 책상 위에 두었는데, 걸어 다니기도 하고 손과 발이 자동으로 움직여서, 보는 사람들은 모두 희한하게 생각하며 귀신인가 여겼다. 열 살이 넘어 고모부님이 세상을 뜨자 광릉(廣陵 : 지금의 江蘇省 揚州市 일대)으로 와서 나와 함께 살았다. 그때 서양의 기하비례(幾何比例)니 윤려기축(輪棙機軸)[1]이니 하는 학문을 접하게 되어 그 덕에 솜씨가 나날이 진보했다. 그는 늘 작은 물건을 만들고서 혼자 흐뭇해했는데, 그걸 보는 사람들은 높은 값을 치루며 다투어 사겠다고들 했다. 하지만 본디 몸이

1 윤려기축(輪棙機軸) : 내연기관 용어로 '윤려'는 도르래 종류이고, '기축'은 왕복운동을 회전운동으로 바꿔주는 크랭크축이다.

허약해서 일상사조차 감당하지 못하더니 병이 더욱 악화되어 결국 더 이상 만들지 못했다.

그가 만든 작품은 처음부터 많지도 않았을 뿐더러, 설령 많았다 쳐도 내가 다 기억하지 못한다. 아직도 그가 만든 한 쌍의 작은 수레를 기억하고 있는데, 길이는 3척 남짓에 한 사람 정도 앉을 수 있었다. 번거롭게 밀거나 끌어주지 않아도 저절로 움직였으며, 가다가 멈추어 섰을 때 손으로 굴대 옆의 고리를 잡아당기면 다시 처음처럼 움직였다. 멈춰 설 때마다 잡아당겨주면 하루에 족히 80리를 갔다. 나무로 개를 만들어 문 옆에 두면 늘 웅크린 채 누워 있다가 사람이 집안으로 들어오려다 장치를 건드리면 쉬지 않고 짖었다. 짖는 소리는 진짜 개와 다름없어서 아무리 눈치 빠른 사람도 어느 것이 진짜이고 어느 것이 가짜인지 구별하지 못했다. 나무로 새를 만들어 새장 안에 두면 저절로 폴짝폴짝 춤추면서 날아다니며 울었는데, 그 소리가 아리따운 아가씨 같아 청아하면서도 듣기 좋았다. 수기(水器)도 만들었다. 그 가운데 물을 넣으면 물줄기가 위 아래로 마치 실처럼 뿜어져 나왔다. 물의 높이는 5~6척이었고 시간이 지나도 그치지 않았다. 그가 만든 신기한 기구는 이와 같으나 다 기재할 수 없다.

그의 신기함을 수상쩍게 여기는 사람들은 반드시 기이한 책을 보았거나 기이한 비법을 전수받았을 것이라 여겼다. 나는 그와 함께 지낸 날이 가장 길고 또한 가장 가까운 사이었으나 그런 책은 결코 본 일이 없으며, 어디서 배워온 것인지 알아보았으나 그런 것을 가르쳐준 스승 따위는 있지 않았다. 그는 다만 이렇게 말했다.

"나 정도를 가지고 어찌 신기하다 할 만하겠는가? 천지 인물이야말로 모두 신기한 기물일세. 저 하늘과 같이 움직이는 것, 저 땅과 같이 고요한 것, 저 사람과 같이 영명한 것, 저 만물과 같이 심오한 것, 어느 것 하나 신기하지 않은 것이 있겠나? 그러나 스스로 신기해지지 못하여, 반드시 지극히 신기한 자가 있어 스스로 신기해지지 못하는 자들의 근원이 되어주고, 또 그들의 주재(主宰)가 되어주는 것뿐일세. 그림에 화공이 있고, 토목에 장인이 있는 것처럼 말일세. 그러한 자들이 바로 신기함에 이른 자들이라네."

나는 그 말의 원대함에 놀랐으며, 이로 인해 황이장의 신기함에는 본디 독자적으로 깨달은 바가 있으니, 한 가지 물건 한 가지 일을 좇아다니며 배우는 사람이 미칠 수 있는 바가 아님을 알게 되었다.

옛사람이 말하길, 하늘은 절로 움직이는 것이 아니라 반드시 움직이게 하는 자가 있고, 땅은 절로 조용한 것이 아니라 반드시 조용하게 하는 자가 있다고 하였다. 황이장의 신기함은 혹 신기함을 만드는 불변의 이치로부터 터득한 것일까? 황이장은 성품이 간소하고 조용하며 생각하기를 좋아했다. 나와 지내는 동안 나는 늘 주저리주저리 말이 많은 반면, 그는 혼자 앉아 조용히 생각에 잠겼다. 그가 처음에 생각에 몰입하려할 때는 마치 난관에 부딪힌 듯 매우 힘들어 보였지만, 터득하고 나면 곧이어 웃고 춤추었다. 만일 한 가지 생각이라도 막혀서 풀리지 않을 시에는 기필코 새벽까지 이불을 끌어안은 채 풀려고 기를 쓴 연후라야 그쳤다. 황이장의 신기함은 사고로부터 얻은 것이고, 사고하기 좋아하는 것은 천성에서 나온 것이다. 황이장은 병신년(1656)에 태어났으니, 스물여덟이다. 생년월일이 나와 조금도 다르지 않으니, 그 또한 신기한 일이다. 부록하여 쓴다.

장산래가 말한다.

서양 사람들의 기발한 생각은 중화의 백배다. 어찌 천지의 신령한 기운이 유독 저 땅에만 그렇게 두텁게 내려졌겠는가? 내 친구 매정구(梅定九)[2] · 오사소(吳師邵) 등도 모두 그러한 기술에 능통한데, 이제 황이장까

---

2 매정구(梅定九) : 매문정(梅文鼎 : 1633~1721)으로, 청나라의 천문학자이자 수학자이다. 자는 정구(定九)이고 호는 물암(勿庵)이며 안휘성(安徽省) 선성(宣城 : 지금의 宣州) 사람이다. 유년 시절에 부친을 따라 『주역』을 읽고 난 뒤 천문을 즐겨 보았다.

지 있으니, 화인의 기교가 저들에게 뒤지지 않음을 알겠다. 다만 기예로써 이름을 이루고, 부귀영달에 심사를 다 쓰고 싶지 않아서 여러 가지 기예에 방통할 수 없었던 것이니, 이 때문에 기발한 생각이 서양인에게 한 수 뒤졌던 것뿐이다.

원본의 신기한 기구 목록은 제법 상세한데, 여기서는 몇 조목만을 채록하여 대략을 짐작하게 했다.

黃子履莊, 予姑表行也. 少聰穎, 讀書不數過, 卽能背誦. 尤喜出新意, 作諸技巧. 七八歲時, 嘗背塾師, 暗竊匠氏刀錐, 鑿木人長寸許, 置案上, 能自行走, 手足皆自動, 觀者異以爲神. 十歲外, 先姑父棄世, 來廣陵, 與予同居. 因聞泰西幾何比例, 輪棙機軸之學, 而其巧因以益進. 嘗作小物自怡, 見者多競出重價求購. 體素病, 不耐人事, 惡劇嬲, 因竟不作.

於是所製, 始不可多得, 所製亦多, 予不能悉記. 猶記其作雙輪小車一輛, 長三尺餘, 約可坐一人. 不煩推挽能自行, 行住, 以手挽軸旁曲拐, 則復行如初. 隨住隨挽, 日足行八十里. 作木狗, 置門側, 卷臥如常, 惟人入戶, 觸機則立吠不止. 吠之聲與眞無二, 雖黠者, 不能辨其爲眞與僞也. 作木鳥, 置竹籠中, 能自跳舞悲鳴, 鳴如畵眉, 凄越可聽. 作水器. 以水置其中, 水從下上, 射如線. 高五六尺, 移時不斷. 所作之奇俱如此, 不能悉載.

有怪其奇者, 疑必有異書, 或有異傳. 而予與處者最久且狎, 絶不見其書, 叩所從來, 亦竟無師傳. 但曰 : "予何足奇? 天地人物皆奇器也. 動者如天, 靜者如地, 靈明者如人, 賾者如萬物, 何莫非奇? 然皆不能自奇, 必有一至奇, 而不自奇者以爲源, 而且爲之主宰. 如畫之有師, 土木之有匠民也. 夫是之爲至奇." 予驚其言之大, 而因是亦具知黃子之奇,

---

27살 때부터 수학과 역법을 공부하기 시작해 평생 이에 몰입했다. 청나라 초기에 들어온 서방과학지식의 영향을 많이 받았다.

固自有其獨悟, 非一物一事求而學之者所可及也.

昔人云, 天非自動, 必有所以動者, 地非自靜, 必有所以靜者. 黃子之奇, 其得其奇之所以然乎? 黃子性簡默喜思. 與予處, 予嘗紛然談說, 而黃子則獨坐靜思. 觀其初思求入, 亦戛戛似難, 旣而思得, 則笑舞從之. 如一思礙而不得, 必擁衾達旦, 務得而後已焉. 黃子之奇, 固亦由思而得之者也, 而其喜思則性出也. 黃子生丙申, 於今二十八歲. 其年月日時, 與予生期毫髮無異, 亦奇也. 因附書之.

張山來曰 : 泰西人巧思, 百倍中華. 豈天地靈秀之氣, 獨鍾厚彼方耶? 予友梅子定九, 吳子師邵, 皆能通乎其術, 今又有黃子履莊, 可見華人之巧, 未嘗或讓於彼. 祇因不欲以技藝成名, 且復竭其心思於富貴利達, 不能旁及諸技, 是以巧思遜泰西一籌耳.

原本奇器目略頗詳, 玆偶錄數條以見一班云.

부록 신기한 기구 목록

하나. 측정계 : 차갑고 뜨겁고 건조하고 습하고는 모두 피부로만 확인할 수 있지 눈으로는 확인할 수 없는데, 지금은 눈으로도 확인할 수 있다.

– 온도계 : 이 기구는 허와 실을 진단할 수 있고, 기후를 분별할 수 있어서, 여러 약들의 성질을 확인해볼 수 있다. 쓰임새가 아주 넓으며, 달리 전문 서적도 있다.

– 습도계 : 안에 바늘이 하나 있는데 좌우로 돌아간다. 건조하면 왼쪽으로 돌아가고 습하면 오른쪽으로 돌아간다. 터럭만큼도 틀림이 없으며 날씨를 미리 알아볼 수도 있다.

하나. 여러 가지 거울 : 덕성이 높은지 낮은지는 벗만이 볼 수 있다. 얼굴이 예쁜지 추한지는 거울만이 볼 수 있다. 거울의 용도는 자기를 보고 또 사물을 보는 데에 그친다. 그래서 여러 가지 거울을 만들어 쓰임새를 넓혔다.

— 천리경(千里鏡) : 크기가 다 다르다.

— 취화경(取火鏡) : 태양을 향해 비추어 불을 얻는다.

— 임화경(臨畵鏡)

— 취수경(取水鏡) : 달을 향해 비추어 물을 얻는다.

— 현미경(顯微鏡)

— 다물경(多物鏡)

— 서광경(瑞光鏡) : 크기가 각각 다르다. 큰 것은 지름이 5~6척이나 되는데, 밤에 등불을 비추면 그 빛이 몇 리 밖까지 비추어 매우 유용하다. 겨울에 그 빛 가운데 앉아있으면 온 몸에 따스함이 감돌아 마치 태양 아래 있는 것만 같다.

하나. 여러 가지 그림 : 그림은 보이는 것을 꾸미는 것이다. 어떤 것은 평면인데 바라보면 심원하고, 어떤 것은 한 면인데 바라보면 여러 면이니, 이것이 바로 그림의 변화라는 것이다.

— 원시화(遠視畫)

— 방시화(旁視畫)

— 경중화(鏡中畫)

— 관규경화(管窺鏡畫) : 전혀 그림 같지 않으나 대롱으로 보면 마치 진짜처럼 생동감 있다.

— 상하화(上下畫) : 한 폭의 그림이지만 위에서 보고 아래에서 보면 두 폭의 그림이 된다.

— 삼면화(三面畫) : 한 폭의 그림이지만 세 면에서 보면 세 폭의 그림이 된다.

하나. 놀이기구 : 기구는 비록 놀기 위해 만들었지만 그 이치는 진실하니, 놀이로써 이치를 창출해낼 수 있기에 군자 또한 노는 것을 금하지 않으셨다.

— 자동희(自動戲) : 안에 음악이 들어 있어 사람의 힘을 빌리지 않고 자연스런 절주가 흐른다.

— 진화(眞畫) : 사람과 물건, 새와 짐승 모두가 저절로 움직여 진짜나 다름없다.

— 등구(燈衢) : 작은 집 한 채를 만들어 안에 등잔 여러 개를 매단다. 사람이 그 안에 들어가면 마치 사통팔달한 큰 저자거리에 간 것처럼, 인가가 빽빽하고 등불이 줄지어 있어 몇 리가 한 번에 바라다 보인다.

— 자동으로 돌아가는 더위 쫓는 부채 : 사람의 힘을 빌리지 않아도 온 방안에 바람이 돈다.

— 목인장선(木人掌扇)

하나. 수법(水法) : 농사는 반드시 물이 있어야 가능하니, 물의 쓰임새는 실로 크다. 또한 여러 가지 놀이 기구로도 만들 수 있기에 수기를 만들었다.

— 용미거(龍尾車) : 한 사람이 여러 대의 수레를 돌릴 수 있어 밭에 물 주기에 제일 편하다.

— 일선천(一線泉) : 만드는 법이 다 다르다.

— 유지천(柳枝泉) : 물이 위로 뿜어졌다 아래로 뿜어졌다 하는 게 마치 버들개지 같다.

— 산조명(山鳥鳴) : 소리가 산새 같다.

— 난봉음(鸞鳳吟) : 소리가 난새나 봉황 같다.

— 보시수(報時水)

— 폭포수(瀑布水)

하나. 기구를 만드는 기구 : 어떤 일을 잘 하려면 먼저 연장을 잘 다듬어야 한다. 게다가 머릿속에 구상하고 있는 여러 가지 기구들은 일반 도끼나 가마로 는 만들 수 없는 것들이니, 이에 기구를 만드는 연장을 만들었다.

– 네모나고 둥근 규구(規矩)

– 작은 그림을 그릴 큰 규구

– 큰 그림을 그릴 작은 규구

– 팔각형과 육각형을 그릴 규구

– 여러 가지 거울을 만들 규구

– 법조(法條)를 만드는 기계

一. 驗器 : 冷熱燥濕, 皆以膚驗, 而不可以目驗者, 今則以目驗之.

驗冷熱器 : 此器能診試虛實, 分別氣候, 證諸藥之性情. 其用甚廣, 另有專書.

驗燥濕器 : 內有一針, 能左右旋. 燥則左旋, 濕則右旋. 毫髮不爽, 幷可預證陰晴.

一. 諸鏡 : 德之崇卑, 惟友見之. 面之媸姸, 惟鏡見之. 鏡之用, 止於見己, 而亦可以見物, 故作諸鏡以廣之.

千里鏡 : 大小不等.

取火鏡 : 向太陽取火.

臨畫鏡

取水鏡 : 向太陰取水.

顯微鏡

多物鏡

瑞光鏡 : 製法大小不等, 大者徑五六尺, 夜以燈照之, 光射數里, 其用甚巨. 冬月人坐光中, 則遍體生溫, 如在太陽之下.

一. 諸畫 : 畫以飾觀, 或平面而見爲深遠, 或一面而見爲多面, 皆畫之變也.

遠視畫

旁視畫

鏡中畫

管窺鏡畫 : 全不似畫, 以管窺之, 則生動如眞.

上下畫 : 一畫上下觀之, 則成二畫.

三面畫 : 一畫三面觀之, 則成三畫.

一. 玩器 : 器雖玩而理則誠, 夫玩以理出, 君子亦無廢乎玩矣.

自動戱 : 內音樂俱備, 不煩人力而節奏自然.

眞畫 : 人物鳥獸, 皆能自動, 與眞無二.

燈衢 : 作小屋一間, 內懸燈數盞. 人入其中, 如至通衢大市, 人煙稠雜, 燈火連緜, 一望數里.

自行驅暑扇 : 不煩人力, 而一室皆風.

木人掌扇

一. 水法 : 農必藉水而成, 水之用大矣. 而亦可爲諸玩, 作水器.

龍尾車 : 一人能轉多車, 灌田最便.

一線泉 : 製法不等.

柳枝泉 : 水上射復下, 如柳枝然.

山鳥鳴 : 聲如山鳥.

鸞鳳吟 : 聲如鸞鳳.

報時水

瀑布水

一. 造器之器 : 工欲善其事, 必先利其器. 況目中所列諸器, 有非尋常斤斧所能造者, 作造器之器.

方圓規矩

就小畫大規矩

就大畫小規矩

畫八角六角規矩

造諸鏡規矩

造法條器

우초신지 권7

척삼랑의 일을 적다[書戚三郎事]

감재(減齋) **주양공**(周亮工)

강음성(江陰城 : 지금의 江蘇省 江陰縣)이 함락되는데도 목숨을 바쳐 대항하는 자들이 없었다. 읍에 척삼랑이라는 사람이 있었는데, 아내 왕씨(王氏)와 사이가 매우 돈독했고 부부 둘 다 베풀기를 좋아했다. 집에는 이제 겨우 다섯 살 난 아들이 하나 있었다. 이 마을에서는 오직 관제군(關帝君 : 關羽)만 모셨으며 척씨 부부도 정성을 다해 관제군을 모셨다. 이십년을 하루같이 매달 그믐과 보름이면 날이 밝기도 전에 사당에 가서 향을 살랐다. 성이 함락되었을 때 척삼랑은 병사들에게 사로잡혀 손발이 한데 꽁꽁 묶이고 몇 군데나 창에 찔린 채 사거리까지 끌려갔다. 아내가 다른 병사에게 끌려가는 것을 보고 구하려고 소리치다가 다시 창에 찔렸다. 이렇게 전후로 모두 열세 차례나 창에 찔렸고, 머리도 칼에 맞았다. 이렇게 끌리고 밀리고 관제묘를 지나갈 때, 척삼랑은 더 이상 걸을 수가 없어 그만 땅에 꼬꾸라지고 말았다. 병사들은 그가 겨우 숨만 붙어 있는 것을 보고는 그냥 내버려둔 채 가버렸다.

그러나 척삼랑은 정신만은 멀쩡했기에 경건히 관제께 예를 올리며 '이 기둥 아래에서 죽을 수만 있으면 그것으로 족합니다'라고 빌었다. 그러나 죽는 게 그리 쉬운 일만은 아니니, 어쩌면 관제께서 영험함을 드러내어 나를 구해줄 수도 있지 않을까 생각했다. 날이 저물고 사당 안에 기이한 기운이 느껴지더니 팔을 묶고 있었던 포승줄이 갑자기 끊어지면서 마치 활시위가 끊어지듯이 벼락 치는 소리가 났다. 척삼랑은 왼쪽 팔을 다쳤으나 포승줄이 끊어진 덕에 오른 팔로 머리를 받칠 수 있었다. 머리가 떨어지기 직전이었지만 아직 목이 끊어지지 않았기에 목을 돌려 제 위치에 맞춰놓았다. 그는 정신만은 멀쩡해서, 관제께서 정말로 영험함을 발휘해 자기를 구해주셨구나 생각했다.

날이 밝을 무렵 병사들이 몇 차례 척삼랑 있는 데를 지나쳤으나 몸에 혈흔이 희미해진 것을 보고는 죽었다고 생각해 더 이상 돌아보지 않았다. 한참 뒤에 어떤 노인과 노파가 지나다 척삼랑을 보고는 가련히 여겨 이렇게 말했다.

"척삼랑이 죽어가고 있으니, 부축해서 데려가야 하지 않겠소?"

척삼랑은 비록 정신이 혼미했지만 그들이 이웃에 사는 전씨(錢氏) 노인과 심씨(沈氏) 할멈이라는 것을 알 수 있었다. 잠시 뒤에 두 사람은 생강죽을 가져왔다. 그리고 이틀 뒤에 다시 들어와 말했다.

"전쟁이 끝나 병사들이 무기를 거두고 떠나갔으니, 삼랑은 이제 살겠소!"

그리고는 더 이상 오지 않았다. 척삼랑의 머리는 온통 피에 뒤덮여 있었던 덕분에 그대로 붙었고, 이내 조금씩 머리를 들 수 있게 되었다. 머리를 들어 방안을 둘러보니 살아남은 사람이라곤 아무도 없고 다섯 살 난 아들이 자기 발 옆에 꼭 붙어 앉아 울고 있었다. 또 집안에 두 구의 시체가 있었는데, 살펴보니 이웃에 사는 전씨 노인과 심씨 할멈이었다. 척삼랑은 몹시 두려워하다가 한참 만에 두 사람이 관제신의 명을 받아 자신을 도와주었음을 깨달았다.

그는 억지로 일어나서 비틀거리면서 관제묘로 갔는데, 땅에 엎드리려 했으나 몸을 굽힐 수 없었다. 그래서 그대로 선 채 머리를 조아리는 모습을 하려했더니 금방이라도 머리가 다시 떨어질 것 같아 난간에 기대어 빌었다.

"관제신 덕분에 살아나게 되었으니, 끝까지 저를 돌봐주시겠지요!"

그리고는 속으로 '이미 죽은 전씨 노인과 심씨 할멈이 나를 살렸는데, 그들의 시신을 오랫동안 방치해 둘 수는 없지. 집에 있는 나무로 관을 만들면 되겠지만, 어디서 목공을 구한단 말인가?'라고 생각했다. 그러던 중 사람들이 관제신을 위해 사당을 만들다가 성이 포위되는 바람에 공사를 마치지 못했으니, 혹 목공들 중에 생존자가 있을지도 모른다는 생각이 떠올랐다. 이에 그곳을 찾아가보았더니 목공 세 명이 문에 기대어 이야기를 나누고 있었다. 척삼랑이 사정 이야기를 하자 그들은 모두 척삼랑을 따라 나섰다. 척삼랑이 목재 있는 곳을 가르쳐주자 목공들은 곧장 관을 만들었다. 척삼랑이 간신히 기어서 쌀을 구해다 음식을 만들려고 했으나, 한참이 지나도록 구하지 못하고 겨우 빈 집에서 겨울에 볶아 놓은 박속 조금을 구해 돌아왔다. 집에 들어서자 목공 세 명은 온데간데없고 관 다섯 개만 덩그러니 있을 뿐이었다. 이를 본 척삼랑은 '관 두 개를 만들기로 약속했는데 다섯 개나 있고, 나를 기다리지도 않고 돌아갔단 말인가?'라고 생각했다. 얼른 관제신을 모신 사당으로 달려가 보니 잠잠하니 사람이라곤 없고 시신 세 구만 문 안팎에 엎어져 있었는데, 다름 아닌 세 목공이었다. 척삼랑은 놀랍고도 두려웠다. 당시는 반란군이 멀리 떠나 사람들이 점점 돌아오고 있었다. 척삼랑은 평소 알고 지내던 사람에게 부탁하여 전씨 노인과 심씨 할머니, 그리고 목공들을 관에 넣어 공터에 묻어주었다.

척삼랑은 몇 번이나 관제신의 보호를 받게 되자 신앙심도 더 깊어졌다. 다시 관제묘로 갔더니 머리를 조아리고 땅에 엎드릴 수 있었다. 척삼랑은 관제신에게 기도하며 말했다.

"관제신께서 제게 베풀어 주신 은혜는 끝이 없으나, 그래도 아내를 만날 방도가 없으니 꿈에서라도 보여주십시오!"

척삼랑이 돌아와서 잠이 들었는데, 꿈에서 관제신이 자신을 밖으로 내보내며 말했다.

"서둘러 몇 리 밖으로 가보면 배 한척이 기다리고 있을 것이다. 이달 십사일을 넘기면 끝내 네 처를 만나지 못할 것이다."

날이 밝자 척삼랑은 아들을 등에 업고 있는 힘껏 나루터 옆 정자로 달려갔다. 그랬더니 버드나무 아래 정박해 있는 배 한척이 보였는데, 마치 누군가를 기다리는 것 같았다. 그 사람은 성삼(成三)이라는 자였다. 척삼랑이 말했다.

"누굴 기다리시오?"

성삼이 말했다.

"제 아내가 병사들에게 잡혀 남쪽으로 갔는데, 배를 타고 찾아가려 했지만 혼자라 갈 수가 없었소. 그래서 마을에 처자를 잃어버린 사람이 많으니 틀림없이 같이 갈 사람이 있을 것이라 생각하고 이렇게 지체하고 있는 중이었소."

척삼랑이 말했다.

"관제신께서 내게 가르쳐주셨소. 내 이 아이를 위해 제 어미를 찾아줄 작정인데, 배를 좀 얻어 타고 갈 수 있으면 고맙겠소!"

그리고는 꿈 이야기를 모두 들려주었다. 성삼 역시 두 손을 모아 이마에 얹으며 말했다.

"관제신께서 당신을 도와주고 계시니, 당신 처는 합포(合浦)의 진주[1]처

---

1 합포(合浦)의 진주: 물건을 잃어버렸다가 다시 찾는 것을 비유한 말로, 『후한서(後漢書)·순리전(循吏傳)』「맹상(孟嘗)」에 그 이야기가 보인다. "합포군에서는 곡식이 나지 않는 대신 바다에서 진주가 났다. 합포군은 베트남과 인접하고 바다에 연해 있으면서 진주를 생산해서 식량과 바꾸었는데, ……[한나라 때의] 전임 태수가 탐욕을 부려 수없이 사람들을 속여 진주를 캐게 해, 결국 진주가 베트남 연해로 갔다. 그리하여 여행객도 오지 않고 물자도 없어져 가난한 사람들은 길에서 굶어죽었다. 맹상

럼 저절로 돌아올 거요. 나야 그런 도움을 받아 보지 못했지만 당신 덕분에 신의 가호를 나눌 수 있게 되었으니, 줄기 잘린 부평초처럼 어쩌다 만날지도 모르는 일 아니겠소?"

말을 마치고 두 사람은 함께 몇 줄기 눈물을 흘렸다. 동병상련이라, 둘은 마음이 썩 잘 맞았다.

승주(昇州 : 지금의 南京市)에 도착하자 배를 귀면성(鬼面城)[2] 아래에 정박시켜 놓고 곧장 저자거리로 들어가 사거리에 다음과 같은 내용의 방을 내걸었다.

"강남에서 온 척삼랑이 아내 왕씨를 찾습니다. 안내해주시는 분에게는 많은 돈을 드리겠습니다."

성삼도 척삼랑과 같은 내용의 방을 내걸었다. 어떤 사람이 척삼랑의 방을 보고 척삼랑을 찾아와 말했다.

"내게 돈을 주면 당신 아내가 있는 곳을 알려드리겠소."

척삼랑은 그런 방을 내걸기는 했지만 실은 모두 거짓말일 뿐, 애당초 돈을 구해올 방도가 없었다. 척삼랑이 아무개에게 말했다.

"사실 저는 돈이 없습니다. 그저 아내를 한번 보고 싶어 그랬을 따름입니다."

그러자 아무개는 탄식하며 "세상에 돈도 없으면서 아내를 찾으려는 사람이 다 있다니!"라고 말하면서 급히 일어나 떠나려고 했다. 성삼이 그를 붙잡으며 말했다.

"척삼랑은 관제신의 계시를 받고 정신없이 이곳에 왔기 때문에 돈이 없습니다. 성은 함락되고 집안은 풍비박산 났는데, 어디서 돈을 구할 수

이 부임한 뒤 이전의 폐단을 개혁하고 백성들을 돌보자 1년도 채 안되어 합포군을 떠났던 진주들이 다시 돌아왔으며, 백성들도 생업을 되찾았다[合浦郡不産穀實, 而海出珠寶, 與交阯比境 …… 先時宰守并多貪穢, 詭人採求, 不知紀極, 珠遂漸徙於交阯郡界. 於是行旅不至, 人物無資, 貧者餓死於道. 嘗到官, 革易前敝, 求民病利, 曾未踰歲, 去珠復還, 百姓皆反其業]."

2 귀면성(鬼面城) : 남경에 있는 석두성(石頭城). 귀검성(鬼臉城)이라고도 한다.

있었겠습니까?"

아무개는 성삼의 말을 듣고 불쌍한 생각이 들어 이렇게 말했다.

"당신 아내의 소재지를 알려주는 것도, 돈을 받지 않는 것도 대수롭지 않은 일이오. 그러나 돈이 없다는 것을 안다면 저 무인(武人)들이 빈손으로 당신의 아내를 돌려보내주겠소?"

그리고는 척삼랑 아내의 소재지를 모두 알려주었다. 척삼랑과 성삼이 한참동안 망설이자 아무개가 갑자기 물었다.

"당신은 무얼 잘하오?"

척삼랑이 말했다.

"글씨를 잘 씁니다."

아무개가 말했다.

"기회가 여기에 달려있겠군. 지금 아무개 공이 보은탑 아래서 소원을 빌고는 사람을 모셔와 『수능엄경(首楞嚴經)』 백 부를 베끼게 한 다음 사방에 배포하려고 한창 사람을 찾고 있는 중이오. 당신이 정말 글씨를 잘 쓴다면 돈 몇 냥은 얻을 수 있을 것이니, 어쩌면 일을 도모해볼 수 있을지도 모르겠소. 빨리 가지 않고 뭐 하시오?"

척삼랑은 곧장 아무개를 따라나서면서 아들을 성삼에게 맡겼다. 척삼랑은 아무개 공을 만나 사정 이야기를 했다. 아무개 공이 한번 글씨를 써보게 했는데, 글씨를 정말로 잘 썼다. 아무개 공은 그가 글씨도 잘 쓰는데다 처지도 안됐고 해서 돈 열 냥을 그에게 주었다.

아무개는 허겁지겁 척삼랑을 데리고 아무 연대[3] 총기(總旗)[4]인 학(郝)

---

3 연대 : 원문은 '표(標)'로, 청말 군사 편제의 하나이다. 지금의 '단(團)' 즉 연대에 해당한다.

4 총기(總旗) : 청나라 군사 편제의 하나이다. 『청사고(淸史稿)』 「식화지(食貨志)」 (1)에 보면, "가경연간(嘉慶年間 : 1796~1820) 초에 동인(銅仁)·석현(石峴) 등 묘(苗) 땅에 보루를 구축하고 둔군을 두면서, 백호(百戶) 1명, 총기 2명을 설치했다. 매 군인마다 수전(水田) 4무, 백호 6무, 총기 5무를 주고 세금은 면제해주었다[嘉慶初, 銅仁·石峴苗地建碉卡, 置屯軍, 每軍百名, 設百戶一, 總旗二, 每軍一名予水田四畝, 百戶六畝, 總旗五畝, 皆免租]"라는 기록이 보인다.

아무개의 집으로 갔다. 그러나 마침 총기 학 아무개는 출타하고 없었고, 그의 부인이 나와 누구냐고 물었다. 척삼랑이 찾아온 까닭을 말하자, 학 아무개의 부인이 말했다.

"강남에서 온 왕씨라면 정말 여기 있소. 내게 돈을 주면 당신 부인을 돌려드리리다."

척삼랑은 총기 학 아무개의 아내가 많은 돈을 요구하지 않는 것이 기뻐서 꿇어앉아 돈을 바쳤다. 그러나 그 여자는 돈을 가지고 들어간 뒤 한참이 지나도 나오지 않더니, 한참 뒤에 밖으로 나와 사방을 둘러보며 "뭐 하는 사람들이냐?"고 물었다. 척삼랑과 아무개는 놀라서 시끄럽게 떠들어댔다. 그러자 부인이 놀라는 척하면서 이렇게 말했다.

"뭐 하는 자들이기에 내가 돈을 가져갔다고 무고하는 게냐? 우리 집에 네 아내 따윈 있지도 않은데, 네 돈을 받을 이유가 어디 있단 말이냐?"

그리고는 문지기에게 시켜 몽둥이로 쫓아내게 했다. 척삼랑은 얼굴을 가리고 울면서 아무개를 원망하며 함께 떠나왔다. 성삼은 척삼랑의 아들과 함께 척삼랑이 부인을 데리고 돌아올 것이라 한껏 기대하고 있었는데, 일의 자초지종을 듣고 나서 눈을 부릅뜨며 말했다.

"부인도 찾지 못하고 돈마저 잃은 판국에 죽을 각오로 한번 대들어보지도 않고 어떻게 그냥 돌아올 수 있단 말이요? 내일 나와 함께 가봅시다."

이튿날 척삼랑은 아들을 데리고 성삼과 함께 학 아무개의 집을 찾아가서 문을 쿵쾅댔다. 총기 학 아무개는 축국장(蹴鞠場)에서 새매 훈련을 시키고 있다가 이들을 안으로 불러들였다. 성삼은 눈이 찢어져라 부릅뜨고 격분하여 앞으로 나아갔다.

"나는 성삼이고, 이 사람은 제 친구 척삼랑인데 척삼랑의 아내가 이 댁에 있습니다. 어제 돈을 들고 와서 부인을 찾아가려 했으나 공의 부인께서 돈만 받고 척삼랑의 부인은 돌려주지 않았습니다. 저나 척삼랑이나 마을도 함락되고 집안도 풍비박산 났으며 아내마저 잃어버렸으니, 죽는 것은 대수롭지 않습니다! 집 없어도 죽고 아내 없어도 죽고 돈 없어도 죽습니다. 공께서 척삼랑의 부인을 돌려주지 않으면 열 걸음 안에 목에 피를 뿌리고 죽겠습니다!"

그러더니 갑자기 신발 안에서 칼을 꺼내 자살하려고 했다. 학 아무개는 화를 내면서 급히 성삼을 말리며 말했다.

"어찌 그런 일이 있을 수 있단 말이냐? 내 부인이 왜 당신의 돈을 탐냈단 말이냐? 자살하지 마라. 내가 안으로 들어가 물어보겠다. 정말 그런 일이 있었다면 내 부인으로 여기지 않겠다!"

그리고는 급히 안으로 들어갔다. 한참 뒤에 말다툼 하는 소리가 시끄럽게 나더니 이윽고 학 아무개가 부인을 매질하는 소리가 들렸다. 척삼랑과 성삼이 무릎을 꿇고 밖에서 소리쳤다.

"부인을 때리지 마십시오. 그저 제 아내만 돌려주시면 됩니다."

한 식경 쯤 뒤에 학 아무개가 기막혀하며 나오더니 돈을 땅에 던지며 말했다.

"얼른 가지고 가라!"

성삼이 머리를 조아리며 말했다.

"척삼랑이 급한 것은 아내 찾는 일이지 돈이 아닙니다. 또한 돈이 귀댁에 들어가 하룻밤이나 묵었는데, 그 돈을 다시 토해낸다는 것은 공 같은 어르신께서 의리상 하실 일이 아닙니다."

그러면서 더욱 힘껏 항변했다. 학 아무개가 말했다.

"의로운지고! 친구를 위해 목숨을 걸고 싸우다니! 척삼랑이 가지고 온 그 정도의 돈으로 어떻게 아내를 바꿔갈 수 있겠느냐? 그러나 나는 그대의 행동을 높이 산다. 어찌 돈을 따지겠느냐? 아내를 그대 친구에게 돌려주겠다."

그리고는 척삼랑의 아내를 불러냈다. 척삼랑이 눈도 깜짝 않고 뚫어져라 쳐다보며 아내가 오나보다 했는데, 바라보니 아내가 아니었다. 조금 더 가까이 오더니 이번엔 성삼이 부인과 서로 부둥켜안고 통곡하는 것이었다. 부인은 바로 성삼의 처였다. 이 일이 있기 전에, 성삼의 처도 병사들에게 잡혀 남쪽으로 끌려왔는데, 관저를 지나오면서 벽에다 "나는 강남 사람 성삼랑(成三郎)의 처 왕씨인데, 아무 연대 학 아무개에게 끌려갑니다. 이것을 보시는 분은 저희 집에 알려주시기 바랍니다"라고 적어놓았다. 얼마 뒤에 '성(成)'자에서 글자가 약간 떨어져나가 '무(戊)'자만 남은 것을, 아무개는 척(戚)삼랑의 방만 보고 급히 척삼랑에게 알리러 왔던 것이다.

학 아무개는 여자가 거꾸로 성삼의 처인 것을 알고 기이하게 생각하며 이렇게 말했다.

"기이한 일이다. 너는 목숨을 걸고 친구를 위해 싸웠는데, 알고 보니 자신을 위해 싸운 것이었구나! 천하에 의리를 좋아하는 사람들은 오로지 다른 사람을 위해 일하는 법이다. 하늘이 너를 도왔으니, 얼른 떠나도록 하라!"

성삼이 말했다.

"돈은 척삼랑이 냈는데 처는 제게 돌아왔으니, 제가 어떻게 떠날 수 있겠습니까? 제가 떠나면 척삼랑은 돈을 돌려받을 수 없으니, 그땐 정말 저를 위해 싸운 꼴이 됩니다."

학 아무개가 말했다.

"어떻게 하겠단 말이냐?"

성삼이 말했다.

"소인은 힘이 세고 제 아내는 바느질 솜씨가 좋습니다. 소인 부부를 받아들여 주신다면, 이 이십 냥을 척삼랑에게 주어 아내를 찾게 해주고자 합니다. 그러면 소인은 말똥을 치우고 제 아내는 부엌일을 하더라도 달게 하겠습니다."

총기 학 아무개가 말했다.

"의로운 지고! 그러나 나는 너를 쓸 데가 없다. 장장군(張將軍)이 일할 사람을 찾고 있다고 하니, 너를 위해 한번 말해주겠다."

학 아무개는 곧장 장장군의 처소로 달려갔고, 척삼랑도 성삼을 따라 갔다. 장장군은 성삼을 보더니 그를 받아들이기로 하고, 이십 냥을 꺼내 준 다음 계약서를 주었다. 계약서를 작성하고 난 뒤에 성삼은 그 돈을 척삼랑에게 주었다. 척삼랑이 말했다.

"그대가 의분에 일어나 부부의 몸까지 판 것은 우리 부부가 다시 만나기를 바라는 마음에서였소. 그렇지만 내 아내는 어디 있단 말이오? 돈이 있다한들 어디로 가야한단 말이오?"

두 사람이 함께 눈물을 줄줄 흘리자 장장군이 말했다.

"일단 이 돈을 가지고 갔다가 시간이 나면 내게 자세히 말해주게. 나도 자네를 위해 찾아보겠네."

척삼랑은 장장군이 지위도 높고 왕래하는 사람도 많은 것을 보고는, 저렇게 현달한 사람이 마음을 써 준다면 아내를 못 찾을 걱정은 없으리라는 생각에 곧장 머리를 조아리며 말했다.

"제가 일전에 가지고 온 돈은 열 냥인데, 지금 성삼이 자신의 몸을 팔아 제게 준 돈은 그 갑절이니, 저는 도리 상 그 돈을 받을 수 없습니다. 하지만 성삼 입장에서 보면 제 돈 덕분에 부인을 찾았기 때문에 차마 제 돈을 나눠가지지 못할 것입니다. 우리처럼 불우한 처지에 있는 사람들은 돈이 생겨도 그 즉시 까먹기 마련이고, 돈을 다 쓰고 나면 아내는 끝내 찾을 수 없을 것이며, 그리되면 두 분 어르신의 의리를 저버리고 말 것입니다. 차라리 돈을 공께 맡길 테니 공께서 저를 위해 제 아내를 좀 찾아주십시오. 아내를 찾으면 성삼의 마음도 편해질 것이고, 저 또한 성삼의 돈을 갑절로 썼어도 성삼에게 부끄러울 것이 없을 것입니다."

이 말에 장장군은 머리를 끄덕이며 돈을 받으면서 "너도 아내의 소재를 찾으면 내게 알리도록 하라. 나만 믿지 말고"라고 명했다.

이틀 뒤에 성삼은 한창 말똥을 치우다가 무너진 담장을 지나가게 되었는데, 고향 말씨로 떠드는 부인들의 말소리가 들려왔다. 성삼은 속으로 "척삼랑의 아내가 혹시 이곳에 있다면 아는 사람이 있지 않을까?"라고 생각하고는 지나가면서 고향 말씨로 말했다.

"척삼랑이 내게 아내를 좀 찾아달라고 부탁하던데, 어디 가서 찾는단 말인가?"

척삼랑의 아내는 그 소리를 듣긴 했지만 감시인이 다가오는 바람에 감히 대답하지 못했다. 여자는 밤에 화장실에 가는 도중 담 구멍에 쪽지를 남기고는 고향 말씨로 "쪽지를 담 구멍에 놓고 가니 기다렸다가 내일 보세요"라고 말했다. 멀리서 이 소리를 들은 성삼은 뭔가 수상하다고 생각해 인적이 뜸해지기를 기다렸다가 얼른 가서 쪽지를 가져왔는데, 거기에는 작은 글씨로 "척삼랑의 아내 왕씨가 지금 여기에 있으니 급히 제 남편에게 이 사실을 알려주세요"라고 적혀있었다. 성삼은 이를 보고 놀랍고도 기뻐 얼른 그 소식을 척삼랑에게 알렸다. 척삼랑은 아들을 데리고 먼저 학 아무개를 찾아가 간곡하게 부탁한 뒤, 학 아무개와 함께 [장장군의 집을] 찾아왔다. 척삼랑이 곧장 앞으로 나가 무릎을 꿇고 말했다.

"저는 지금껏 아내 있는 곳을 찾아다녔는데, 이곳 부중에 있다는 소리를 듣게 되었습니다. 부디 불쌍히 여겨주십시오."

장장군이 잡아온 아녀자들을 조사하며 "첫째 줄에 있는 왕씨가 척삼랑의 아내냐?" 하고 불러내니, 정말 척삼랑의 아내였다. 척삼랑은 부인을 보자 놀랍고도 당황스러워 앞으로 나가지도 못했고 정신이 어질어질해 슬픈지조차 몰랐다. 그러나 아들은 엄마를 보자마자 얼른 엄마의 품속으로 달려 들어가 엄마를 쳐다보며 대성통곡했다. 척삼랑의 아내 역시 아이를 끌어안고 목 놓아 울었다. 그제야 척삼랑도 피눈물로 범벅이 되었다. 척삼랑과 성삼이 장장군 앞에 무릎을 꿇자 척삼랑의 부인도 멀리서 무릎 꿇은 채 명을 기다렸다. 장장군이 말했다.

"이 여자가 정말 너의 아내로구나. 그러나 이 여자는 다소 미색을 갖추어 첫 번째에 선발해 놓았는데, 그 몸값이 오십 냥은 된다. 지금 반도 채 되지 않는 돈으로 부인을 되찾아가길 바라느냐?"

척삼랑이 학 아무개를 잡아당기자 학 아무개가 그를 위해 말했다.

"마을은 함락되고 집안은 풍비박산 났는데, 어디서 돈을 구하겠소? 장군께서 좀 불쌍히 여겨주시오!"

그리고는 관제신이 목숨을 지켜준 것과 현몽하여 알려주신 것 등을 줄줄이 고하면서 장장군의 마음을 움직여보려 했다. 그러나 장장군은 "이제껏 아무도 돈을 가져와 아내를 찾아간 자가 없는데, 네가 처음 와서 정해진 값을 깎는다면 나중에 오는 사람이 뭐라고 하겠느냐?" 하면서 한사코 허락하지 않았다. 척삼랑이 말했다.

"성삼 부부가 몸을 팔아 겨우 이 돈을 마련해주는데, 이 돈이 부족하다니, 세상에 어디서 돈을 구한단 말입니까?"

그러면서 대성통곡하자 부인도 따라 울었다. 척삼랑의 아들도 종종걸음으로 왔다 갔다 하면서 부모 곁에서 울었다. 학 아무개도 울고 장장군의 하인들도 울고 장장군의 첩들도 병풍 안에서 울었다. 한참 뒤에는 장장군도 눈물을 줄줄 흘렸다. 곡소리로 한창 시끄러운 와중에 장장군이 갑자기 벌떡 일어나 말했다.

"그만! 그만! 네 아내를 돌려주겠다. 돈도 필요 없다. 성이 함락되고 집안도 풍비박산 났으니 너는 정말로 돈 구할 데가 없을 것이다. 게다가 몇 차례나 창에 찔리고도 죽지 않았으니, 관제신의 보호가 아니었다면 이런 일도 없었을 것이다. 네가 정말로 좋은 사람이기 때문에 네 아내를 돌려주는 것이다. 돈은 필요 없다! 하지만 성삼은 너 때문에 내게 자기 몸을 팔았는데, 네 부부만 돌려보내고 성삼 부부만 잡아둔다면, 성삼이 너를 원망하지 않는다 해도 네가 무엇으로 성삼에게 보답할 수 있겠느냐? 내 네 부인만 돌려줄 뿐 아니라 친구 부부도 함께 돌려보내주겠다. 너희 부부는 친구 부부와 함께 돌아가라. 여기 스무 냥은 너희들 여비로 사용해라. 돈은 필요 없다. 하지만 내 네 아내를 돌려보내는 대신 할 말이 있다. 내 말을 거역하지 마라. 네 아들이 잘 생기고 똑똑하여 내 어여삐 여기고 있으니 아들을 내게 주는 게 어떻겠느냐? 나는 이미 늙었으나 후사도 없다. 저 아이를 아들로 삼을 수 있다면, 저 아이를 종이라고도, 또 친자식이 아니라고도 생각하지 않을 것이다."

급작스런 일에 척삼랑이 미처 대답하지 못하고 있으려니 그의 아내가 갑자기 척삼랑 앞으로 가서 귓속말을 했다. 한참 뒤에 장장군이 척삼랑에게 "애가 아직 젖이 필요한가?"라고 물었다. 척삼랑이 급히 무릎으로 기어가 말했다.

"장군께서 두 집안의 부부를 온전히 맺어주시고, 또 못난 놈의 자식을 아들로 삼겠다고 하시는데, 안될 것이 뭐가 있겠습니까?"

장군이 기뻐하며 급히 앞으로 와 아이를 안았더니 아이도 장군에게 살갑게 굴면서 더 이상 부모에 연연해하지 않았다. 이에 장군은 더욱 기뻐하면서 척삼랑 부부를 불러 앉으라 하고 친척의 예로써 대했다. 장장군은 아이를 안고 들어가 가족들에게 두루 인사시킨 뒤에 다시 아이를 안고[5] 나왔는데, 의복이 번쩍 번쩍 빛났다. 빈객과 시종 이하 모든 사람들이 둘러서서 절을 하며 장장군에게 아들이 생긴 것을 축하했다. 척삼랑과 성삼 양가는 장군에게 작별인사를 하고 떠나갔다. 따져 보니 척삼랑이 장장군을 처음 본 것은 관제신이 알려준 대로 십사일이 되기 전의 일이었다. 사람들은 모두 척삼랑이 관제신을 경건하게 모신 보답이라고 생각했다.

척삼랑은 마을로 돌아온 뒤 집안이 어느 정도 안정되자 다시 아무개 공을 찾아가 탑 아래에서 석 달 동안 불경을 세 번 썼는데, 그 덕분에 왔다 갔다 하며 아들을 볼 수 있었다. 장장군도 많은 것을 그에게 하사했다. 그로부터 한참 뒤에 장장군은 병으로 죽었다. 장장군은 많은 재물을 가지고 있었는데, 조카뻘 되는 자들이 돈을 탐내어, 척삼랑의 아들은 따로 부모가 있으니 한 집안 사람이 될 수 없다고 하면서, 본가로 돌려보낼 것을 종용했다. 척삼랑의 아들은 그 길로 떠나왔다. 하지만 장군의 처

5 안고: 원문은 '검(劍)'이다. '검'에는 '안다[抱]'의 뜻이 있다.

첩들은 조카들을 싫어해서 모든 재물을 척삼랑의 아들에게 다투어 주었다. 척삼랑의 아들은 많은 재물을 가지고 와 지금까지도 강남의 부자로 살고 있다. 성삼도 척삼랑에게 의지하여 평생을 마쳤다. 아들이 돌아온 뒤 척삼랑은 관제묘를 새로 지었다. 강남의 이름난 선비들이 모두 시문을 지어 이 일을 기록했는데, 척삼랑은 그 시문을 관제묘 비석에 모두 새겨 넣었다.

장산래가 말한다.

관제신이 묵묵히 척삼랑을 보호해줄 수 있었다면, 어째서 그 부인이 잡혀갈 때 신의 위용을 드러내지 않았단 말인가? 설마 액운을 당할 운이어서 면해줄 수 없었던 것인가? 또 어찌하여 굳이 소원을 빈 연후에야 응답하는가? 그건 그렇지만 관제신의 보우가 아니라고는 말할 수 없다.

江陰城陷, 微戮抗命者. 邑有戚三郎, 與婦王篤伉儷, 夫婦皆好推施. 一子甫五齡. 家所向惟關帝君祠, 戚夫婦虔事之. 月朔望, 未辨明, 卽肅香祠下, 二十年如一日. 城陷, 被兵執, 擧戚足帶糾其臂, 數被創, 擁至通衢. 見妻爲他兵拽去, 戚呼號救之, 復被創. 前後凡十三創, 首亦被刃. 推擁過帝祠, 不勝步矣, 倒地上. 兵見其氣息僅屬, 舍之去.

戚心獨朗朗, 念虔事帝 : '得死楹下足矣'. 然度難死, 帝顯赫, 或有以援我. 日且暮, 覺祠中有異, 糾臂帶忽裂, 裂聲如弓弦, 作霹靂鳴. 戚臂左受創, 糾縛旣斷, 因得以右扶首. 首將墮, 喉固未絶, 因宛轉正之. 心朗朗, 念帝顯赫, 眞援我也.

黎明, 兵數過戚, 見血痕模糊, 謂死矣, 不復顧. 久之, 有老翁嫗趨視戚, 憐之曰 : "三郎垂斃矣, 盍掖之歸?" 戚雖憒然, 心識其爲比鄰錢翁 · 沈嫗也. 頃之, 兩人續以薑糜至. 越二日, 入曰 : "兵封刃, 行且去, 郎活矣!" 乃不復至. 戚首爲血襁, 乃因之固, 漸能起. 擧視室中, 無一存者, 五齡兒固坐足旁泣. 而屋中乃僵二尸, 辨之, 鄰錢翁 · 沈嫗也. 戚恐甚,久之, 悟兩人殆肅帝命以援予者.

因强起, 跋躄過帝祠, 欲投地, 身不能屈. 立作叩首狀, 首又若將離者, 乃依檻祝曰 : "身賴帝活, 惟帝終有以庇予!" 因念 : '翁嫗死而生我, 不可久暴露. 吾室有木, 可爲棺, 第安所得匠?' 憶衆爲帝治寢宮, 城圍, 工未竟, 匠或有存者. 往迹之, 見三匠踦戶語. 戚告以故, 咸隨戚歸. 戚指示木所在, 匠遽爲操作. 戚匍匐乞米以爲食, 久之不得, 儘從空室得冬炒半囊歸. 入室, 失三匠而存五棺. 戚念 : '約爲二而五之, 去又不俟予歸耶?' 趨帝宮, 窅無人, 三尸仆戶內外, 固三匠也. 戚驚懼. 是時兵遠去, 人漸歸. 乃倩所識, 以棺厝翁嫗及匠, 而瘞之隙地.

戚數得帝佑, 神理亦漸旺. 復至帝祠, 能稽首投地矣. 肅告帝, 謂 : "帝恩我無極, 第妻無由見, 帝其以夢示!" 歸而夢帝驅之曰 : "疾去數里外, 有舟待. 越月之十四日, 終不可見矣." 辨明, 力疾負子行至津亭. 見有艤舟柳下, 若有待者. 其人爲成三. 戚曰 : "若何待?" 成曰 : "吾之室被擄而南, 吾將操舴艋往, 獨不可往. 度邑中失侶者多, 應有往者, 故遲之." 戚曰 : "帝示我矣. 予爲此子覓母, 得附舟行, 幸矣!" 具告以夢. 成亦手額曰 : "帝佑君, 合浦珠自當還. 吾卽不得, 藉君庇以分神貺, 浮萍斷梗, 或冀幸一遇乎?" 言訖, 相與泣數行下. 憂患易感, 意氣殊相得也.

抵昇州, 舟剌鬼面城下, 乃入市, 揭示四達之衢曰 : "江陰戚三郎覓妻王. 能爲驛騎者, 予多金." 成亦揭示如戚. 有某者, 見戚所揭示, 往見戚曰 : "予我金, 告爾妻所在." 戚雖揭示, 謬語耳, 固無從得金. 語某曰 : "我實無金. 期一見婦耳." 某歎曰 : "世固有不持金而求得婦者!" 疾起去. 成挽之, 告以 : "戚爲帝所指示, 始昧昧至此, 實不持金. 城陷家破, 安得金?" 某聞成語, 凄然憫之, 曰 : "卽告爾妻所在, 不得爾金, 易耳. 顧無金, 彼武人, 赤手返爾妻耶?" 具告以妻所在. 戚與成徬徨久之, 某忽曰 : "子何能?" 戚曰 : "能書." 某曰 : "機在是矣. 某公者, 矢願於報恩塔下, 倩人書百部『首楞』施四方, 方覓人. 子誠善書, 計可得數金, 事或可圖歟. 曷疾去?" 戚乃尾某行, 而以子屬成. 見某公, 以情告. 試以書,書誠工. 某公旣善其書, 又憫其遇, 施十金.

某踉蹌攜戚至某標郝總旗所. 郝他出, 郝婦曰 : "誰耶?" 戚告以故, 婦曰 : "誠有江陰王氏者. 予我金, 我與爾婦." 戚喜婦無多索, 跪獻金. 婦持金入, 久之不出, 又久之, 出, 四顧曰 : "何爲者?" 戚與某咸驚噪. 婦愕然曰 : "何爲者, 乃誣我得金? 室固無爾婦, 安得爾金?" 命閽者榜逐之. 戚掩涕怨某, 相與且去. 成方與戚子望其與妻俱歸, 已得故, 怒目曰 : "不得婦, 又失金, 不値一死耶, 奈何遂返? 明日與我俱."

明日, 戚攜子偕成往, 匍訇于門. 郝方立毬場弄鷹, 召入. 成瞪目欲裂, 譤而前 : "吾成三, 是爲吾友戚三, 戚婦在公所. 昨攜金贖婦, 公夫人得金, 乃不與婦. 吾與戚, 邑陷家破, 與婦失去, 死絲粟耳! 無家死, 失婦死, 失金亦死. 公不與戚婦, 十步之內, 以頸血相濺矣!" 突出刃靴中, 欲自殺. 郝怒張, 急止之曰 : "安有是? 吾婦何從昧爾金? 勿自殺. 吾入詢. 誠有是, 吾不以爲婦矣!" 乃急入. 久之, 聞譊詉聲, 已復聞郝撻婦. 戚與成咸跪呼於外曰 : "勿撻夫人. 但願還婦足矣." 食頃, 郝出, 氣結, 擲金於地曰 : "急持去!" 成稽首曰 : "戚急得婦, 不急金. 且金歸公室一日夜矣, 又吐之, 公大人, 義不爲也." 爭之益力. 郝曰 : "義哉! 子爲友, 乃以死爭! 計戚所持金, 烏足贖婦? 然吾高子行. 何計金? 當以婦歸子友." 因呼婦出. 戚方注目不瞬, 謂妻且至, 望不類. 少近, 則成與婦相抱痛哭. 婦蓋成妻也. 先是成妻之被擄而南也, 過邸舍, 書壁曰 : "我江陰成三郎妻王氏, 爲某標郝擄. 見者幸以語吾家." 久之, '成'字微落, 獨存'戊', 某第見戚所揭示, 故遽報之戚云.

郝見妻反屬成, 訝曰 : "異哉. 子以死爭友而顧乃自爭! 天下嗜義者, 獨爲人哉. 天合子, 子疾去!" 成曰 : "金出戚而婦歸我, 我何去? 去則戚之金不返, 我誠我爭矣." 郝曰 : "奈何?" 成曰 : "小人勇於力, 婦善鍼黹. 公誠能錄小人夫婦, 願得二十金予戚, 聽其覓婦. 小人卽除馬通, 婦括爨下, 甘心也." 郝曰 : "義哉! 然吾無所需子. 有張將軍者, 方覓役, 曷爲子言之." 郝卽趨張所, 戚亦隨成往. 張見成, 許納, 出廿金, 予成券. 券成, 成以金予戚. 戚曰 : "子激於義, 售夫婦身, 期全吾夫婦耳. 顧吾婦何在? 得金安往?" 相與絮泣, 張曰 : "爾姑攜金去, 得間, 當具以語我. 當爲覓之." 戚見張位都赫, 往來甚夥, 意顯者苟留意, 憂不得妻耶, 乃叩首曰 : "予向賫十金耳, 成售身, 倍其金予我, 我義不敢受. 然成緣我金得妻, 又不忍分我金. 吾儕落魄, 得金卽隨手逸, 金盡, 婦終不可得, 且負兩公義. 曷以金留公所, 公但爲我覓妻. 妻得, 成之心盡, 我卽倍費成金, 無愧於成矣." 張頷之, 納金, 令 : "爾亦覓所在來語予. 毋獨恃予."

閱二日, 成方除馬通, 過壞墻, 聞諸婦人, 多操鄕里音. 成私度曰 : "戚妻脫在是, 誰復知者?" 乃亦操鄕里音過曰 : "戚三郞屬予尋婦, 今安所得耶?" 婦聆之, 迫於監者, 不敢答. 晩如厠, 遺片紙墻隙, 復操鄕里音曰 : "此紙納之隙, 留以備明日." 成遙聞之, 覺有異, 俟人定, 趨取紙, 細書 : "戚三郞妻王氏, 卽今在此, 君急於我夫." 成得之, 大驚喜, 急聞之戚. 戚攜子, 先懇之郝, 郝與俱來. 戚直前跪曰 : "連覓妻所在, 聞卽在府中. 願憫之." 張卽詢所繫婦, "首王氏, 卽戚妻耶?" 呼之出, 眞戚婦也. 戚見婦, 驚悸錯愕, 未敢往就, 搖搖不知悲. 其子見母出, 突奔母懷, 仰視大痛. 婦亦俯捧兒, 哭失聲. 戚至是血淚迸落. 戚·成跪張前, 戚婦亦遙跪聽命. 張曰 : "是誠爾妻. 然是人少有色, 故遴爲首, 約値五十金. 半猶不足, 望得婦耶?" 戚挽郝言之曰 : "邑陷家破, 安得金? 將軍憫之!" 且娓娓言帝所以祐之者, 復告以夢, 期以動張. 張曰 : "衆無一贖, 始贖, 卽減定値, 何以示來者?" 堅不許. 戚曰 : "成售夫婦身, 僅得此金, 而又苦不足, 天乎, 安所得金?" 戚乃大哭, 婦哭. 而戚子又趍走冢往來, 哭於父母旁. 郝哭, 張之厮養哭, 張姬妾環屛內者亦哭. 久之, 張亦涔涔淚下矣. 哭聲鼎沸間, 張突躍起曰 : "止! 止! 吾還汝婦. 不須金也. 城陷家破, 爾誠無所得金. 且爾數被創弗死, 非帝祐, 不至是. 爾誠善者, 吾還爾婦. 不須金也! 成以爾故售身於吾, 爾夫婦還而成留, 成卽不怨爾, 爾何以謝成? 吾卽還爾婦, 兼還爾友夫婦. 爾夫婦其與爾友夫婦俱還. 此二十金, 卽爲爾輩道里需. 不須金也. 吾還爾婦, 然我有言. 爾亦毋我逆. 爾之子秀而慧，我憐之，盍以子我？我耄矣，無嗣．誠子我，我不奴視子，不隔膜視子也．”戚急遽未有以應，婦忽趨前唾耳語戚．久之，復揚謂戚曰：“子尚需乳耶？”戚遽膝前曰：“將軍生全兩家夫婦，且欲子下愚子，何不可者？”將軍喜，急前抱兒，兒亦暱將軍，不復甚戀父母．將軍益喜，呼戚夫婦坐，待以親串禮．擧兒入室，遍拜所親，已復劍兒出，衣冠煥奕．賓從以下皆羅拜，慶將軍有子．戚與成兩家謝將軍去．計戚初見張將軍日，實帝所示十四日內也．人咸以爲戚虔於帝之報云．

戚歸，旣安其室，復過某公，爲書經塔下者三閱月，因得往來視兒．將軍亦多所贈．久之，將軍病卒．將軍擁高貲，族子利之，咸以戚自有父母，非吾族類也，聳臾其歸．戚子亦因之便去．諸母惡族子，競以所有與戚．戚子所攜甚厚，至今爲江陰巨室．成亦依戚終其身．子歸後，新帝祠．江上知名之士，咸爲詩文以紀之，戚盡鐫於祠石．

張山來曰：關帝能宛轉嘿佑戚郎，則曷不於其婦被擄時顯示神威耶？豈數當有難，有不可免者耶？又豈必待訴禱而後應耶？然終不可謂非帝佑也．

코끼리를 기록하다[象記][1]

녹암(鹿庵) 임로(林璐)

나라에 큰 조회가 있으면 의장대[2]가 늘어서고, 코끼리 조련사가 끌고 온 코끼리가 문 밖에 줄지어 섰는데, 각자 품계에 따라 좌우로 나누어 섰다. 백관이 들어가고 종과 채찍 소리가 울려 퍼지면 코끼리들이 서로 코를 교차시켜 [문을 막았기에] 아무도 감히 안에 들어가지 못했다. 조회가 파하면 코끼리들은 차례차례 돌아갔다. 코끼리가 죄를 지으면 임금이 장형에 처하라 명령했는데, 그러면 엎드린 채 형을 받았다. 이는 유래가 오랜 이야기이다.

---

1 본 작품은 민국24년 상해 개명서점(開明書店)의 연배본(鉛排本)을 배인(排印)한 1954년 문학고적간행사(文學古籍刊行社) 출판의 『우초신지』에는 없으나 민국24년 상해(上海) 개명서점開明書店)의 연인본(鉛印本)을 배인(排印)한 인민일보출판사(人民日報出版社)에서 출판된 『우초신지』를 참조하여 보충·번역하였다.

2 의장대 : 원문은 '노부(鹵簿)'다. 고대 제왕들이 출행할 때 호위하던 의장대를 말한다. 출행의 목적에 따라 의식도 제 각각이었다. 한나라 이후에는 후비(后妃)·태자(太子)·왕공대신(王公大臣)들도 이용했으며, 당나라 때에는 4품 이상의 관리들에게 모두 노부(鹵簿)가 지급되었다.

검중(黔中 : 지금의 貴州省 일대) 사람이 옛날에 이런 이야기를 해준 적이 있다. 검중 수령은 때에 맞춰 코끼리를 진상하는데, 그때마다 산에 들어가 코끼리에게 "조정에서 조서를 내려 너를 금위병에 충당하고자 장차 네게 벼슬을 내리려 하신다"고 알린다. 그러면 코끼리는 고개를 숙이고 다리를 붙이며 허락하는 자세를 취한다. 그렇게 순순히 걸어가게 해야지 [힘으로] 잡을 수는 없다.

명나라 숭정제(崇禎帝)[3] 때 코끼리를 바칠 때가 되었기에 기일에 앞서 코끼리에게 말을 고했다. 그러자 코끼리 한 마리가 이를 허락했는데, 명나라가 망하는 통에 결국 진상하지 못했다. 청나라가 천하를 안정시킨 뒤 코끼리를 바치라고 하자 코끼리 몇 마리가 고개를 끄덕이며 앞으로 나왔다. 그런데 코끼리 한 마리만은 아무리 불러도 오지 않더니, 며칠 늦게 홀연히 나타나 암컷을 데려가려 했다. 산속에 있을 때 짝이었던 것 같은데, 잠시 기다리다가 그냥 가버렸다. 수령은 코끼리가 때가 되면 틀림없이 다시 올 것이라는 것을 알고, 기한에 앞서 이렇게 말했다.

"지금 천자께서는 신성하기 그지없으시다. 세상안팎에서도 천명이 귀의하는 바를 알고서 갑옷 입은 장수들은 먼저 군사를 데리고 와서 항복했고, 지방관들은 차례대로 성(城)을 가지고 와 항복했다. 너는 이물 주제에 감히 천자에게 대항하며 오지 않을 작정이냐?"

코끼리는 기한이 되자 다시 찾아왔으나 이내 다시 가버렸다. 지방관은 이 코끼리를 기이하게 여겨 사거리에 대포를 설치해놓고 이렇게 말했다.

"너는 네 짝을 사랑하는 마음에 몇 번이나 찾아왔다. 그러나 다시 달아난다면 대포 아래 죽게 될 것이다!"

코끼리는 그 말을 듣더니 천천히 포대 밑으로 와 엎드렸는데, 그 모습이 대포 쏘기를 기다리는 것 같았다.

---

3 숭정제(崇禎帝) : 원문은 '사릉(思陵)'으로, 명나라 숭정제 주유검(朱由檢)의 묘호이다.

오호라, 기이하도다! 자기 아내를 사랑하지 않는 자는 없지만, 아내를 사랑함과 동시에 자기 몸도 사랑한다. 아무리 사랑하는 아내라 하더라도 지극히 사랑하는 자기 몸과 바꿀 수 있는 사람이 어디 있겠는가? 그런데 이 코끼리에게서 그러한 사랑을 보았구나! 오호라, 기이하도다! 이 이야기를 듣고 나서 물러나 기록해둔다.

장산래가 말한다.

듣건대 상방(象房)의 코끼리들은 모두 청나라의 예를 행하면서, 세 번 무릎 꿇고 아홉 번 머리 숙인다고 한다. 그런데 한 늙은 코끼리 하나만 그렇게 하지 않고 여전히 한족들처럼 무릎을 꿇고 절한다고 한다. 그래서 이 내용을 기록해 「상기」 뒤에 붙여둔다.

세상 사람들이 그린 코끼리를 보면 육중한 몸집이지만 그래도 아름다움을 지니고 있다. 그런데 실제 코끼리를 보면 너무 우둔해 보인다. 더구나 피부색이 특히 탁하고 더러워 인지력이 있어 보이지 않는다. 공자가 "외모로 사람을 뽑다가 자우(子羽)를 잃을 뻔 했다"[4]고 하더니, 내가 코끼리를 보는 것이 딱 그러하다.

國家大朝會, 陳設鹵簿, 馴象所引象列門外, 各以品秩分左右. 百官入, 鍾鳴鞭響, 群象鼻相交, 無一人敢闌入者. 朝散, 各以先後歸. 有罪則宣敕杖之, 伏而受杖. 此其所從來遠矣.

黔中人昔爲余言. 守土者以期貢象, 必入山告語之曰: "朝廷詔汝備禁衛, 將授官於汝." 象俯貼足, 如許諾狀. 卽馴而行, 無能捕捉也.

思陵時, 將貢象, 先期語之. 一象許諾, 會明亡, 不果進. 皇朝定鼎,

4 외모로 …… 뻔 했다: 이는 『사기』 「중니제자열전(仲尼弟子列傳)」에 나오는 말로, "공자가 그 말을 듣고 말하길, '…… 외모로 사람을 뽑다가 자우를 잃을 뻔 했구나' [孔子聞之, 曰: '…… 以貌取人, 失之子羽]"라는 구절이다. 자우는 시력이 아주 좋은 공자의 제자이다.

征貢象, 象數頭諾而來前. 一象呼之不至, 遲數日, 翩然來取其牝. 盖山中偶也, 候已竟去. 守土者廉知其期又當來, 乃先期語之曰 : "今天子神聖. 薄海內外知天命有歸, 帶甲者率先以軍降, 守土者次第以城降. 汝異類, 敢抗天子不赴耶?" 至期來, 竟復去. 守土者異之, 設大炮於衢, 語之曰 : "汝愛妻, 數數來. 汝再逸去, 當死炮下!" 象聞之, 徐行伏炮臺下, 若待以擧炮者.

嗚呼, 異矣! 夫人未有不愛其妻者, 愛妻幷愛吾身. 誰能以其所愛, 易其所至愛? 而今見之於一象! 嗚呼, 異矣! 聞其言, 退而爲之記.

張山來曰 : 聞象房群象, 皆行清禮, 三跪九叩首. 獨一老象不能, 猶作漢人跪拜云. 因錄此文, 附記於此.

世人畵象, 雖龐大而帶嫵媚. 及觀眞象, 殊屬笨伯. 尤恨其皮色穢濁, 不似有識者. "以貌取人, 失之子羽", 吾於觀象亦云.

주시어의 일을 기록하다[紀周侍御事]

운사(雲士) **육차운**(陸次雲)

명나라 천계연간(天啓年間 : 1621~1627)에 어사(御史) 주종건(周宗建)[1]은 누차 상소를 올려 환관 위충현(魏忠賢)[2]을 공격하다가 삭탈관직 당하고 구속되었다. 당시 그는 소리조차 내지 못할 지경까지 곤장을 맞았다. 허현순(許顯純)[3]이 주종건을 향해 사납게 말했다.

"아직도 위상공(魏上公 : 魏忠賢)더러 일자무식이라고 욕할 수 있느냐?"

---

1 주종건(周宗建 : 1582~1626) : 자는 계후(季侯), 호는 내옥(來玉), 시호는 충의(忠毅)로, 명나라 오강(吳江 : 지금의 江蘇省) 사람이다. 만력연간(萬曆年間 : 1573~1619)에 진사가 되어 어사(御史)를 지냈다. 상소를 올려 위충현(魏忠賢)을 탄핵하다가 위충현의 교지로 삭탈관직 당하고 뇌물수수죄의 오명을 쓴 채 하옥되었다가 옥사했다. 이 일은 『명사(明史)』 352권에 보인다.

2 위충현(魏忠賢 : 1568~1627) : 명나라 환관으로, 하간(河間) 숙녕(肅寧 : 지금의 河北) 사람이다. 희종(熙宗)때 조정을 휘어잡고 정권을 횡행했으나 그 폐해가 천하에 널리 알려져 후에 봉양(鳳陽)에 유배되어 죄 값을 치르게 되자 자살했다.

3 허현순(許顯純 : ?~1628) : 보정(保定) 정흥(定興 : 지금의 河北) 사람으로, 위충현과 함께 여러 차례 옥사를 일으켰다.

주종건은 끝내 옥중에서 죽었다. 주종건이 유월에 하옥되어 칠월에 시신이 되어 돌아오도록 집에서는 부고조차 받지 못했다.

청강포(淸江浦)[4]의 뱃사공이 한 선비를 만나 금 한 냥에 배를 태워주었다. 뱃사공이 선비에게 이름이 무엇이며 어디에서 오는 길인지 묻자, 선비가 대답했다.

"나는 주계후(周季侯 : 周宗建)라는 사람으로, 도성에서 오는 길이오."

뱃사공이 다시 오중(吳中)에서 잡혀간 선비들이 어떻게 되었는지 묻자, 주계후는 얼굴을 찌푸리며 "모두 죽었소이다!"라고 말했다. 뱃사공이 다시 위감(魏監 : 魏忠賢)에 대해 묻자, 주계후가 이렇게 대답했다.

"그 자는 죄상이 넘쳐나니, 머지않아 사람들 앞에서 극형을 당할 것이오."

오강(吳江)에 도착한 후 주계후는 집으로 들어가더니 나오지 않았다. 뱃사공이 그의 이름을 부르자 집안사람이 나왔는데, 어찌된 일인지 알아보고는 이렇게 말했다.

"계후는 우리 주인 어르신이오. 하지만 지금은 도성에 잡혀가셨는데, 어떻게 이런 일이 있을 수 있단 말이오?"

한창 소란이 일고 있는 중에 부인이 급히 나와 말했다.

"그 일은 사실이다. 어젯밤 꿈에 시어(侍御 : 周宗建)께서 집으로 돌아오셔서 자신이 죽게 된 상황을 모두 들려주시면서, '상제께서 나의 충직함을 살펴주시어 오군(吳郡 : 蘇州)의 신이 되게 하셨소. 뱃사공이 금 한 냥에 나를 태워주었으니, 신의를 저버리지 말고 대신 갚아주시오'라고 하셨다."

그러면서 부인이 금을 꺼내 뱃사공에게 주니, 가족들은 빙 둘러서서 통곡했다. 뱃사공도 울면서 말했다.

"내 평생에 충성스런 혼령을 배에 실은 것도 기이한 일이거늘, 어찌 금을 받을 수 있겠습니까?"

---

4 청강포(淸江浦) : 운하 이름이다. 지금의 강소성(江蘇省) 회안현(淮安縣) 북쪽에 위치해있다.

부인이 말했다.

“시어께서는 평생을 곧게 사신 분입니다. 그대가 뱃삯을 받지 않는다면 이것은 그 분 뜻이 아닐 겁니다.”

그러자 뱃사공은 절을 하고 돈을 받아 떠나갔다.

明天啓時, 御史周公宗建, 屢疏擊魏閹, 奪職被逮. 箠楚至不能出聲. 許顯純向公厲聲曰: “此時復能詈魏上公不識一丁否?” 卒斃於獄. 六月沈獄, 七月還尸, 家中訃音未至.

有淸江浦舟子, 接一秀士, 許以一金雇舟. 問其姓氏, 自何所來, 曰: “我周季侯, 自京師來.” 又問吳中被逮諸公狀, 顰蹙曰: “俱死矣!” 又問魏監, 曰: “伊罪惡貫盈, 不久顯戮矣.” 至吳江, 入門不出. 舟子呼之, 家人出, 詢知其故, 曰: “季侯吾主人也. 赴逮在京, 安有此事?” 喧鬧間, 夫人急出曰: “良有是事. 昨夢侍御還家, 備言死狀, 且云: ‘上帝鑒其忠直, 俾爲神吳郡. 舟子許其一金, 爲我酬之, 勿失信也.” 出金與之, 擧家環哭. 舟人亦哭曰: “吾得載忠魂, 生平奇事, 肯受金耶?” 夫人曰: “侍御生平淸介. 汝不受直, 非其心也.” 舟子拜領而去.

요강의 신등을 기록하다[姚江神燈記]

근수(近修) **주일시**(朱一是)

일전에 나는 요강(姚江 : 지금의 浙江省 寧波市에 있는 강)에 신등(神燈)이 출현했다는 말을 듣고 황당무계한 소리라고 생각했다. 그런데 읍 사람들에게 물어보았더니, “정말로 있습니다. 삼사월이면 볼 수 있는데, 동쪽 교외의 악묘(嶽廟)[1]에서 가장 잘 보입니다”라고 대답했다. 나는 그 날이 되기를 기다려 동료들과 가보았으나 번번이 보지 못했다. 악묘의 스님이 말했다.

“날씨가 갑자기 더워지고 비가 쏟아지려 할 때라야 볼 수 있습니다.”

그래서 나는 다시 날씨가 더워지기를 기다려 그곳으로 떠났다가 해질 무렵에야 악묘에 도착했다. 산꼭대기에 있는 옥황전(玉皇殿)에 올라 높은 곳에 기대어 아래를 내려다보고 있을 때, 갑자기 등불 두 개가 천천히 악묘에서 나오는 것이 보였는데, 마치 내 발 밑에 걸려 있는 것 같았다.

---

1 악묘(嶽廟) : 원문에는 ‘옥묘(獄廟)’라고 되어 있으나, ‘악묘(嶽廟)’의 오기로 보인다. 『필기소설대관』본에 근거하여 ‘악묘(嶽廟)’로 바로 잡는다.

머리를 들어 사방을 둘러보았더니 수많은 샛별이 들판에 쏟아져 내린 듯 곳곳이 등불이었다. 잠시 뒤 등불이 빽빽해지더니 백 천 만 억 개가 반짝이며 왔다 갔다 하는데, 그 수를 셀 수 없을 정도였다. 혼자 가는 신등도 있고, 함께 나란히 가는 신등도 있으며, 관리가 출행할 때 의장대가 인도하는 듯 수십 수백 개가 나란히 줄을 서서 천천히 나아가는 신등도 있었다. 두 개의 대오로 나뉘어 각각 떨어져 가는 것 같은 신등도 있었고, 마주 보면서 서로 인사하는 듯 이야기하는 듯하다가 헤어지는 신등도 있었다. 높이 솟은 신등, 아래로 이동하는 신등, 앉아서 쉬는 듯 놓여 있는 신등, 숲을 뚫고 나가 요새를 건너는 신등도 있었다. 강을 건너는 신등도 있었는데, 강을 막 건널 때는 옷을 걷어 올리고 주저하는 듯하더니 뭍에 오르자 걸음이 빨라졌다. 신등의 빛은 가려진 듯 어두운 것도 있었고, 조정의 경내를 밝히는 횃불처럼 이글거리는 것도 있었다. 사그라졌다 다시 밝아지는 것도 있었고, 몇 개의 신등이 합쳐져 하나가 된 것도 있었으며, 하나의 신등이 여러 개로 나뉜 것도 있었다. 바람을 맞아 가며 빨리 가느라 불꽃이 반대 방향으로 타오르는 것도 있었고, 천천히 걷다가 얌전해지는 것도 있었고, 멈춰 서자 점점 그 빛이 약해지는 것도 있었다. 성교(星橋)나 등시(燈市)[2]처럼 한 줄로 나란히 서 있는 것도 있었고, 차가운 창가에 홀로 밝혀진 등불처럼 혼자 외딴 곳에 떨어져 있는 것도 있었다. 매달아 놓은 장대처럼 산중턱에 높이 걸려 있는 것, 고깃배의 등불처럼 강가 갈대숲 사이로 비춰 나오는 것이 수십 걸음 안에서 혹은 멀리 혹은 가까이 갔다 왔다 했다. 신등 아래를 자세히 보니 두 개의 발그림자가 웅웅거리며 서로 말을 주고받는 것 같았는데, 실제로는 아무 소리도 나지 않았다. 신등이 모여 있는 곳에 사람을 시켜 급히 가 보게 했지만, 아무 것도 없었다. 심부름 갔던 사람이 돌아보니 오히려 내 쪽에 신등이 모여 있었다고 했는데, 나는 전혀 느끼지 못했다. 초경(初更)을 알

---

2 성교(星橋)나 등시(燈市) : 성교(星橋)는 신화 속의 오작교를 가리키고, 등시(燈市)는 원소절(元宵節)에 등이 가득 켜진 시가지를 말한다.

리는 종이 울리자 모두 사라졌다.

오호라! 신인가? 아닌가? 내가 본 것은 신임에 틀림없다. 하지만 신의 덕은 대단하여 천지를 메우고 고금을 관통해 존재하지 않는 곳이 없다고 하는데, 꼭 요강의 동쪽 교외여야하고, 그것도 삼사월에 날씨가 더워져서 비가 내리려 할 때라야만 나타난다면, 어찌 신이라 할 수 있겠는가? 유자(儒者)란 심오한 도리를 탐구하고 깊이 숨겨져 있는 것을 찾아내며, 전해들은 말을 채록하고 괴이한 기록을 열독하는 자들이니, 의심이 많고 의론이 분분한 것도 당연하다. 나는 눈으로 직접 보고, 게다가 한참을 쳐다봤는데도 어찌된 영문인지를 알 수 없었으니, 박학다식한 군자가 되기를 바라는 것도 실로 어렵지 않은가? 아니면 정말로 알 수 없는 것이 있단 말인가? 알 수 없다면 그것은 바로 신이다. 내가 굳이 이렇게 상세하게 서술하는 것은 세상의 박학다식한 여러 분에게 묻기 위해서이다. 그때는 병술년(1646) 계사월 기묘일이었다. 함께 놀러갔던 사람으로는 동갑내기 친구인 담후(湛侯)의 아들 군진(君進)과 밀군(密君)·심군(沈君)·섭군(葉君) 세 사람이 있었고, 나의 문하생인 수재(秀才) 유지안(俞咫顔)도 있었다.

장산래가 말한다.

우리 고향에 영금산(靈金山)이 있는데, 매년 유월 열여드레에 단을 쌓아 제사를 지내면서 격문을 보내 여러 귀신들을 불러온다. 그러면 귀신불이 떼 지어 일어나 갑자기 모였다가 갑자기 흩어지곤 한다. 그 격문은 원래 한국공(韓國公) 이선장(李善長)[3]이 산에서 독서할 때 지은 것인데, 시

3 이선장(李善長) : 명나라 초기의 대신. 자는 백실(百室)이며 정원(定遠 : 지금의 안휘성 정원) 사람이다. 원나라 지정(至正) 14년(1354)에 주원장(朱元璋) 막하로 들어가 서기(書記)가 되었다. 사람을 등용하는 기술이 빼어났다. 후에 주원장이 스스로 오왕(吳王)이 되었을 때 이선장을 우상국(右相國)으로 삼았는데, 사령(辭令)에 익숙하고 정무에 밝았다. 후에 선국공(宣國公)에 봉해졌다. 그후 명나라가 세워지고 홍무 3년(1370)에 개국보운투성수정문신(開國輔運推誠守正文臣) 겸 특진광록대부(特進光

간이 오래 되자 목판의 글자가 희미해져 알아볼 수가 없었다. 도사가 다른 판본을 새기고 격문을 태웠더니 귀신이 오지 않았다. 이에 옛날 판본을 가져다 찍어낸 뒤 읽고 태웠더니 귀신불이 세차게 일어났다. 지금도 단을 쌓아 제사를 지낼 때면 신구 격문 두 개를 동시에 태운다고 한다. 이로 보아 귀신이 인간과 교류한다는 것을 알 수 있다. 요강의 신등 이야기는 헛소리가 아니다.

往余聞姚江有神燈, 以爲誕. 詢邑人, 曰:“有之. 四三月間始見, 東郊獄廟爲盛.” 余候其時, 攜同輩往, 數數不獲遇. 廟僧曰:“天驟熱, 將雨, 遇矣.” 余又候熱往, 日暝抵廟. 登山顚玉皇殿, 憑高俯眺, 忽見二燈冉冉從廟出, 若懸予足底. 回首四望, 俱有所見, 如晨星落落布野. 已漸稠密, 百千萬億, 熠熠往來, 不可紀極矣. 有一燈獨行者, 有並携二燈者, 有百什燈排列徐徐, 若官人出行, 鹵簿前導者. 有若二隊相値, 各分去者, 有相値若揖若語而別者. 有高擎者, 有下移者, 有置燈憩坐者, 有穿林踏險而行者. 有渡江者, 始渡若揭衣躊躇, 登岸則速者. 其光或頹若有所幪, 或光動若庭燎. 或滅或復明, 或數燈合爲一, 或一分爲數. 或迎風疾行談反向而熾, 或徐行則斂, 或駐則漸微. 或排列一線若星橋燈市, 或獨燃幽處若寒牕爇燈熒熒然. 或高在山半若懸竿, 或出江間叢葦中若漁火, 或遠或近在數十步內. 熟視燈下, 若有二足影, 喁喁若聞語聲, 而實無語. 余見燈聚處, 使人疾趨視, 則無有. 其人回視余所在反有之, 余不覺也. 至初更鐘鳴, 則盡滅.

嗚呼! 其神耶? 非神耶? 以余所見, 洵神也. 然神之德盛, 塞天地, 貫古今, 無乎不在, 而必姚江, 必東郊, 必四三月, 必熱將雨始見, 是豈神耶? 夫儒者探賾索隱, 採傳聞, 覽怪誌, 其疑惑聚訟宜也. 余目所經見, 且久立凝睇, 而不知所繇然, 求爲博物君子, 不其難耶? 抑誠有不可知

祿大夫)에 제수 되고 한국공에 봉해져 4000섬의 봉록을 받았다.

者耶? 不可知, 則神矣. 余故詳述焉, 以質世之多聞者. 其年丙戌, 其月癸巳, 其日己卯. 同游者, 爲年友湛侯子君進, 及密・沈・葉三君, 兪秀才愳顔, 余門下士.

張山來曰 : 吾鄕有靈金山, 每歲以六月十八日建醮施食, 檄召諸鬼. 鬼火羣起, 倏合倏分. 其文乃韓國公李善長讀書山中時所撰, 久之, 其板漶漫至不可識. 道士別鐫一板, 焚之而鬼不至. 因仍以舊板刷文重讀, 燐火復熾. 迄今每遇醮壇, 則新舊二檄並焚云. 可見鬼神一道, 與人互相感通. 姚江神燈, 非妄言也.

도둑을 기록하다[記盜]

성조(聖藻) **양형선**(楊衡選)

담 넘어 도둑질하는 도적이 있고, 호협 기질이 있는 의적이 있다. 또 빗장을 따고 문을 열고 들어가 끊임없이 재물을 탐하고 죽음도 불사하는 도적도 있다. 하지만 여태껏 조용히 앉아서 담론하고, 술을 마시면서 담소를 나누는 명사(名士) 같은 도적은 있지 않았다. 도적질은 추위와 굶주림에 내몰려, 혹은 증오나 원한을 갚기 위해 부득이 하게 되지만, 도적이면서 명사라면 가히 기이하다 하겠다.

남성현(南城縣 : 江西省 동부) 소명이(蕭明彝) 선생은 대대로 현달한 가문 출신으로, 재물도 많고 전답도 많았다. 마침 추수 때가 되어 애첩을 데리고 고향의 별장에서 벼 베기를 하고 있었는데, 세 명의 젊은이가 지붕에서 내려와 문을 열고 열댓 명의 무리를 안으로 들이더니 "소선생님, 주무십니까?" 하며 물었다. 침상으로 다가와 선생을 깨워 일으키고는, 하인배들이 주인을 모시듯 매우 조심스럽게 선생에게 옷을 입히고 관과 신을 드리며 이렇게 말했다.

"선생에게 첩[1]이 있는데, 남녀지간에 바깥일을 엿보게 해서는 안 되니, 첩의 방문을 잠가주십시오."

그들은 선생을 바깥 대청으로 모시고 가 자리를 마련해 남쪽을 향해 앉히고는 자리 아래에 촛불을 켜면서 말했다.

"저는 일찍이 선생님의 팔고문과 고문을 읽어보았는데, 하나하나 외워드릴 수 있을 정도이지만, 그중 가장 훌륭한 작품으로는 아무 작품만 한 것이 없습니다. 아무 작품 가운데 어디어디 전환 부분과 아무아무 구절은, 빼어난 구상력이 없고서는 써낼 수 없는 것들입니다. 저는 일찍이 아무개 고관 거처에서 열린 잔치에서 선생을 지켜보았는데, 무소뿔 술잔으로 잇달아 열다섯 잔을 들이키시니 다른 관리들이 따라가지 못하더군요. 강남 포정사(布政使)[2]들이 쓴 비문(碑文)과 기문(記文) 가운데 오직 선생의 문장만이 절필(絶筆)이라 할 수 있습니다."

옆에 있던 자가 선생을 위협하려 하자 도적 두목이 힘껏 말리며 "여기 계신 소선생은 우리가 하던 대로 놀라게 해드려서는 아니 될 분이시다"고 말했다. 그리고는 술과 안주를 내오게 하여 함께 마시자고 했다. 소선생이 그들을 위해 음식을 차려 주자 거나하게 마신 뒤 말했다.

"저희들은 오래 전부터 선생님의 명성을 들어왔습니다. 그래서 천금의 노자도 아끼지 않고 여기까지 온 것입니다. 보따리를 꺼내어 저희들이 원하는 것을 채워주십시오."

선생이 말했다.

"어제는 사백 냥 가량 되는 곡식 값이 있었으나 안타깝게도 너무 늦게 오셨소. 오늘 일찌감치 성 안으로 들여보내고, 지금 남아 있는 것이라곤 겨우 음식 값과 술값 정도밖엔 되지 않을 돈 스물일곱 냥, 인삼 여덟 냥, 그리고 옥대(玉帶) 하나뿐이오. 이거라도 호걸들께 드리겠소."

좌우의 무리가 혹 숨겨놓은 게 있지 않나 의심하자 도적 두목이 말했다.

1 첩 : 원문은 '여군(如君)'으로, 다른 사람의 첩을 이르는 말이다.
2 포정사(布政使) : 명청시대 성(省)의 민생과 재무 등을 담당하던 관리이다.

"소선생께서 하신 말씀은 사실이니 의심하지 마라."

상자를 열고 살펴보았더니 소선생이 말한 액수 그대로였다.

한밤중이 되어 갈 무렵 소선생이 피곤하고 두려운 기색을 보이자 도적 두목이 말했다.

"선생, 피곤하십니까? 제가 선생을 위해 춤을 한번 춰보겠습니다."

하며 기다란 옷을 벗으니 수놓은 아름다운 갑옷이 나왔는데, 금빛 광채가 눈부셨다. 도적은 쌍검을 뽑아들고 대청에서 춤을 추기 시작했다. 도적이 선생 코앞에서 왔다 갔다 하는 모습을 더듬어보니 마치 항우(項羽)가 홍문(鴻門)에서 패공(沛公)을 물리쳤을 때[3]의 장면 같았다. 두목은 한참 후에야 춤을 그만 두었다. 소선생은 더욱 공손하게 두목을 대했고 도적도 선생을 더욱 귀하게 모셨다. 문을 열고 들어와 문장을 논한 순간부터 시종일관 정중한 예로써 선생을 대하면서 끝까지 감히 결례를 범하지 않았다.

선생의 방은 굽어져 있었다. 도적의 우두머리는 사방이 어두컴컴한 것을 보고는 등불을 들고 서재의 휘장을 둘러보면서 말했다.

"이 창살은 마땅히 아무 곳을 향해 위 아래로 가 있어야 하며, 이 건물은 마땅히 아무 방향을 마주보고 있어야 하는데, 시공할 때 손이 덜 간 것이 안타까울 따름입니다."

다락에 올라가 선생의 장서를 엿보다가 『명신주의(名臣奏議)』·『충신보(忠臣譜)』 두 권을 보고는 "이것들을 얻었으면 합니다"라고 말했다. 또 붓꽂이 안에 오래 전에 넣어 두었던 망건 두 개를 보더니 소매 속에 넣

3 항우(項羽)가 …… 물리쳤을 때: 『사기』「항우본기(項羽本紀)」에 따르면, 유방(劉邦)과 항우가 함양(咸陽)을 진격한 뒤 항우가 유방을 홍문으로 불러들여 잔치를 벌였다. 이때 항우의 모사 범증(范增)이 항우에게 유방을 죽이라고 하지만, 항우가 결정을 내리지 못했다. 그러자 범증이 항장(項莊)에게 칼춤을 추다가 은밀히 유방을 죽이라고 명을 내렸는데, 장량(張良)이 이를 알아채고 나와 번쾌(樊噲)에게 이렇게 말했다. "오늘 항장의 검무는 그 뜻이 패공에게 있다." 그리고는 번쾌에게 칼을 들고 들어가 항장을 막게 했는데, 낌새를 알아차린 유방이 곧장 자리를 피해 화를 면했다고 한다.

었다. 서화는 대부분 당시의 현자들이 쓴 것이었는데, 그것들을 보고 "어찌 이런 것으로 이 서재를 더럽힐 수 있겠습니까?" 하더니 그 가운데 별 볼일 없는 작품을 골라 찢어버렸다. 그러다 아주 잘 그린 미인도 한 폭을 보고는 "이건 쉬이 보기 어려운 작품입니다"라고 말했다. 나(羅) 아무개가 부채에 작은 해서로 글씨를 쓴 것이 있어 붓걸이 옆에 놓아두었는데, 이것을 보더니 "나 아무개 공과 오랜 친분이 있으니, 이것은 제가 소중하게 보관해야겠습니다"라고 말하면서 가져갔다.

장차 떠나려고 할 때 선생의 배웅을 받았는데, 소선생은 한사코 더 머물다 가라고 하면서 "당신들은 모두 젊은 협객들이시니, 내일까지 계시면 제가 돌아가서 사백 냥을 가져와 여러분에게 드리겠습니다. 어떻습니까?"라고 말했다. 그러자 두적 두목이 말했다.

"세상에 그런 일은 없습니다. 제가 어떻게 기다릴 수 있겠습니까?"

이름을 물어도 대답하지 않고 그저 "후에 만날 날이 있을 것입니다. 선생님께서 연로하신 게 안타까울 따름입니다. 만약 젊고 건장하시다면 저희들과 함께 갈 수 있을 텐데"라고만 말했다. 선생이 밖으로 나와 1리 남짓 걸어가니 목선 두 척이 시냇가 어귀에 정박해 있는 것이 보였는데, 도적들이 모두 배에 오르자 노를 저어 떠나갔다. 그들은 오(吳) 땅 말씨를 쓰고 있었다.

아! 도적이 이와 같으니, 평범한 도적으로 볼 수 있겠는가? 나는 헛된 명성이나 훔치는 자들이 예의강상을 무너뜨리고 『시경』과 『서경』을 저버리는 것이 도리어 문장에 조예가 깊은 이 도적만 못하다고 생각해 그 도적을 일러 '명사 도적'이라 하였다.

장산래가 말한다.

정말 이런 도적이 있다면, 당장 문을 열고 그에게 절을 한다 해도 안 될 것 없을 것 같다. 비록 그렇다손 치더라도, 천하에 이런 자들이 어찌 없겠는가? 가증스럽게 도둑질을 하면서 도둑이라는 이름은 피하고, 게

다가 만족할 줄 모르고 탐욕을 부리는 자들은, 차라리 솔직하고 청렴한 이 도적만도 못하다!

有穿窬之盜, 有豪俠之盜. 有斬關闖門, 貪婪無厭, 冒死不顧之盜. 從未有從容坐論, 杯酒歡笑如名士之盜者. 盖盜者, 迫於饑寒, 或爲讐惡報怨, 不得已而爲之, 盜而名士, 盜亦奇矣.

南城蕭明彝先生, 家世爲顯官, 厚其貲, 庾於田. 時當秋穫, 挈其愛妾, 刈於鄉之別墅, 有少年三人, 自屋而下, 啓其戶, 連進十數輩, 曰: "蕭先生睡耶?" 就榻促之起, 爲先生着衣裳, 進冠履, 若執僮僕役, 甚謹, 曰: "先生有如君, 男女之際, 不可使窺外事, 請鍵其室." 迎先生至外廳, 設坐, 面南向, 爇燭其下, 曰: "某讀先生今古文, 可一一爲先生誦之, 最佳者無如某篇. 某篇之中, 有某轉某句, 非巧思不能道. 嘗於某顯曹處私伺先生宴, 連飮十五犀觥, 諸公不及也. 江南藩司碑記, 惟先生文爲絶筆."

左右有恐嚇先生者, 其盜魁力止之, 曰: "此蕭先生, 不可以常態驚也." 索酒餚相啖食. 先生爲之陳庖廚, 飮酣, 曰: "某等聞先生名久矣. 不惜千金路費至此. 可出其囊橐, 以償吾願." 先生曰: "昨有四百金稻穀價, 惜來遲耳. 今早已送之城中, 此所留者, 僅羹酒之需, 不過二十七金, 人參八兩, 玉帶一圍而已. 願持贈諸豪士." 左右疑有埋藏者, 盜魁曰: "此先生眞實語也, 不須疑." 啓其篋, 如數.

夜將半, 先生倦, 且恐, 盜魁曰: "先生倦乎? 吾爲先生起舞." 解長服, 甲鎧纁鮮, 金光燦燿奪人目. 拔雙劍, 起舞廳中. 往來近先生鼻端, 迹其狀, 如項莊鴻門意在沛公時也. 良久乃止. 先生待益恭, 盜益重先生. 自啓戶論文, 始終敬禮先生, 卒不敢犯如此.

先生房委曲. 四顧夜黑, 持燈週書幌曰: "此牕櫺宜向某處上下, 此樓宜對某方, 所惜鳩工時少經營耳." 登樓, 窺先生藏書, 見『名臣奏議』·『忠臣譜』二集, 曰: "吾願得此." 筆筒中舊置網巾二副, 納之袖中.

字畫多時賢爲者, 曰 : "烏用此玷辱書齋?" 擇其不佳者毁裂之. 有美人一幅, 乃名筆, 曰 : "此不可多觀者." 羅君某寫有小楷扇一柄, 藏筆牀側, 曰 : "吾與此公有舊好, 宜珍之." 亦携之去.

將出門, 邀先生送, 先生强留曰 : "若輩皆少年豪俠, 待至明日歸取四百金相遺. 何如?" 盜魁曰 : "世從無其事. 余何能待?" 請姓名, 不答, 曰 : "後會有期. 惜先生老. 若少壯, 當與之同往." 先生出走里許, 見木舟二, 泊溪口, 盡登, 搖櫓而去. 語作吳下音.

嗟乎! 盜而如是, 可以常盜目之哉? 吾恐盜虛聲者, 滅禮義, 棄『詩』·『書』, 反不若是之深於文也, 謂之曰'名士之盜'.

張山來曰 : 有盜如此, 卽開門揖之, 似亦無不可者. 雖然, 天下豈少此輩哉? 獨恨蹈其實而諱其名, 且所欲無饜, 固不若此輩之直而且廉耳!

호랑이로 변한 일을 기록하다[化虎記]

중광(仲光) **서방**(徐芳)

요 몇 년 사이 우리 고향에는 호랑이가 많아져, 호랑이가 사람을 잡아먹는 경우도 수두룩하다. 호랑이들이 민(閩)·초(楚)·진(晉)·예(豫) 땅까지 두루 돌아다녀 그 지역 사정도 마찬가지다. 어떤 사람은 "호랑이는 하늘이 부리는 동물이라, 창이나 화살만으로는 잡을 수 없다"고 말하고, 또 어떤 사람은 "사방의 악귀의 혼백이 억눌려 있다가 호랑이로 변한 것이다"라고 말하는데, 이 두 가지 모두 혹 그럴 수도 있겠다 싶지만, 위윤장(危允臧)이 해 준 황옹(黃翁)의 이야기만큼 기이하지는 않다.

황옹은 밀계(密溪 : 지금의 江西省 贛州市 密溪) 사람으로, 초성(樵城)에서 10여리 떨어진 곳에 살고 있으며, 장성한 세 아들이 있었다. 을미년(1655) 봄에 세 아들을 내보내 산 속에 있는 밭을 경작하게 했는데, 세 아들은 며칠을 한결같이 새벽에 나갔다가 해가 져야 돌아왔다. 어느 날 저녁, 한 이웃이 황옹에게 말했다.

"밭에 잡초가 무성한데도 베질 않으니, 행여 농사에 마음이 없으십니까?"

황옹이 말했다.
"아니 아이들이 날마다 가서 김을 매는데, 잡초라니요?"
이웃 사람이 말했다.
"매지 않았던데요."
황옹은 괴이쩍어 하다가 이튿날 아침 세 아들이 집을 나서자 몰래 뒤를 밟아 그들이 어디로 가는지 정탐했다. 그랬더니 세 아들이 숲속으로 들어가 옷을 벗어 나무에 걸어놓고는 호랑이로 변해 포효하면서 사방으로 뛰어나가는 것이었다. 황옹은 너무도 두려운 나머지 부리나케 집으로 돌아와 이웃에게 [자신이 목격한 일을] 몰래 말하고는 문을 걸어 잠그고 몸을 숨겼다.
밤이 되어 세 아들이 돌아와 한참동안 문을 두드리며 황옹을 불렀으나 아무 대답이 없었다. 그때 이웃사람이 말했다.
"너희들 아버지는 너희들을 자식으로 여기지 않는다!"
그 이유를 묻자 이웃은 황옹이 목격한 사실을 이야기해주었다. 그러자 세 아들이 말했다.
"그런 일이 있기는 하지만, 하늘의 명을 받아 저희들도 어쩔 수 없습니다."
그리고는 목메어 울며 황옹을 부르면서 말했다.
"망극한 은혜를 어찌 갚고 싶지 않겠습니까? 아버님 이름이 [살생]명부에 적혀있는 것을 보고 저희들이 며칠 동안 멀리 나가서 아버님을 대신할 사람을 구하러 다닌 것입니다. 이렇게 사실이 드러났지만 여기서 관둘 수는 없습니다. 아무 곳에 놔둔 옷깃 속에 작은 책자가 하나 있으니, 문서로 만들어 저희에게 주십시오. 그렇게 하지 않으면 아버님에게도 이롭지 못하고 저희들 또한 그 일로 인해 죽임을 당하게 될 것입니다."
황옹이 등불을 들고 옷깃 속을 뒤져 보니 정말로 작은 책자가 나왔는데, 거기에는 초군에서 호랑이의 해를 입게 될 사람의 이름이 적혀있었고, 자신의 이름도 두 번째에 올라 있었다. 황옹이 "어떻게 하면 되겠느냐?" 하고 묻자 세 아들이 말했다.

"일단 문을 여십시오. 저희에게 방법이 있습니다."

황옹이 못내 세 아들의 말을 따르자, 세 아들은 책을 받아들고 울며 절을 올린 뒤 황옹에게 말했다.

"모두 하늘의 명입니다. 아버님께서는 두꺼운 옷을 몇 겹으로 입으시고, 띠를 매지 말고 그 위에 누런 종이를 덮은 뒤 엎드려 지성으로 기도하십시오. 그러면 저희에게 아버님을 살려낼 방도가 있습니다."

황옹이 세 아들의 말대로 하자, 세 아들은 차례대로 뒤에서 뛰어올라 옷 한 벌씩을 물고는 포효하면서 밖으로 나갔다. 아들들은 그 후 다시는 돌아오지 않았고 황옹은 아직도 살아있다.

예로부터 사람이 호랑이로 변한 경우는 많이 있었다. 그러나 봉소(封邵)[1]·이징(李徵)[2] 같은 사람은 가죽도 얼굴도 다 바꾸고 떠났으니, 세 아들처럼 인간 세상에 같이 섞여 산 경우는 일찍이 없었다. 게다가 하늘이 저들에게 사람을 해치라고 시켜놓고 저들 부친의 이름을 [살생]명부에 넣었으니, 정말로 처리하기 힘든 일이었을 것이다. 그런데 세 아들은 부친을 대신할 사람을 구하지 못하고도 간곡한 마음으로 부친을 온전히 살려냈으니, 모습은 바뀌었어도 마음만은 바뀌지 않았다고 할 수 있겠다.

---

1 봉소(封邵) : 원문은 '봉태(封部)'로 되어 있는데, '봉소(封邵)'의 오기이다. 『태평광기(太平廣記)』 권426 호(虎)1에 보면 다음과 같은 이야기가 있다. "한나라 때의 선성군수(宣城郡守) 봉소가 어느 날 갑자기 호랑이로 변해서 마을 사람들을 잡아먹으려고 했다. 백성들이 곧장 '봉사군(封使君)' 하고 외치자 호랑이는 그 길로 떠나가서 다시는 돌아오지 않았다[漢宣城郡守封邵, 一日忽化爲虎, 食郡民. 民呼曰'封使君', 因去不復來]."

2 이징(李徵) : 원문은 '이미(李微)'라고 되어 있는데, '이징(李徵)'의 오기이다. 『태평광기』 권427 호(虎)2에 보면, 농서(隴西) 사람 이징은 약관에 명사로 소문이 났으나, 재주만 믿고 오만을 부리다가 동료들의 미움을 싸 관직에서 물러난다. 그 뒤 오 땅과 초 땅 일대를 돌아다니다가 미치광이 병에 걸려 호랑이로 변한 뒤, 여행객들을 잡아먹으면서 지내지만, 목소리는 여전히 사람의 말소리였다. 하루는 다른 호랑이에게 잡아먹힐 위기에 놓인 친구 원참(袁傪)을 구해주고, 그에게 자신의 사연을 들려준 뒤 떠나간다.

천하에는 이목구비와 팔 다리만 보면 멀쩡히 사람이지만 임금과 어버이 앞에서 마땅히 해야 할 도리는 모르는 사람도 있다. 그런데 기왕 호랑이로 바뀐 마당에, 저버려서는 안 될 그런 은혜라는 게 어디 있겠는가? 그건 그렇지만 세 아들이 이미 호랑이로 바뀌었는데 어떻게 그 부친의 이름을 명부에 넣을 수 있단 말인가? 혹 이 일을 주관하는 자가 [황옹이] 그들의 아비라는 사실을 잊었던 것 아닐까? 아니면 근자에 세상이 변하여서, 배은망덕하기가 아비를 해치는 지경에 이르러도 하늘마저 내버려둔 채 따지지 않는 것일까? 이는 내가 감히 알 수 있는 바가 아니다.

장산래가 말한다.

세 아들이 부친을 대신할 사람을 찾아 나선 것은 그 계책이 졸렬하기 짝이 없다. 설령 대신 죽을 사람이 호랑이에게 죽어 마땅한 사람이라 하더라도 이것은 겨우 본인의 죄만 덮을 수 있을 뿐, 이것으로 그 부친의 죄를 대신 할 수는 없다. 만약 그 사람이 호랑이에게 죽임을 당해서 안 될 사람인데 세 아들이 법을 어겨가며 그 사람을 죽인다면, 이것은 부친의 죄도 사면되지 못할 뿐더러 자신들이 먼저 법망에 걸리고 만다. 이를 장차 어찌할 것인가?

年來予鄉多虎, 噛人甚衆. 及行脚歷閩・楚・晉・豫, 皆然. 或曰: "是帝所役, 以襄戈鏑所不及." 或曰: "所在猛鬼厲魄激鬱而化." 是二者, 疑皆有之, 而無如危子允臧所述黃翁事尤異.

黃翁者, 密溪人, 去樵城十餘里, 生三子, 俱壯矣. 乙未春, 使耕田山中, 晨出酉返, 如是數日. 一夕, 鄰子謂翁曰: "田蕪弗治, 倘無意乎?" 翁曰: "兒曹日躬耒耜, 奚蕪也?" 鄰子曰: "未也." 翁心怪, 詰旦, 三子出, 翁密尾, 偵其所往. 則見入山林中, 袪衣掛樹, 隨變爲虎, 哮躍四出. 翁大恐, 奔歸, 竊告鄰子, 拒戶匿處.

迨夜, 三子歸, 呼門良久, 不應. 鄰子諭之曰: "若翁不爾子矣!" 問其告, 以所見故. 三子曰 : "有之, 帝命所驅, 不自由也." 因嗚咽呼翁曰 : "罔極之恩, 寧不思報? 無如父名早在劫中, 兒輩數日遠出, 正求其人可以代者. 旣爾逗露, 不可復止. 然某所衣領中, 有小冊, 幸爲簡付. 不然, 父固不利, 兒皆坐是死矣." 翁因取燭覓衣領中, 果得小冊, 皆是樵郡應傷虎者, 而翁名在第二. 翁曰 : "奈何?" 三子曰 : "第開門. 當自有策." 翁勉聽, 三子受冊泣拜, 因告翁曰 : "此俱帝命. 父當蒙厚衣數重, 勿結帶, 加黃紙其上, 匍伏虔禱. 兒自有救父法." 翁如言, 三子次第從後躍過, 却啣一衣, 虎吼而出. 遂不復返, 翁至今猶在.

自昔以人化虎, 多有之矣. 如封邵 · 李微輩, 卽皆易皮換面而去, 未有溷處人中若三子者. 且帝旣以傷人役之, 而又列其父冊中, 尤極難處之事. 而三子求代不得, 又曲盡以全之, 可謂形易而心不易者矣. 天下固有五官四體居然皆人, 而君父當前, 竟不相識者. 豈旣已虎矣, 而猶有恩之不可負哉? 雖然, 三子旣虎矣, 柰何列翁名冊中? 豈司此者偶忘之乎? 又豈年來氣數之變, 雖負恩之大, 至於戕賊其父, 帝亦恣其所爲而不甚問耶? 則非予之所敢知也.

張山來曰 : 三子求可以代父者, 其計甚拙. 設代者當死於虎, 則僅足蔽其本辜, 未可以代其父罪. 設彼不當死於虎, 而三子枉法以殺之, 則是父罪未免, 而己先罹於法矣. 將若之何?

의로운 개를 기록하다[義犬記]

중광(仲光) 서방(徐芳)

병신년(1656) 가을, 태원(太原 : 지금의 山西省 태원시) 출신의 한 길손이 남쪽으로 장사 갔다 돌아오는 중이었다. 그는 자루에 오륙백 냥쯤 되어 보이는 돈을 싣고, 말 한 마리를 몰면서 길을 가고 있었다. 중모현(中牟縣 : 河南省 중모현) 경계를 지나다가 길가에서 쉬고 있을 때, 웬 젊은이가 몽둥이에 개를 매단 채 그곳으로 와 함께 쉬었다. 개가 길손을 보면서 마치 구해달라고 하는 듯 낑낑대며 울기에 길손은 개를 사서 놓아주었다. 젊은이는 길손의 자루가 무거운 것을 보고는 몰래 길손의 뒤를 밟다가 후미진 곳에 이르러 몽둥이로 내리쳐 길손을 죽였다. 그리고는 사체를 작은 다리 아래 물가로 끌고 가서 모래밭 갈대로 덮어놓은 뒤 자루를 메고 떠나버렸다.

길손이 살해당하는 것을 목격한 개는 몰래 젊은이 뒤를 밟아 그의 집까지 이르렀다. 개는 집을 기억해두고 곧장 현의 관부를 찾아갔다. 마침 현령이 자리에 앉고 아전들이 엄숙하게 서 있는 중에, 개 한 마리가 곧장 앞으로 나와 자리를 잡더니 우는 듯 뭔가 하소연하는 듯 짖어댔다. 아무리 쫓아내도 개가 나가지 않자 현령이 말했다.

"너는 무엇이 억울하냐? 내 아전을 시켜 너의 뒤를 따르게 하겠다."

그러자 개가 병졸을 인도해 길을 나서더니 길손의 시체가 있는 곳에 가서 물을 향해 짖어댔다. 병졸은 갈대를 들추어 시체를 찾아내고는 곧장 관부로 돌아와 그 사실을 보고했다. 하지만 강도를 찾을 방법이 없었다. 그때 개가 다시 들어와 좀 전처럼 짖어댔다. 현령이 말했다.

"강도가 누군지 알 수 있겠느냐? 내 다시 아전을 보내 너의 뒤를 따르게 하겠다."

개가 다시 밖으로 나가자 현령은 또 병졸 몇 명을 보내 개 뒤를 따라가게 했다. 개는 한 이십여 리 쯤 가서 어느 외딴 마을의 인가에 도착하자 곧장 안으로 뛰어 들어갔다. 그리고는 한 젊은이를 보더니 그대로 달려들어 팔을 물어뜯었는데, 그 바람에 옷이 찢어지고 피가 줄줄 흘렀다. 병졸들이 젊은이를 묶어 관부로 끌고 오자 젊은이는 길손을 살해한 사실을 모두 털어놨다. 돈의 행방을 물으니 아직 그대로 있다고 하기에 그 집에 가서 가져왔는데, 자루 안에서 작은 문서 하나를 찾아낸 덕에 길손의 고향과 이름을 알 수 있었다. 현령은 젊은이를 처형토록 하고 자루의 돈은 창고에 넣어두게 했다. 그런데도 개가 또 현령 앞으로 나와 계속해서 짖어대자 현령은 속으로 '길손은 죽었지만 그 집은 그대로 있는데, 자루의 돈을 어찌 창고에 둘 수 있겠는가? 혹시 개가 계속 짖어대는 것이 이 때문 아닐까?'라고 생각했다. 이에 다시 병졸을 태원으로 보내니 이 개도 따라나섰다. 그들이 길손의 집에 당도하자 그 집안에서는 그제야 길손이 죽은 사실을 알았으며, 또 자루의 돈이 아무 탈 없음을 알고는 모두 서럽게 울었다. 길손에게 아들이 하나 있어서 여장을 꾸리고 병졸을 따라와 현의 관부에 도착했다. 보았더니 강도는 이미 옥사한 뒤였다. 현령은 돈 자루를 가져와 확인 시킨 뒤 아들에게 건네주었다. 개는 길손의 아들을 졸졸 따라다니며 영구를 호송해 함께 돌아갔는데, 수 천리 길을 왕래하는 동안 자는 것이나 먹는 것이나 사람과 다를 바 없었다.

논하여 말한다.

사람이 어떤 조짐을 보고 대응할 수 있는 것은 지혜로움에 달려 있고, 변화를 잘 살필 수 있는 것은 인내심에 달려있다. 화는 순식간에 일어나게 마련인데, 당황한 나머지 두려움에 떨면서 어떻게 해야 할지 모른다면, 이는 지혜가 부족한 것이다. 분한 마음을 참지 못하고 정의감에 불타 난국에 뛰어들면서 계획은 도리어 엉성하게 짠다면, 그 뜻은 갸륵하지만 일은 성사될 수 없으니, 이는 인내심이 부족한 것이다. 그래서 일이란 성사되기 어렵다고들 한다. 만약 젊은이가 길손을 해칠 때 개가 바로 이빨을 드러내고 강도와 대적했다면 몽둥이찜질 신세를 면하지 못했을 것이니, 의롭기는 하지만 길손에게는 도움이 되지 않았을 것이다. 애통한 마음에 곧장 달려가 고소했다면 강도의 소굴을 알 수 없었을 것이다. 현령이 개를 가련히 여겨 그 뜻을 따라주었다 하더라도 너른 벌판 그 어디에서 강도를 잡을 수 있었겠는가? 원통한 사정이야 전달할 수 있었겠지만 강도는 끝내 잡을 수는 없었을 것이다. 강도에 대한 복수심이 분명했기에 바로 달려들어 강도를 놀래키지 않았던 것이다. 현에 가서 고소할 수 있다는 사실을 알고 있었기에, 일단 인내하고 기다리면서 천천히 강도의 뒤를 밟아 그 거처를 알아내고, 강도가 제 눈 안에 들어온 뒤에야 달려가서 알렸던 것이다. 제 손아귀에 들어온 뒤에야 한번 물어뜯어 분노를 표출함으로써, 원수도 잡고 돈도 찾았으며, 태원에 가서 소식도 전했고 길손의 영구도 고향으로 가져갈 수 있었다. 치밀한 계획 하에, 당장 원통함을 풀고자 하지 않고 자기의 충정을 완수하는 데만 힘썼으니, 이는 형가(荊軻)[1]나 섭정(聶政)[2]도 제대로 못한 일이고, 장자방(張子房 : 張良)[3]과 예양

1 형가(荊軻 : ?~B.C. 227) 전국시대 말 사람으로, 연(燕)나라 태자의 부탁을 받고 진시황을 시해하려 했지만 실패했다. 『사기』 「자객열전(刺客列傳)」에 보인다.

2 섭정(聶政 : ?~B.C. 397) : 전국시대 한(韓)나라의 용사로, 엄중자(嚴仲子)의 부탁을 받고 재상 한괴(韓傀)를 죽였다. 『사기』 「자객열전」에 보인다.

3 장량(張良) : 자는 자방(子房), 시호는 문성공(文成公)이다. 한나라 명문 출신으로, 기

(豫讓)[4] 등도 이루지 못한 일이다. 그런데 개가 이런 일을 해냈으니, 어찌 관부에 가서 짖어 호소하고 몇 천리를 뛰어온 것만 기이하고 장하겠는가? 사람이란 충정이 없으면 변고를 만나 변하기 쉽고, 재주가 없으면 급한 상황에 처해 우왕좌왕하기 쉽다. 깊은 지혜와 침착한 용기를 취한다면, 천하의 어떤 일을 만난들 해내지 못하겠는가? 나는 객이 불쌍하기도 하지만, 객에게 이런 충견이 있어 남들보다 나을 수 있었던 것이 부럽기도 하다.

장산래가 말한다.

의로운 개에 대한 일이 이 한 가지만 있는 것은 아니지만, 특별히 이 이야기를 기록해놓은 것은 그 일이 특히 기이하기 때문이다.

또 말한다.

개도 의리가 있지만, 현령 또한 양심이 있다. 만약 탐관오리를 만났다면 그 돈이 어떻게 길손의 아들에게 돌아갈 수 있었겠는가?

丙申秋, 有太原客南賈還. 策一衛, 橐金可五六百. 偶過中牟縣境, 憩道左, 有少年人, 以梃荷犬至, 亦偕憩. 犬向客呷啞, 若望救者, 客買放

원전 218년 박랑사(博浪沙 : 河南省 博浪縣)에서 진시황을 습격했으나 실패했다. 그 뒤 하비(下邳 : 江蘇省 下邳縣)에 은신하고 있을 때 황석공(黃石公)으로부터 『태공병법서(太公兵法書)』를 물려받았다고 한다. 진승(陳勝) · 오광(吳廣)의 난이 일어났을 때 유방의 진영에 속해 있었으며, 후일 항우와 유방이 만난 '홍문의 회(會)'에서 위기에서 유방을 구해냈다.

4 예양(豫讓) : 전국시대의 진(晉)나라 의사(義士)이다. 처음에 진나라의 경(卿)이었던 범중행(范中行)을 섬겼으나, 뒤에 지백(智伯 : 이름은 瑤)의 신하가 되어 그의 총애를 받았다. 기원전 5세기 중엽에 지백이 조양자(趙襄子)를 치려다가, 조(趙) · 한(韓) · 위(魏)의 연합군에게 멸망(B.C. 453)하자, 예양은 지백의 복수를 위해 죄인으로 가장하여 비수를 품고 조양자의 변소에 잠입하지만 발각되었다. 자신을 의인(義人)이라 생각한 조양자가 자신을 풀어주지만, 다시 몸에 옻칠을 하여 나환자로 변장하고, 벙어리 · 거지 행세를 하며 기회를 기다리다 조양자가 외출할 때 다리 밑에 숨어 있다가 그를 공격했다. 그러나 결국은 실패하고 생포되니, 조양자에게 간청하여 그의 옷을 받아 칼로 세 번 친 뒤 자결하고 말았다.

之. 少年窺客裝重, 潛躡至僻處, 以梃搏殺之. 曳至小橋水中, 蓋以沙葦, 負橐去.

犬見客死, 陰尾少年至其家. 識之, 卽詣縣中. 適縣令升座, 衙班甚肅, 犬直前據地呼號, 若哭若訴. 驅之不去, 令曰 : "爾何寃? 吾遣吏隨爾." 犬導隷出, 至客死所, 向水而吠. 隷掀葦得屍, 還報. 顧無從得賊. 犬亦復至, 號擲如故. 令曰 : "若能知賊乎? 我且遣隷隨爾." 犬又出, 令又遣數隷尾去. 行二十餘里, 至一僻村人家, 犬竟入. 逢一少年, 跳而嚙其臂, 衣碎血濡. 隷因絏之到縣, 具供殺客狀. 問其金, 尙在, 就家取之, 因於橐中得小籍, 知其邑里姓字. 令乃扺少年辟, 而籍其橐歸庫. 犬復至令前吠不已, 令因思曰 : '客死, 其家固在, 此橐金安屬? 犬吠, 將無是乎?' 乃復遣隷直往太原, 此犬亦隨去. 旣至其家方知客死, 又知橐金無恙, 大感慟. 客有子, 束裝偕隷至. 賊已瘐死獄中. 令乃取橐驗而付之. 其犬仍尾其子至, 扶櫬偕返, 還往數千里, 旅食肆宿, 與人無異.

論曰 : 夫人赴幾在智, 觀變在忍. 禍起倉卒, 張皇震攝而不知所出, 智不足也. 不忍忿忿之心, 蹈義赴難, 而規畫疏略, 志雖誠而謀卒無濟, 忍不足也. 故曰成事難. 使犬當少年戕客之時, 奮其齒牙以與賊角, 糜身巨梃而不之避, 烈矣, 然於客無補. 啣哀茹痛, 疾走控籲, 而於賊之窟宅未能曉識. 縱令當事憐而聽我, 荒畦漫野, 於何索之? 寃雖達, 賊不可得也. 惟明有報賊之心, 而不驟起以駭之. 知縣之可訴, 而姑忍以候, 逡巡追躡以識其處, 賊已在吾目中, 而後走訴之. 已落吾彀中, 而後奮怒於一嚙, 而讐可得, 金可還, 太原之問可通, 而客之櫬可以歸矣. 其經營細穩, 不必痛之遽伸, 而務其忠之克濟, 是荊軻・聶政之所不能全, 子房・豫讓諸人所不得遂. 而竟遂之者也, 豈獨狺訟公庭, 旅走數千里外之, 奇且壯哉? 夫人孰不懷忠, 而遇變則渝, 孰不負才, 而應猝則亂. 智取其深, 勇取其沉, 以此臨天下事, 何弗辦焉? 予旣悲客, 又甚羨客之有是犬也而勝人也.

張山來曰 : 義犬事不一而足, 特錄此篇者, 以其事爲尤奇也.

又曰 : 犬固義矣, 而此令亦有良心. 設墨吏當之, 此金尙能歸客之子乎?

기이한 여자 이야기[奇女子傳]

중광(仲光) **서방**(徐芳)

기이한 여자는 풍성(豐城 : 지금의 江西省 풍성시) 양씨(楊氏) 집 딸로, 이씨(李氏)의 아들에게 시집가 그의 부인이 되었다. 담병(譚兵)[1]이 남창(南昌 : 江西省 남창시)을 포위하자 유격병들이 사방에서 나와 장정들을 잡아가 병사로 충당했다. 여자는 하급무관 왕(王) 아무개의 차지가 되었는데, 하급무관은 산동(山東) 사람으로, 이미 본처가 있었다. 여자는 본심을 속이고 아첨하면서 그를 모셨기에 유난히 사랑을 받아 자식까지 하나 낳았다.

얼마 후 하급무관은 가세가 점점 기울자 군대에 들어갔다. 이 틈에 여

---

1 담병(譚兵) : 『청사고(淸史稿)』 열전 27에 다음과 같은 기록이 보인다. "장헌충이 패망하자 그의 장수 손가망 · 유문수 등은 명나라에 투항했다. 그러나 부하 왕명신 등을 천남으로 보내 습격하게 하고, 담홍 · 담문 · 담예 · 양전 · 유유명 등을 천동으로 보내 습격하게 하면서 이자성의 옛 부하 학요기 · 이래형 · 원종제 · 유이호 · 형십만 · 마초 등을 멀리서 성원하게 했다[獻忠旣滅, 其將孫可望 · 劉文秀等降於明, 分遣所部王命臣等竄川南, 譚弘 · 譚文 · 譚詣 · 楊展 · 劉惟明等竄川東, 與李自成舊部郝搖旗 · 李來亨 · 袁宗第 · 劉二虎 · 邢十萬 · 馬超等遙爲聲援]." 이로 미루어보아 담병이라 함은 소위 삼담(三譚)이라 불렸던 담홍 · 담문 · 담예를 지칭하는 듯하다.

자가 그의 본처를 속이며 말했다.

"먹고살 길이 아득하니, 제 몸에 날개가 없는 것이 한스러울 뿐입니다."

본처가 "무슨 소리냐?"고 묻자 여자가 말했다.

"소첩의 전 남편은 본래 대갓집 자손으로 선대로부터 많은 재산을 물려받았습니다. 난리를 피해 도망 나올 때 금은보화 몇 십 말[斛]을 몰래 밀실에 묻어두었습니다. 하지만 전 남편은 죽고 저는 사로잡혀 있으니, 집이 불타버리면 그 안에 있는 귀중품들도 기왓장과 함께 묻혀버릴 것입니다. 그걸 이곳으로 가져올 수만 있다면, 부인과 제가 부자가 되지 않을 수 있겠습니까?"

본처는 그 재물이 탐나 이렇게 말했다.

"정말 그렇다면 다른 사람을 보내 파내오게 하지 그러느냐?"

여자가 말했다.

"제가 직접 묻었기 때문에 다른 사람은 모릅니다."

그리고는 탄식하고 애석해하면서 그만두었다. 얼마 후 본처가 다시 묻자 여자가 말했다.

"제가 아무리 생각해봐도, 그 금은보화를 찾으려면 제가 가지 않으면 안 될 것 같습니다. 그러나 아녀자의 몸으로 어찌 멀리 나갈 수 있겠습니까? 변복도 해야 하고, 가고 오는 데만도 몇 달이 걸리는데, 이 젖먹이를 어떻게 오랫동안 내버려둘 수 있겠습니까?"

그러자 본처가 기뻐하며 말했다.

"그냥 갔다 오게. 자네 자식은 내가 친히 돌봐주겠네."

여자가 일부러 차마 발길이 안 떨어지는 듯 연연해하자 본처는 더욱 힘껏 권했다. 이에 여자는 택일하여 비녀를 풀고 변발을 한 뒤, 가죽신을 신고 바지를 입은 다음 허리에는 활과 칼을 찼다. 그리고는 건장한 사내 둘을 데리고 말에 올라 남쪽으로 떠났다.

장강(章江)을 건너 집에서 수 십리 떨어진 곳에 이르러 그곳 객사에 묵었다. 여자는 두 사내에게 독한 술을 먹여 취하게 만들고는, 밤에 몰래 일어나 둘 다 베어 죽였다. 그 길로 급히 말을 달려 마을까지 도착한 뒤 채찍으로 마을 문을 치며 고함쳤다. 남편은 창문 틈으로 내다보다가 웬 젊은 장군이 있는 걸 보고 감히 나오지 못했다. 마을 노인 몇 명이 앞으로 나와 무슨 일이냐고 묻자 여자가 말했다.

"따로 처리할 일이 있소. 당신들과는 상관없소."

문이 열리자 여자는 중당(中堂)에 말을 쉬게 하고는 자리에 걸터앉아 전 남편을 찾으며 사납게 소리쳤다. 마을에서는 무슨 문제라도 생겼나 싶었지만 일에 연루될까 겁이 나 너도나도 전 남편더러 어서 나가보라고 재촉했다. 전 남편은 구부정하게 앞으로 나와 인사하더니 땅에 엎드려 감히 일어나지도 못했다. 여자가 말했다.

"날 알 것 같지 않소?"

전 남편이 대답했다.

"만 번 죽는다 해도 저는 장군님을 모릅니다."

여자가 말했다.

"한번 살펴보시오."

전 남편은 감히 마다할 수가 없이 곁눈으로 흘끗 보고는 어쩔 줄을 몰라 했다. 그러자 여자가 한탄하며 말했다.

"정말 못 알아보군!"

여자는 탁자를 밀치고 앞으로 나가 전 남편을 안아 일으키고는 대성통곡하면서 "저는 다른 사람이 아니라 바로 당신이 빼앗겼던 부인 양씨입니다"라고 말했다. 여자가 변복을 하고 교묘한 계략을 세워 탈출하게 된 경위를 자세히 들려주자 주위가 일시에 술렁거렸다. 마을 친지들은 번갈아 찾아와서 집을 가득 메우며 이씨 댁 아들이 부인을 되찾게 된 것을 축하해주었다.

그 일이 현령의 귀에까지 들어가니, 현령은 공문을 내려 이를 칭찬해주었다. 어진 명사들도 모두 여자의 의리와 지략을 높이 샀으며, 너도나도 시가를 지어 여자의 의리를 찬미하며 "기이한 여자로다! 기이한 여자!"라고 말했다. 이것은 갑오년(1654)의 일이다.

논하여 말한다.

『주역』에 보면 "부인의 의로움은 한 남편을 모시고 살다가 생을 마치는 것이다"[2]라는 말이 있다. 역참의 부인은 누가 자신의 팔목을 잡았다는 사소한 이유로 칼로 직접 제 팔을 잘랐는데,[3] 이 여자는 정조를 빼앗기고도 기꺼이 그 고통을 참으며 종놈[4]의 자식까지 낳았단 말인가? 여자의 행실이 이와 같다면 절개라 말할 수 없다. 하지만 사람의 감정이란 게 가까이 있으면 친근해지지만 멀리 있으면 더욱 소원해져 결국에는 버리게 마련이다. 머리꾸미개나 쓰는 나약한 여자가 타지에 외로이 떨어진 채, 한번 내린 비가 구름으로 돌아갈 수 없듯, 서로 만날 수 없는 곳에 수천 리나 멀리 떨어져 있어서[5] 다시 합쳐질 수 없는 상황인데도, 교묘한 속임수를 생각해내 빠져 나왔다. 또 마구간의 말처럼 두 귀를 쫑긋쫑

---

2 부인의 …… 것이다 : 이 구절은 『주역』 「항괘(恒卦)」의 「상사(象辭)」에 나와 있다.

3 역참의 부인은 …… 잘랐는데 : 이 이야기는 『신오대사(新五代史)』 「잡전서(雜傳序)」에 나온다. "내 일찍이 오대 때 지어진 소설을 읽어보니 왕응의 처 이씨 이야기가 나왔다. …… 왕은은 청주와 제주 사이에 살았는데, 괵주사호참군으로 있다가 병으로 죽었다. 왕응은 집도 가난했고 하나 뿐인 아들은 아직 어렸다. 이씨는 아들을 데리고 왕응의 유해를 짊어진 채 동쪽으로 돌아왔다. 개봉을 지날 때, 여관에 묵었는데, 여관 주인은 여자가 아들 하나만 데리고 있는 것을 수상쩍게 생각해 투숙을 허락하지 않았고 이씨는 날도 저물었고 해서 떠나려하지 않았다. 이에 주인이 이씨의 팔을 잡고 내보냈더니, 이씨가 하늘을 우러러 길게 통곡하면서 '아녀자로서 수절하지 못하고 남에게 손을 잡혔단 말인가? 이 손 때문에 내 몸까지 다 더럽힐 수는 없다.' 그러면서 도끼를 가져다 팔을 잘랐다[予嘗得五代時小說一篇載王凝妻李氏之事 …… 凝家青齊之間, 爲虢州司戶參軍, 以疾卒于官. 凝家素貧, 一子尙幼, 李氏携其子負遺骸以歸東. 過開封, 止旅舍. 旅舍主人見其婦人獨携一子而疑之, 不許其宿. 李氏顧天已暮, 不肯去, 主人牽其臂而出之, 李氏仰天長慟曰, '我爲婦人, 不能守節而此手爲人執邪? 不可以一手并汚吾身!' 卽引斧自斷其臂]."

4 종놈 : 원문은 '시양(厮養)'으로, 원래는 천한 일을 하는 하인을 말하나, 여기서는 하급무관을 낮추어 이르는 말로 사용되었다.

5 한번 내린 …… 있어서 : 원문은 '우절성분(雨絶星分)'이다. 이는 비가 하늘에서 떨어지면 다시 하늘로 올라갈 수 없이 돌이킬 수 없는 상황이 되어버린 것과 하늘의 별자리가 땅의 구역을 나누듯 확연히 나뉘어져 있는 상황을 묘사하는 말이다.

긋 순종하는 척하면서, 사실은 새장 밖에서 마음껏 날고 어리석은 본처를 구슬 주무르듯 하였으며, 썩은 나무 자르듯 흉한 놈의 자식을 잘라내었으니, 그 깊은 지혜와 침착한 용기는 대장부라도 해내지 못했을 것이다! 대류(臺柳 : 柳氏)가 우후(虞候)의 손을 빌린 것이나[6] 악창공주(樂昌公主)가 거울 반쪽에게 가련함을 구걸한 일[7] 등 그 볼품없는 기색이 이 이야기에 비하여 과연 어떠한가? 여자의 행동이 이와 같다면 기이하지 않다고 말할 수 없다. 지난 날 우군(盱郡 : 지금의 江蘇省 南城縣 동쪽)의 변란 때 마을의 한 뱃사공이 군졸에게 잡혀 배 한 척을 몰았는데, 배 안에 노략질해온 여자 십 수 명이 타고 있었다. 여자들은 머리에 기름을 칠하고 고운 옷을 입고 시시덕대며 담소를 나누고 있었으며 초췌한 기미를 띤 사람이 하나도 없었다. 뱃사공은 이를 보고 물러나 탄식했다. 또 아무 마을에 사는 한 젊은 부인이 한 하급무관에게 잡혀가자 남편이 갖은 방법을 다 동원해 거금을 내고 부인을 되찾아오려고 했다. 그랬더니 그 부인이 남편을 보고 눈을 부릅뜨면서 "이 사람은 제 남편이 아닙니다!"라고 말했다. 그 남편은 깜짝 놀라 도망쳐 가까스로 죽음을 면했다. 정이 떠나면 뱃속까

6 대류(臺柳)가 …… 것이나 : 대류는 바로 장대류(章臺柳)로, 한익(韓翊)이 유씨(柳氏)에게 보낸 편지에서 유씨를 지칭하던 말이고, 우후(虞候)는 당나라 절도사 휘하의 무관으로, 여기서는 유씨와 한익을 다시 맺어준 허준(許俊)을 가리킨다. 『태평광기(太平廣記)』 권485 「유씨전(柳氏傳)」에 따르면, 유씨는 원래 한익의 친구 이생(李生)의 애첩이었으나, 이생의 양보로 한익과 인연을 맺었다. 후에 유씨는 한익에게 고향으로 돌아가 과시를 볼 것을 권유한 뒤 자신은 혼자서 절개를 지키며 살다가 번족(蕃族 : 回紇族) 장수 사타리의 눈에 띄어 강제로 그의 집으로 들어가 살면서 한익과 이별했다. 후에 우연히 길에서 만난 두 사람은 서로의 인연이 짧음을 한탄하고 헤어졌다. 한익이 치청(淄靑)의 여러 절도사들과 한 술집에서 술을 마시다가 우연히 우후 허준을 만나는데, 자신의 사연을 들은 허준이 사타리의 집을 찾아가 유씨를 구해내 두 사람은 다시 만났다.

7 악창공주(樂昌公主)가 …… 구걸한 일 : 당나라 맹계(孟棨)의 『본사시(本事詩)』 「정감(情感)」에 보면, 남조(南朝) 진(陳)나라의 서덕언(徐德言)은 진후주(陳後主)의 여동생 악창공주(樂昌公主)를 아내로 맞아들였다. 진나라가 망하자 서덕언은 악창공주와 함께 할 수 없음을 알고 거울 한 개를 반으로 나눠 부부가 각자 하나씩 가지며 이것을 징표로 삼아 훗날 다시 만날 것을 약속했다.

지 바뀌게 마련이라더니, 심한 경우는 이렇기도 하구나! 게다가 새 사람이 생겼다고 이전 남편을 버리면서, 전남편을 원수 취급 하고 한번 돌아보려고도 하지 않는 여자가 세상에 어찌 적겠는가? 유선생(柳先生 : 柳宗元)이 지은 하간부인(河間婦人)[8] 같은 여자가 옛날부터 있었단 말인가?

어떤 사람이 말했다.

"여자가 지아비를 잊지 못하는 것은 옳은 일이오. 하지만 어떻게 차마 자식을 버릴 수 있단 말이오?"

동해생(東海生 : 徐芳)이 말한다.

바로 이것이 기이한 까닭이다. 이 아이가 아니었더라면 본처를 믿게 할 수도 없었을 것이고, 그러면 전남편도 만나지 못했을 것이다. 종놈의 자식이 무슨 자식이란 말인가? 세상 사람이 이 여자처럼 되지 못하는 것은 다 자식을 버리지 못하기 때문이다. 여자가 금은보화로 본처를 유혹한 것은 생각이 기이한 것이고, 여자로서 갑옷을 입은 것은 담력이 기이한 것이며, 밤에 술에 취한 두 건아를 베어 죽인 것은 솜씨가 기이한 것이다. 집에 도착해서도 성급히 남편을 아는 척하지 않고 자리를 잡고 앉아서 전 남편을 놀래킨 뒤에 통곡했으니, 시종일관 일 처리하는 방식에 기이하지 않은 것이 없다. 그러나 자식을 버린 것이 가장 기이하다. 버릴 수 있었기에 얻을 수 있었던 것 아니겠는가!

장산래가 말한다.

졸암(拙菴 : 徐芳)의 논변에 모든 게 다 갖추어져 있구나. 하급무관이 종군한 뒤에야 비로소 그 계책을 드러냈다는 것이 특히나 절묘하다. 만약 그렇게 하지 않았더라면 하급무관이 틀림없이 여자를 데리고 갔을 것이다.

8 하간부인(河間婦人) : 음탕한 여인을 가리키는 말이다. 당나라 유종원(柳宗元)의 「하간전(河間傳)」에 보면, "하간은 음탕한 여인으로, 그 이름을 밝히고 싶지 않아 마을 이름을 따서 부른다[河間, 淫婦人也, 不欲言其姓, 故以邑稱]"고 하였다.

奇女子者, 豐城楊氏女, 歸李子爲婦. 譚兵圍南昌, 遊騎四出, 掠丁男實軍. 婦爲小校王某所得, 校山東人, 故有妻. 婦曲意事之, 甚見暱, 已生一子矣.

亡何, 校家漸落, 從軍去. 婦詭語妻曰 : “生事蕭條, 恨不身生羽翼.” 妻曰 : “何也?” 婦曰 : “妾故夫本大家, 先世遺貲良厚. 當播越時, 曾以金珠數斛, 瘄瘞密室. 今夫死妾擄, 棟宇皆燼, 此中重寶, 瓦石同沒. 使得徙而之此, 妾與夫人, 何患不富乎?” 妻艶之曰 : “果爾, 盍遣人發之?” 婦曰 : “此妾手營, 無人識也.” 嗟惜而罷. 他日妻又問, 婦曰 : “妾固籌之, 欲得此金, 非妾行不可. 妾婦人, 安能遠出? 必易服, 往還且數月, 而此呱呱, 何堪久擲?” 妻大喜曰 : “第行耳. 若子吾自撫之.” 婦故綣戀不肯, 妻慂愈力. 乃擇日釋笄薙辮, 韡袴腰弓刀. 從兩健兒, 躍馬而南.

渡章江, 去家數十里, 止逆旅. 以醇酒飮兩健兒, 皆醉, 夜潛起騈馘之. 馳騎至里, 以馬策撾家門大叫. 夫從牖罅瞷覗, 見是少年將軍, 不敢出. 里老數輩, 稍前謁問, 婦曰 : “別有勾當. 不關公等.” 門啓, 婦歇馬中堂, 踞坐索故夫, 呼叱甚厲. 里中疑有他故, 恐相累, 共促夫出. 夫傴僂前謁, 伏地不敢起. 婦曰 : “頗識吾否?” 夫對曰 : “萬死不能識將軍.” 婦曰 : “試認之.” 夫謝不敢, 側目微睇, 惘然失措. 婦嘆曰 : “眞不識矣!” 於是推几前抱夫起, 痛哭曰 : “妾非他, 妾, 君被掠楊氏婦也.” 具述其易裝巧脫狀, 一時喧動. 里中親識更闐門, 賀李氏子再得婦.

事聞邑令, 爲給牒獎許. 紳士之賢者, 多婦義略, 相率爲詩歌美之, 皆曰“奇女子! 奇女子!”云. 此甲午年事.

論曰 : 『易』有之, “婦人之義, 從一而終.” 郵亭之婦, 以引腕小嫌, 擧刀自斷其臂, 其肯隱忍驅掠, 爲廝養生子乎? 女行如此, 節不足稱矣. 然人之情, 於近則暱之, 所遠則益疎而擲之. 婦巾幗婉弱, 異地飄墮, 以數千里雨絶星分, 勢無回合, 乃能譎謀幻出. 弭耳豢檻之中, 颺翮絛籠之外, 弄愚婦如轉丸, 剪凶雛若折朽, 其深智沉勇, 有壯男子不辦者矣! 彼臺柳之假手虞候, 樂昌之乞憐半鏡, 奄奄氣色, 視此孰多乎? 女子如此,不謂之奇不可也. 往吁郡之變, 里中有長年, 爲卒縶駕一舟, 舟所載掠得婦十數人. 膏首袨服, 笑語吃吃, 無有幾微慘悴見顔面者. 長年退而歎息. 而某村少婦歸一弁, 夫乃百計營入, 以重金求贖. 婦見夫, 瞠目曰 : "此非吾夫!" 夫駭走, 幾於不免. 盖情遷腹變, 其甚者又如此矣! 且天下之得新捐故, 讐其夫不肯一顧者, 豈少乎? 抑如柳先生所傳河間婦者, 自昔已如是耶?

或曰 : "女子不忘夫, 是矣. 而舍其子, 無乃忍乎?" 東海生曰 : 此所以奇也. 非是子無以信其妻, 而故夫不可見矣. 厮養之子, 奚子也? 世之不能爲女子者, 皆其不能舍者也. 女子之以金珠艶其妻, 想奇, 巾幗而介胄, 膽奇, 夜醉緘兩健兒, 手奇. 抵家不遽識夫, 踞而駭之, 而後哭之, 始終結撰, 亦無不奇. 然尤更奇於舍其子. 夫惟其能舍, 斯所以能取也歟!

張山來曰 : 拙菴之論備矣. 尤妙在小校從軍去後, 始露其謀. 設非然者, 則小校必偕之而行矣.

간곡히 절의를 이루어주고자 올린 상소[曲全節義疏]

아 · 필 · 완(阿 · 畢 · 阮)

순시 남성현(南城縣 : 지금의 江西省 東部) 감찰어사(監察御史) 아□□(阿□□) · 필□□(畢□□) · 완이순(阮爾詢) 등은 '간곡히 절의를 이루어주고자 한다'는 제문(題文)을 올려 풍속 교화에 힘쓰고자 합니다.

신 등은 왕께서 예의에 밝으신 것을 알고 있나니, 연루되어 죄인이 된 이범동(李範同)의 아들 이전기(李殿機)를 법에 의거해 처리해 주시기를 청합니다. 그 모친 장씨(張氏)는 상방교위(象房校尉) 왕복(王伏)에게 시집갔습니다. 이때 이전기는 겨우 세 살로, 모친을 따라가 그 집에서 자랐기에 계부 왕씨의 성을 따랐습니다. 후에 교위가 되자 몰래 원적(原籍)을 되찾았고, 난의위(鑾儀衛)[1]으로 있다가 면직 당했습니다. 스물세 살 때 몸을 팔아 양홍기(鑲紅旗)[2] 좌령(佐領)[3] 불이해(佛爾海)의 수하인 액이고(厄爾庫) 집에

1 난의위(鑾儀衛) : 관서명. 청나라는 명나라의 금의위를 난의위로 바꾸고 의장대의 일과 수레 일을 맡아 관리하게 했다.

2 양홍기(鑲紅旗) : 청나라 만주족의 호구는 군적(軍籍)을 중심으로 편제되어, 정황(正

들어갔습니다.

어릴 때 아내로 데려온 왕씨(王氏)의 진술은 아래와 같습니다.

"서른네 살 때 숙부와 오빠가 혼인을 강요했지만, 굳게 결심하고 그 말을 따르지 않았습니다. 지아비가 살아있다는 소식을 듣고 차마 죽을 수 없어, 일부종사하는 아녀자의 도리를 지키고 싶은 마음에 천 리도 넘는 길을 기어서 찾아와 함께 살기를 바랐습니다."

이 여자는 진실로 대장부의 품행을 가지고 있습니다.

액이고의 진술은 아래와 같습니다.

"저는 일개 가난한 파아랍(巴牙拉)[4]이지만, 부릴 사람이 없어 돈을 주고 이전기를 사들였습니다. 그런데 혼자라 부리기가 편치 않은 것 같아 다시 하녀 소씨(蕭氏)를 사들여 두 사람을 짝 지워 주었습니다. 저는 왕씨의 절개를 높이 사 이전기의 몸값을 받지 않고 기꺼이 내보냈습니다. 그러나 차마 이전기와 이미 혼인한 처 소씨를 차마 갈라놓을 수 없어, 소씨도 함께 돌아갈 것을 허락했습니다. 전후로 혼인한 그의 두 부인들은 모

黃)·정백(正白)·정홍(正紅)·정남(正藍)·양황(鑲黃)·양백(鑲白)·양홍(鑲紅)·양남(鑲藍) 8기(旗)로 나누었다. 정백·정황·양황은 상삼기(上三旗: 內府三旗)로, 친위군이 소속되어 있으며, 나머지 5기는 하오기(下五旗)로 수도 방위를 책임졌다. 팔기의 관원들은 평상시에는 민정을 관할하고, 전시에는 장영(將領)이 되었는데, 그 직책은 세습되었다.

3 좌령(佐領): 좌령은 청나라 팔기(八旗) 조직의 기본 단위 명칭. 만주어 '우록(牛錄)'에 해당하는 말로, 호구(戶口)·택지·병적(兵籍)·소송 등의 일을 맡아보았다. 초기에는 300명을 관할했는데, 후에는 200명으로 바뀌었다. 그 수장을 좌령이라고 했는데, 주로 세습되었기 때문에 '세관좌령(世管佐領)'이라 불렀고, 중간에 선임되는 사람을 '공중좌령(公中佐領)'이라 불렀다.

4 파아랍(巴牙拉): 금군(禁軍). 『청문헌통고(淸文獻通考)』「병(兵)」 2에 다음과 같이 기재되어 있다. "천총연간(天聰年間: 1627~1635)에 파아라(巴牙喇) 진영을 처음 설치했는데, 이것이 바로 금군의 시작이다. 순치연간(順治年間: 1644~1661) 초에 자세하게 그 체재를 정비했는데, 처음에는 상삼기(上三旗)의 호군참령(護軍參領)·호군교(護軍校)·호군(護軍) 등이 금문을 지켰으며, 하오기(下五旗)가 각각 왕공의 집을 지켰다[天聰年間, 設巴牙喇營, 爲護軍營之始. 順治初, 詳定營制, 初以上三旗護軍參領·護軍校·護軍等守衛禁門, 下五旗各守王公府門]." 여기 보이는 파아라가 곧 파아랍이다.

두 처분을 기다리고 있습니다."

재물을 가볍게 여기고 의리를 중시 여기는 이 파아라는 진실로 의리 있는 선비의 풍모를 가지고 있습니다.

[왕씨와 함께 온] 범일괴(范一魁)는 비록 나이가 예순 둘이라 말하고 있으나, 서로 성(姓)이 다른 여자 한 명을 데리고 먼 길을 다녔기에, 도리에 어긋나는 짓을 한다는 혐의를 샀습니다. 그래서 여자 검시관[5]을 불러와 번갈아 검사하게 한 결과 이미 [그가 결백하다는] 진실이 드러났습니다. 또 왕씨의 진술에 따르면, 범일괴는 왕씨가 굳은 의지로 남편을 찾아나선 것을 불쌍히 여겨, 일의 시비나 성사 여부도 따지지 않고 왕씨가 절개를 지킬 수 있도록 보호해주었다고 합니다. 이 사람 또한 세상인심에 비추어 보기 드문 자인 것 같습니다.

이상은 모두 황상께서 덕이 지극하시고 인자함이 깊으신 덕에, 그 인자함에 젖고 교화에 물들어 인심이며 풍속이 요순(堯舜)에 직접 닿아있는 증거라 하겠습니다. 그런 까닭에 여자는 절개를 가슴에 품고 남자는 의리를 숭상해서 함께 이렇듯 기이한 인연을 만들어낸 것입니다. 이를 천하에 알리고 천년 만년토록 전하면 정절의 풍속이 평상시보다 훨씬 더 드러날 것입니다. 신 등이 조사해 보니, 관리와 팔기인(八旗人)에게는 본래 정해진 법도가 있었습니다. 저희들이 어찌 감히 법도에서 벗어난 망령된 주청을 올리겠습니까? 다만 왕씨가 절개를 지키며 죽음을 무릅쓰면서까지 남편을 찾아 왔는데, 만약 그들이 맺어지는 것을 허락하지 않는다면 왕씨는 의지할 곳조차 없을 터라, 사정이 너무 딱할 듯합니다. 액이고는 진술에서 차라리 이전기만을 내보내 부부가 함께 살 수 있게 해주었다고 하였으나, 이는 현행 법도가 아닙니다. 신 등은 재삼 주저하다가 풍속 교화에 관련된 일이라 아뢰게 되었습니다. 요순임금 같은 우리 황상의 뜻을 우러러 살펴 보건대, 지어미 하나 지아비 하나라도 뜻을 이

5 여자 검시관: 원문은 '온파(穩婆)'로, 여자 시체를 검시하는 여자 검시관을 말한다.

루지 못하는 것을 차마 견디지 못해 하실 터라, 이렇게 일의 본말을 자세히 적고 줄줄이 서명해서 상소로 올립니다. 각별한 마음으로 모두 황상의 결단을 기다리고 있으니, 신 등이 감히 왈가왈부 할 수 있는 바가 아닙니다. 엎드려 바라옵건대 이부(吏部)에 칙령을 내려 논의한 후 시행토록 하시옵소서.

장산래가 말한다.

이 일은 이미 이부의 답변을 얻어 그들의 청대로 처리되었다. 왕씨가 수절하면서 지아비를 찾은 것도 진실로 보기 드문 일이지만, 파아랍 액군(厄君 : 厄爾庫)이 이전기에게 몸값도 요구하지 않고 처 소씨와 함께 돌아가게 해준 것은 더욱 더 의로운 행동에 속한다. 그래서 나는 그 일을 밖으로 크게 드러내는 바이다.

살펴보니, 당시(唐詩) 중에 규수 세 사람이 지은 「연구(聯句)」가 있는데, 앞에 이름을 나열하는 곳에 세 사람의 이름을 합쳐 '광위부(光威裒)'라 칭했다. 지금 이 상소도 세 명이 연이어 서명했기에 전대의 예를 본떠 '아필완'이라 하였다.

巡視南城監察御史阿□□・畢□□・阮爾詢等, 題爲'曲全節義', 以敦風化事.

該臣等看得王知禮, 卽正法牽連叛犯李範同之子李殿機也. 其母張氏, 給配象房校尉王伏. 殿機年甫三歲, 隨母撫養, 因入後父王姓. 後充校尉, 以私回原籍, 曾經鑾儀衛革退. 於廿三年, 將身賣與鑲紅旗佛爾海佐領下厄爾庫家.

據幼聘王氏供稱. "年三十四歲, 伊叔伊兄逼嫁, 決志不從. 探得伊夫尙存, 不忍卽死, 守婦人從一之義, 匍匐千餘里外, 以圖完聚." 是女子眞有丈夫行也.

據厄爾庫之供. "我雖一窮巴牙拉, 無人供役, 價買李殿機. 因隻身不便使喚, 復買婢蕭氏, 配爲夫婦. 今重王氏節義, 不取伊僕身價, 情願斷出. 不忍拆李殿機已配之婦, 並許與蕭氏同歸. 前後二婚, 悉候發落." 輕財好義, 此巴牙拉眞有義士風也.

據范一魁雖供年六十二歲, 但以異姓人, 攜一女子遠行, 迹涉嫌疑, 事干非分. 因喚穩婆更番驗過, 已得眞實. 據女子之供, 是范一魁憐王氏立志尋夫, 不顧是非成敗, 護持完節. 似亦人情所難得者.

此皆我皇上至德深仁, 仁濡化洽, 人心風俗, 直接唐虞. 是以女子懷貞, 匹夫向義, 共成一段奇緣. 播之海內, 傳之千萬世, 見貞節之風, 超出於尋常事外者. 臣等查在官人與旗人原有定例. 何敢於例外妄奏? 但王氏貞心守節, 冒死尋夫, 若竟不準其完聚, 王氏無從着落, 情似可憫. 雖據厄爾庫之供, 情願斷出聽其完聚, 然又非現行之例. 臣等再四躊躇, 因事關風化. 仰體我皇上堯舜不忍一夫一婦不得其所至意, 故備述其情事本末, 合詞上聞. 格外之仁, 均候聖斷, 非臣等所敢置喙也. 伏乞勅部議覆施行.

張山來曰 : 此事已經部覆, 如其所請矣. 王氏守志尋夫, 固爲難得, 而巴牙拉厄君聽其與蕭氏同歸, 不索身價, 尤屬義擧. 予故亟表而出之.

按唐詩中, 有閨秀三人「聯句」, 前列名處, 合稱'光威裒'. 今此疏三君聯名, 因倣其例稱'阿畢阮'云.

우초신지 권8

강석운전(江石芸傳)

선재(璿在) **오양추**(吳良樞)

강석운은 오산(吳山 : 浙江省 杭州 西湖 동남쪽) 도화애(桃花厓) 여자다. 어려서 경서(經書)와 사서(史書)를 익혔고 역수(曆數)의 이치[1]를 모두 터득했다. 자라서는 병법을 좋아하여 검을 주조해 요물을 물리쳤으며, 만 리 밖에 있는 사람까지 잡아왔다. 어느 날 소고산(小孤山)을 지나다가 백의도사(白衣道士)를 만났는데, 그에게서 책을 전수 받아 내용을 모두 익혔다. 사람들은 그 책을 읽어도 뜻을 이해하지 못했다. 그러나 아무도 알아주는 사람이 없어 결국 오산에 숨어살았다. 여자는 그곳에 복사꽃나무를 심었는데, 뿌리가 없어도 사시사철 꽃이 핀다고 해서 그 땅을 '도화애'라고 불렀다.

---

1 역수(曆數)의 이치 : 원문은 '원회운세지수(元會運世之數)'로, 송나라 학자 소옹(邵雍 : 1011~1077)이 주장한 학설이다. 원회운세의 법칙은 "오행의 운동을 완결하는 1년은 12개월의 변화를 겪게 되고, 한 달은 30일의 변화로 이루어지며, 주야를 교역하는 하루는 12마디의 시간 변화로 성립되고, 시간의 변화는 30수의 변화로 이루어진다"고 해석된다. 년(年)은 곧 원(元)이고 월(月)은 곧 회(會)이며, 일(日)은 곧 운(運)이고 시(時)는 곧 세(世)를 상징하는 네 단계 변화이다

도화애의 달빛은 정오에도 밝았다. 어떤 사람이 말했다.

"그 여자는 용궁 여자다. 보주(寶珠)가 있어 그 빛이 햇빛을 빼앗아 달빛에 보내는 것이다."

그래서 도적들이 작당하여 여자를 잡아왔지만 보주는 보이지 않았다. 강석운이 말했다.

"보주가 있다한들 너희들이 어찌 얻을 수 있겠느냐? 너희들의 보주를 버리고 나의 보주를 빼앗으려 하다니. 너희들이 자신의 보주를 잃고서 어떻게 나의 보주를 얻을 수 있겠느냐? 자신의 보주를 아끼면서 잃지 말도록 해라."

도화애에는 황부인(黃夫人)이 살고 있었는데, 강석운과 절친했다. 황부인의 집에는 '백공(白公)'이라고 불리는 호랑이가 있었다. 황부인은 출입할 때마다 항상 백공을 타고 다니면서 산도 넘고 물도 건넜다. 강석운의 집에는 흰 소 한 마리가 복사꽃 아래에 누워 있었다. 소는 고삐도 매지 않고 항상 자유롭게 출입했다. 사람들은 그 소가 황부인의 호랑이인줄 알고 감히 다가가지 못했다. 한참 후에는 강석운과 황부인도 어느 것이 백호이고 어느 것이 흰 소인지 알지 못했다. 도화애 아래 띳집을 짓고서 하루 종일 『주역(周易)』을 읽었으나 아무도 알지 못했다. 일찍이 『오진주(悟眞註)』라는 책을 지었는데, 그 책에 서문을 쓴 사람도 "어디 사람인지 알지 못한다"라고 적었다.

나는 일찍이 강석운을 만나 그가 지은 책을 본 적이 있다. 그는 여자인가? 여자가 아닌가? 하늘이여! 그 스스로도 모를진대 그가 어떤 사람인지 모르는 것은 당연하다!

장산래가 말한다.

하늘을 메우고 네 기둥을 세운 것[2]은 여와씨(女媧氏)의 공이다. 그 빛이

---

2 하늘을 …… 세운 것: 원문은 '보천입극(補天立極)'이다. 『회남자(淮南子)』 「남명훈(覽冥訓)」에 나오는 말로, 중국 고대 신화에 나오는 여와(女媧)가 돌을 녹여 하늘을

햇빛을 빼앗아 달빛에 보냈다면 단약이 완성된 것이다. 여기 쓰인 문장[3]이나 구상한 말은 모두 인간 세상에 있지 않은 것들이니, 세상 사람들이 모르는 것도 당연하다.

또 말한다.

홍거무(洪去蕪)[4]가 나에게 오양추의 『강의당고(强意堂稿)』를 주었는데, 훌륭한 문장이 너무 많아서 이루다 수록할 수 없었다. 그래서 「강석운전」 하나만을 실었으나, 나머지는 그 빛으로 인해 응당 『천유집(闡幽集)』[5]에 수록되어 큰 볼거리를 이룰 것이다.

江石芸, 吳山桃花厓女子也. 幼習經史, 窮元會運世之數. 及長, 好兵法, 鑄劍誅妖, 攝人萬里外. 一日過小孤山, 遇白衣道士, 授以書, 盡通其義. 人讀之, 莫能曉也. 以時無知者, 遂隱於吳山. 種桃花, 無根, 花四時常開, 名其地曰'桃花厓'.

厓下月, 當日午而明. 或曰 : "此龍宮女子也. 有寶珠, 其光奪日入月." 因聚羣盜劫之, 其珠不可見. 石芸曰 : "珠固在, 若烏能得也? 舍若珠, 劫我珠. 若將失其珠, 烏能得我珠? 唯自寶其珠以無失其珠可耳."

厓之中有黃夫人者, 與之善. 黃夫人家有虎, 名'白公'. 出入常騎之,

메우고 자라의 다리를 잘라 네 기둥을 세운 일을 말한다.

3 쓰인 문장 : 원문은 '구연염묵(驅烟染墨)'이다. 구염(驅染)은 필묵을 놀리는 것을 말하고 연묵(烟墨)은 송연(松煙)이나 동연(桐煙)으로 만든 묵을 말한다. 남조(南朝) 양(梁)나라 간문제(簡文帝)의 「상동왕에게 주는 편지[與湘東王書]」에 "연묵은 말이 없으니 손놀림만을 받을 뿐이요, 종이는 정이 없으니 만지는 대로 있을 뿐이다[煙墨不言, 受其驅染, 紙箭無情, 任其搖襞]"라는 말이 보인다.

4 홍거무(洪去蕪) : 홍가식(洪嘉植)으로 청나라 문학가이다. 안휘성(安徽省) 흡현(歙縣) 사람이다. 강희연간(康熙年間 : 1662~1723) 초에 도성에서 노닐며 대재(戴梓)와 교유했다. 저서로는 『대음당집(大蔭堂集)』이 있는데, 건륭연간(乾隆年間 : 1736~1795)에 금서(禁書)가 되어 불에 태워졌다. 지금 그 초본(鈔本)이 전해진다.

5 『천유집(闡幽集)』 : 청나라 육조(陸照)의 문집이다. 육조는 자가 휘우(輝宇)이며 태창(太倉) 사람으로 『서경평주(書經評注)』·『반구설(反求說)』·『옥조유고(玉照遺稿)』 등의 저작을 남겼다.

能陟山渡水. 石芸家有白牛一頭, 臥桃花下. 鼻無繩, 常出入自如. 人以爲黃夫人虎, 不敢近. 久之, 石芸與夫人亦不知也. 於時構茅屋厓下, 讀『易』終日, 不爲人所知. 所著有『悟眞註』, 有爲之序者, 曰 : "不知何許人也."

予嘗見石芸, 觀其所著書. 其女子邪? 其非女子邪? 天乎! 其不知我也, 宜其不知何許人也!

張山來曰 : 補天立極, 應歸女媧氏. 其光奪日入月, 則丹成矣. 驅烟染墨, 設想着語, 皆不在人間, 宜世人之不知也.

又曰 : 洪子去燕, 授我『强意堂稿』, 美不勝收. 僅登其一, 餘者自當借光梓入『闡幽集』中, 以成大觀也.

경운자전(耕雲子傳)

거무(去蕪) **홍가식**(洪嘉植)

경운자는 진(秦 : 陝西省 일대) 땅 사람으로 초강(楚江)[1] 서쪽에서 은거했다. 그가 광려산(匡廬山 : 廬山)에 오르는 것을 누군가 보았더니, 겨울이나 여름이나 한결같이 대나무 지팡이를 짚고 갈류의(葛藟衣)[2]를 입었으며 관도 쓰지 않은 채였다. 달이 뜨면 손바닥을 치면서 크게 부르짖었는데, 사슴들도 피하지 않고 그를 따라 다녔기에 사람들은 모두 신선이라고 여겼다. 그는 칠 척 키에 긴 수염을 아래로 늘어뜨리고 있었으며 두 눈동자는 번갯불처럼 번쩍였다. 사람들이 그에게 성명을 물으면 대답하지 않았다. 그는 술을 좋아해서 누군가가 대접이라도 하면 크게 웃으면서 진탕 마셨다. 떠나갈 때 사례하는 법도 없었지만 사람들은 그에게 술대접

1 초강(楚江) : 지금 호북(湖北) 및 그 동쪽의 장강(長江) 하류 지역이다.

2 갈류의(葛藟衣) : 갈류는 식물 이름으로 천세류(千歲藟)라고도 부른다. 등나무과 식물로 잎이 누렇고 타원형이며 여름에 꽃이 핀다. 그 열매는 검정색으로 약으로 쓰인다. 갈류의는 갈류의 줄기로 만든 옷을 말한다.

하는 것을 언제나 게을리 하지 않았다. 병에 걸린 사람이 그 앞을 지나가면 멈춰 세우고 병세를 물은 뒤 약초로 치료해 주었는데, 그러면 병이 금방 낫곤 했다. 환자가 돈으로 사례하려 하면 거절하면서 "내 의원도 아닌데, 이런 걸 어디에 쓰겠나?"라고 말했다. 그의 행동 중에 이러한 것이 많았다. 그러나 사람들의 눈에 띌 만한 것을 많이 보여주지 않았기에 사람들은 그를 알아보지 못했다. 한번은 그가 시장에 나타나자 사람들은 소란을 떨면서 이인(異人)이라 여겼다. 하지만 사람들이 앞으로 다가가면 인사도 하지 않고, 각자 잠자코 서로 바라보고 있으면 또 두 손을 긁적이며 오로봉(五老峰)[3]에 피어나는 구름을 두리번거렸다. 그러다 얼마 후에 떠나갔다.

어떤 사람이 물었다.

"경운자, 당신은 진 땅 사람이 아니오?"

경운자가 말했다.

"진 땅에는 사람이 없소."

어떤 사람이 말했다.

"경운자는 도(道)를 지니고 숨어사는 사람이다. 사람들은 그가 어디에서 왔는지 알지 못하니, 혹 은군자가 아니겠는가?"

홍자(洪子 : 洪嘉植)가 말한다.

옛날에는 신선도 없고 이인도 없었다. 천하에 도가 있는데 몸을 산수(山水)[4]에 기탁하려 하겠는가? 무엇하러 황급하게 천하의 선비를 만나려 날마다 다니겠는가? 생각건대, 그는 하늘을 거스를 수 없어 결국 깨끗하게 세상을 피해 은거하였던 것이리라! 봉황이 가시나무에 깃듦에 메추라

---

3 오로봉(五老峰) : 강서성(江西省) 여산 동남부에 있는 유명한 산봉우리이다. 다섯 개의 봉우리가 마치 다섯 명의 노인이 어깨를 나란히 하고 있는 것처럼 솟아있기 때문에 오로봉이라 칭해졌다. 봉우리 아래의 구첩병(九疊屛)은 이백(李白)이 독서하던 곳이고 동남쪽의 백록동서원白鹿洞書院)은 주희(朱熹)가 학문을 강의하던 곳이다.

4 산수(山水) : 원문은 '연하천석(煙霞泉石)'이다. 연하와 천석 모두 산림과 산수를 지칭한다.

기와 참새가 조롱하지만[5] 신룡(神龍)은 깊은 못에 잠겨 있어도 결국에는 구주(九州)에 비를 내릴 수 있다.

장산래가 말한다.

옛날에 신선이 없었다는 말은 정말로 신선이 없었다는 뜻이 아니다. 밭 갈고 우물 파서 음식을 배불리 먹고 배를 두드리니,[6] 사람이 곧 신선이었던 것이다. 옛날에는 이인이 없었으니 어떻게 남과 달라질 수 있었겠는가? 요임금과 순임금도 사람과 똑같았을 뿐이다. 그렇다면 신선과 이인은 중고시대에 생겨난 것이 아닐까? 이 전기를 읽으면 세태의 변화를 알 수 있다.

耕雲子, 秦人也, 隱於楚江之西. 嘗有人見其登匡廬頂, 攜一竹杖, 衣葛藟衣, 不冠, 冬夏不易. 見月出, 則撫掌大叫歡, 麋鹿不辟, 從之行, 言之者皆謂神仙人也. 身長七尺, 長髯而修下, 雙瞳子烱烱如流電光. 人問其姓字, 不答. 性嗜酒, 有餉, 則大笑盡飮. 去亦不謝, 卒有人終餉之不懈. 人疾病過其前者, 則止之, 語其故, 治以藥草, 遂愈. 酬以錢, 不受, 曰 : "吾非醫者, 惡用此?" 其行事多如此類. 然其不能與人以可見者, 人遂不能知也. 嘗入市, 衆譁之, 謂其異人. 趨而前, 則不爲禮, 各相視無語, 則又兩手爬搔, 眼顧五老峰雲起. 移時去.

或曰 : "耕雲子, 非秦人也?" 耕雲子曰 : "秦無人也." 或曰 : "耕云子,

---

5 봉황이 …… 조롱하지만 : 당나라 양형(楊炯)의 「두원주묘지명(杜袁州墓志銘)」에 "난새와 봉황은 가시나무에 깃들지 않고, 제비와 까치는 오동나무에 모이지 않는다[鸞鳳不栖於枳棘, 燕雀不集於梧桐]"라는 묘사가 보인다.

6 음식을 …… 두드리니 : 원문은 '함포고복(含哺鼓腹)'으로 입에 음식을 물고 부른 배를 두드린다는 뜻이다. 이 말은 『장자(莊子)』 「마제(馬蹄)」의 "혁서씨 때 사람들은 살아가면서도 무엇을 하는지 몰랐고 다니면서도 어디로 가는지 몰랐으니, 음식을 먹고 희희낙락, 배를 두드리며 유유자적, 그렇게만 해도 살 수 있었던 것이다[夫赫胥氏之時, 民居不知所爲, 行不知所之, 含哺而熙, 鼓腹而遊, 民能以此矣]"에서 나왔다. 후에 함포고복은 사람이 편안하고 즐거운 생활을 한다는 의미로 쓰였다.

有道人也, 龍蛇其身者也. 人莫知其所自來, 其隱君子邪?"

洪子曰 : 古無神仙, 無異人. 天下有道, 將安其身於烟霞泉石之中乎? 夫何皇皇如也欲與天下之士日相見哉? 顧天有不可逆者, 而終皭然長往矣! 鳳集於棘, 鷃雀調之, 神龍潛乎深淵, 終能雨此九土也.

張山來曰 : 古無神仙, 非無神仙也. 耕田鑿井, 含哺鼓腹, 夫人而神仙也. 古無異人, 何以異於人哉? 堯 · 舜與人同耳. 然則神仙異人之有, 其於中古乎? 讀此可以知世變矣.

효자 오씨 이야기[吳孝子傳]

빙숙(冰叔) 위희(魏禧)

효자는 성이 오(吳), 이름이 소종(紹宗)이며 자가 이벽(二璧)이다. 건창부(建昌府 : 지금의 江西省 永修縣 서북쪽) 신성현(新城縣 : 지금의 江西省 黎川縣) 사람으로 집안 대대로 매계리(梅溪里)에서 살았다. 그는 총명하여 어려서부터 문장 짓기를 좋아했다. 만력(萬曆) 병오년(1606)에 독학(督學)[1] 낙일승(駱日升)[2]이 그를 제생(諸生)의 일등으로 뽑았는데, 그때 그의 나이 스물이었다. 그는 시험을 쳤다하면 높은 등수로 뽑혔다.

효자의 아버지 오도륭(吳道隆)은 병을 자주 앓았는데, 병이 오래되어 몸에 마비가 와서 일어나지 못했고 위아래로 피를 쏟았다. 십여 년 동안 약을 써 봤지만 아무런 효험도 없었다. 무오년(1618) 정월에 아버지의 병

1 독학(督學) : 학정(學政)의 다른 이름이다. 명청 시대 때 각 성(省)에 파견되어 교육 행정이나 시험 등을 주관했던 관리를 말한다.

2 낙일승(駱日升) : 명나라 경주(景州) 사람으로 자는 태진(台晉)이다. 만력연간(萬曆年間 : 1573~1619)에 진사가 되었고 사숭명(奢崇命)의 난 때 순직했다.

세가 심해지자 효자는 당황하여 어찌할 줄 몰라 했다. 그러다 효자는 목욕재계하고 향을 살라 천지신명께 고하였다. 또 팔을 찔러 나온 피로, 자신이 태화산(太華山)으로 가서 사신애(捨身崖)에 뛰어내려 아버지의 죽음을 대신하겠다는 내용의 혈서를 썼다.

태화산은 무주(撫州 : 지금의 江西省 臨川市 서쪽) 숭인현(崇仁縣)에 있는 명산으로, 신성현과는 삼백 리 정도 떨어져 있었다. 전하는 말에 따르면 이 산의 신령이 무척 영험해서 죄 지은 자가 이 산을 찾아갔다가는 화를 당하기 때문에 올라가지도 못하며, 심한 경우에는 신령한 관리가 때려죽이기도 하는데, 그러면 동행하던 사람들이 찰싹거리는 채찍질 소리를 들을 수 있다고 한다. 또 갑자기 미치광이 병에 걸려 평생 감춰두었던 악행을 스스로 말하는 자도 있다고 한다. 신전(神殿) 왼쪽에는 '사신애'라고 불리는 험한 절벽이 있다. 감정이 극에 달해 삶을 포기한 사람이 이곳에 몸을 던지면 머리에서 발끝까지 산산이 부서져 죽는다고 한다.

효자는 상소를 지어 하늘에 고하고서 다음날 새벽에 혼자 길을 떠났다. 초이튿날에 산 위에 올라가 도사 관손오(管遜吾)의 집에 묵었다. 같은 방에 묵은 사람으로는 남창현(南昌縣 : 지금의 江西省 南昌市 동쪽)에서 온 선생 둘과 같은 마을에서 온 제생 세 사람이 있었다. 열여드레 날에 효자는 신전에 올라 기도를 올리고 상소를 태웠다. 그런 다음 같이 묵고 있던 사람들과 저기봉(著棋峰)에 놀러갔다가 도중에 사신애를 지나게 되었다. 효자는 사람들을 앞질러 나가더니 절벽에 다다라 갑자기 아래로 몸을 던졌다. 같이 갔던 사람들은 기절초풍하여 어쩔 줄 몰라 했다. 이 놀라운 소문은 일시에 퍼져 천명이나 되는 구경꾼이 몰려왔다. 도사는 사람들을 시켜 관을 사오게 한 다음 그곳에 가서 시체를 수습하게 했다. 산꼭대기에서 절벽까지는 구불구불한 길이 사십 리나 되었는데, 신전에 있던 도사가 급히 절벽 아래까지 달려오더니 사람들을 부르며 이렇게 말하는 것이었다.

"오수재(吳秀才)가 절벽에 떨어져 죽었다고 누가 그랬소? 지금 신상(神

像) 아래에서 절을 하고 있는데, 방건(方巾)[3]이며 도복(道服)이며 전과 하나도 다르지 않소."

사람들이 신전으로 달려가 보았더니 정말 그러했다.

효자는 절벽에 몸을 던졌으나 공중에 멈춰선 채 떨어지지 않았는데, 눈을 뜨고 보았더니 발밑에 흰 구름이 일고 있었다. 또 멀리 석문(石門)을 바라보았더니 문 위에 크게 '효(孝)' 자가 적혀 있었다. 잠시 후에 세 명의 신인(神人)이 그에게 명령하며 말했다.

"효자야! 내 왼쪽에 있는 돌에 선가(仙家)에서 쓰는 전서(篆書) 아흔 두 획이 있으니 너는 삼가 그것을 기억했다가 집으로 돌아가 종이에 적어 네 아비에게 먹이도록 해라. 그러면 병을 물리칠 수 있을 뿐만 아니라 명도 길어질 것이다."

그리고는 생기를 주는 전서, 학질을 치료하는 전서, 역병을 쫓는 전서와 아울러 많은 선가의 전서를 주었다. 효자가 머리를 조아려 인사를 하고 나니 몸이 벌써 신전에 와 있었다. 효자가 말했다.

"마치 꿈속에 있는 것만 같았습니다."

효자는 정신이 들자마자 급히 달려가 하루 반나절 만에 집에 도착했다. 집에 도착해 보니 아버지는 숨이 끊어지기 직전이어서 말을 하지 못했다. 효자는 급히 아흔 두 획의 전서를 쓴 다음 불에 태워 아버지께 먹였는데, 방안 사람들 모두 그 향기를 맡을 수 있었다. 전서가 막 입에 들어가자마자 아버지는 "이게 무슨 약이냐?"라며 곧 말을 할 수 있었고, 다음날에는 일어나 앉아 죽을 먹었으며 열흘이 지나자 병이 거의 나았다. 효자는 왕복 육백 리를 걸어 다니느라 음식을 못 먹은 것이 닷새였다. 그러나 아버지는 음식도 잘 드시고 더욱 건강해졌으며, 시 짓고 술 마시며 즐겁게 지냈다. 아흔두 살이 되도록 귀도 눈도 밝더니 아무 병 없이 죽었다.

---

3 방건(方巾) : 명나라 때 문인이나 처사들이 쓰던 모자이다.

이때부터 효자의 명성이 원근에 자자했다. 마을의 대총재(大冢宰) 도국정(涂國鼎)은 그와 도의로써 사귀는 벗이 되었고 진사(進士) 황단백(黃端伯)과 과주모(過周謀), 거인(擧人) 황명경(黃名卿)과 도백창(涂伯昌), 공사(貢士) 거광부(璩光孚) 등은 모두 그에게 절하고 제자가 되었다. 효자는 나라에 난리가 났을 때 태녕(泰寧 : 지금의 福建省 태녕현)으로 피난 갔다가 제생 요유달(廖愈達)의 집에서 병들어 죽었다. 요유달은 내가 전(傳)을 지어주었던 세 열부의 남편이다.[4] 요유달이 신성현으로 와서 효자의 아들 오장조(吳長祚)와 같이 장례를 주관했기에 나는 그들과 사귈 수 있었다. 효자의 아들과 열부의 남편을 한날 보게 되어 영광이었다. 요유달이 말했다.

"효자는 평생 명분과 의리를 좋아했고, 재물을 가볍게 여겨 종종 자비를 들여 사람들의 송사를 해결해 주기도 했습니다. 신의 감응을 받은 뒤로는 더욱 수양에 힘썼지요. 병으로 고생하는 사람이 있으면 항상 부적을 써 구해주고 약을 베풀어주는 것으로 유명했답니다."

위희가 논한다.

듣기에 효자는 항상 태화산을 찾아가 신상 옆에 올라 신의 귀에다 속삭이며 남을 위해 기도했다고 하는데, 자못 황당한 소리이다. 그러나 마을 군자들은 종종 그 일을 매우 상세히 말하곤 한다. 매계리에서 동쪽으로 사십 리 떨어진 곳에 남풍현(南豐縣 : 지금의 江西省 南豐縣)이 있는데, 남풍현의 공사(貢士) 조희건(趙希乾)은 나와 친한 사이이다. 조희건은 어머니의 병이 심해지자 어머니께 드리려 심장을 도려냈다. 가슴을 갈랐으나 심장을 찾지 못하자 창자를 잡아당겨 잘랐다. 하지만 어머니와 아들 모두 아무 탈 없었다. 후에 가슴이 아무는 바람에 창자를 집어넣을 수 없게 되어서 배설물이 가슴 사이로 흘러나왔다. 결국 곡도(穀道)[5]까지 막혔지만 먹는 것이나 잠자리하는 것이나 보통사람과 다르지 않았다. 신의 도움이

4 요유달은 …… 남편이다 : 『청사고(淸史稿)』 「열녀전(列女傳)」에 따르면 요유달의 처 이씨(李氏)와 첩 왕씨(汪氏) · 장씨(張氏)는 모두 열녀였다고 하며 전(傳)이 남아있다.

5 곡도(穀道) : 직장에서 항문까지를 말한다.

없었더라면 어떻게 그럴 수 있겠는가? 어떻게 그럴 수 있겠는가?

장산래가 말한다.

옛날에 주문[6]으로 병을 고치는 사람이 있었다고 하더니 지금의 '아흔 두 획의 전서'나 학질을 치료하는 전서 등이 아마도 그러한 방법인 것 같다. 그러나 나는 효자가 했기 때문에 효험이 있었던 것이라고 생각한다. 만약 누구나 할 수 있는 일이라면 이 또한 이치상 믿기 어려운 일이다!

孝子姓吳, 名紹宗, 字二璧. 建昌新城縣人, 世居梅溪里. 性聰敏, 幼善屬文. 萬歷丙午, 督學駱公日升, 拔置諸生第一, 時年二十. 屢試輒高等.

孝子父道隆, 善病, 久之, 痺不能起, 前後血竝下. 醫藥十餘年, 無効者. 戊午正月病甚, 孝子惶恐無所出. 乃齋戒沐浴, 焚香告天地. 刺肘上血書疏, 將謁太華山, 自投捨身崖下代父死.

太華山者, 撫州崇仁縣之名山也, 距新城三百里. 相傳神最靈異, 諸來謁者, 有罪輒被禍不得上, 甚則有靈官擊殺之, 同行人聞鞭聲錚然. 或忽狂病, 自道生平隱惡事. 而神殿左有懸崖陡絶, 曰'捨身崖'. 人情極不欲有生者, 則擲身投之, 頭足盡破折死.

孝子旣告天作疏, 明晨獨身行. 二日, 至山上, 宿道士管遜吾寮. 同寮宿者, 南昌鄕先生二人, 同郡邑諸生三人. 十八日, 孝子升殿, 默禱焚疏旣. 同寮人相邀遊著棋峰, 路經捨身崖. 孝子於是越次前行, 至崖所欻然投身下. 同行人驚絶, 不知所爲. 一時傳駭, 聚觀者千人. 道士使人買棺往就殯. 自山頂至崖下, 路迂折四十里, 而殿上道士急奔崖所, 呼衆人曰: "誰言吳秀才投崖死也? 今方在神座下叩頭, 方巾道服如故." 衆羣走殿上視之, 果然.

6 주문: 원문은 '축유(祝由)'로 주문으로 병을 고치는 치료법이나 그런 일을 하는 사람을 말한다.

方孝子之自投崖也, 立空中不墜, 開目視, 足下有白雲起. 又遙望見石門, 門上一大'孝'字. 俄而見三神人命之曰 : "孝子! 吾左側石有仙篆九十二畫, 汝謹記之, 歸書紙食汝父. 不獨却疾, 且延年矣." 更授催生, 治痢瘧, 驅瘟咒並諸篆. 孝子叩頭謝畢, 身已在殿上. 孝子乃言 : "吾如夢中也."

孝子旣定, 疾走歸, 一日有半而至家. 至則父垂絶, 不能言. 孝子急書九十二畫篆焚服之, 室中人皆聞香氣. 甫入口, 父卽言曰 : "是何藥耶?" 明日起坐啜粥, 旬日疾大愈. 孝子徒步反復六百里, 不飮食者五日. 而父乃益康强善飯, 以詩酒自娛. 年九十二, 耳目淸明, 無疾終焉.

由是孝子名聞遠近. 邑大冢宰涂公國鼎與爲同道友, 進士黃端伯·過周謀, 擧人黃名卿·涂伯昌, 貢士璩光孚, 皆拜爲弟子. 孝子當國變時, 避亂泰寧, 以病卒諸生廖愈達家. 愈達, 予所傳三烈婦夫也. 愈達來新城, 主孝子子吳長祚, 予故竝得交. 一日而見孝子之子, 烈婦之夫, 爲榮幸焉. 愈達言 : "孝子生平好名義, 輕財, 往往出錢物爲人解訟鬪. 旣感神應, 益自脩. 人病苦者, 恒用符篆救之, 以施藥爲名."

魏禧論曰 : 聞孝子常詣太華山, 登座附神耳語, 爲人祈禱, 頗不經. 然邑君子往往道其事甚悉. 梅溪東出四十里, 爲南豐縣, 縣貢士趙希乾者, 與禧交. 母嘗病甚, 割心以食母. 旣剖胸, 心不可得, 則叩腸而截之. 母子俱無恙. 其後胸肉合, 腸不得入, 糞穢從胸間出. 而穀道遂閉, 飮食男女如平人. 假謂非有神助, 其誰然哉? 其誰然哉?

張山來曰 : 古有以祝由治病者, 今'九十二畫篆'以及痢瘧諸篆, 殆卽其道耶. 然吾以爲必孝子行之, 乃能有驗. 若人人可行, 斯又理之所難信者矣!

이일족전(李一足傳)

우일(于一) **왕유정**(王猷定)

이일족은 이름이 기(夔)이다. 집안 내력에 대해서는 자세히 알 수 없으나 어미와 누이, 그리고 남동생이 있었다. 몸은 매우 야위었고 눈동자는 네모났으며 코 밑에 자잘한 수염이 나 있었다. 그는 평생 여자를 가까이 하지 않았다. 책읽기를 좋아하여 『주역(周易)』에 특히 정통했고 그밖에 천문·역법·의학·점술에도 밝았다. 외출할 때는 항상 달구지를 타고 다녔는데, 달구지 안에 직접 지은 책들을 넣은 궤짝 하나를 싣고서 산수 구경을 다녔다. 그가 가는 곳마다 사람들은 너도나도 그를 남다르게 여겼다.

천계(天啓) 정묘년(1627)에 그는 대량(大梁 : 지금의 河南省 開封市 서북쪽)으로 가서 언릉(鄢陵 : 지금의 河南省 鄢陵縣) 사람 숙야(叔夜) 한지도(韓智度)와 사귀었다. 그가 직접 말하기를, 아비는 제생(諸生)이었는데 집이 매우 가난하여 마을의 부호에게 돈을 빌렸다가 기한이 다 되도록 갚을 길이 없어 맞아 죽었다고 한다. 당시 그는 아직 어렸으나 그의 어머니는 십여

년 동안 원한을 가슴에 품은 채 살았다. 누나가 시집가고 이일족도 장가들자 어머니는 형제를 불러 이와 같은 사실을 알려주었다. 이일족이 크게 울부짖고 머리를 기둥에 부딪치면서 소리치자 어머니는 급히 그의 입을 막았다. 그러나 그는 아랑곳하지 않고 뛰쳐나가 몽둥이를 꺾어 두 동강을 내서는 동생과 하나씩 들고 원수를 찾아 거리로 나갔는데, 만날 길이 없어서 원수의 집을 찾아갔다. 거기서도 만날 수가 없어 성곽 밖으로 뛰어갔다. 그 곳에서 원수를 잡아서는 몽둥이로 힘껏 내리쳐 머리를 박살냈다. 원수는 애꾸눈이었는데, 형제는 나머지 한쪽 눈을 도려내어 아비의 무덤 앞에 제사지냈다. 형제가 돌아와 어머니에게 알리자 어머니가 말했다.

"원수는 갚았지만 장차 화가 미칠 게다!"

이일족은 동생에게 어머니를 모시고 다른 곳으로 가게 한 다음 자신도 그곳을 떠났다.

당시에 제부가 연주(兗州 : 지금의 山東省 滋陽縣) 현령으로 있었기에 그는 제부를 찾아갔다. 마침 제부는 출타 중이었는데, 누나가 그를 보고는 깜짝 놀라 말했다.

"네가 원수를 박살냈다지만 원수가 다시 살아나 지금 사방으로 너를 찾아다닌다고 한다. 어서 멀리 피해라!"

그리고는 떠날 채비를 해주고 말까지 주었다. 이일족은 더욱 분에 겨워 몽둥이에다 '무딘 칼로는 원수의 머리를 베기 어렵다'고 새겨 넣고는 혼자 말을 타고 청제해(青齊海)로 갔다. 어선 수백 척이 쌀을 사기 위해 정박해 있는 것을 보고는 태워 달라고 청한 끝에 결국 말을 버리고 배에 올랐다. 바다를 건너 고가구(高家溝)라 불리는 한 섬에 도착했는데, 땅은 면적이 몇 십 리밖에 되지 않았고 오곡도 적게 났다. 수백 가호의 주민들은 모두 수상생활[1]을 했는데, 풍습이 순박하고 문자를 좋아했지만 선

1 수상생활 : 원문은 '단적(蛋籍)'으로, 광동성이나 복건성의 연안 지방에서 수상생활을 하는 사람들을 말한다.

생을 얻을 방도가 없었다. 그랬던 터라 이일족이 온 것을 보고는 모두 자제들을 보내 글을 배우게 했다.

그곳에는 서당이라곤 없었다. 새벽이면 아이에게 돈 한 푼을 쥐어 보내 선생 이일족을 찾아가게 했는데, 선생이 손바닥에 글자 하나를 쓰고 가르치면 아이는 인사하고 돌아갔다가 다음날 다시 찾아왔다. 그곳에서 몇 년을 살면서 집안 가득 돈이 모이자 그는 이별을 고하고는 배를 타고 청주(青州)로 돌아왔다. 기방을 떠도느라 며칠도 안 되어 돈을 모두 탕진하였지만 끝내 자기 이야기는 하지 않았다. 그는 요서(遼西)에서 삼관(三關)을 지나고 진(晉) 땅을 넘어 감량(甘涼 : 지금의 甘肅省 武威市)을 거쳐 화산(華山)에 올랐으며, 초(楚) 땅으로 들어가 검주(黔州) 와 계주(桂州)를 지나 다시 민해(閩海)·오(吳)·월(越) 사이를 두루 유람했는데, 각 지방마다 시문을 지어 유람을 기록했다. 그렇게 이십 년이 지나서 집으로 돌아와 보니, 원수도 죽었고 연루되었던 사람들도 모두 사면되었다. 어머니도 세상을 뜨고 안 계셔, 그는 무덤에 올라 며칠을 그치지 않고 통곡했다.

그는 두루 천하를 유람하였지만 아직 촉(蜀) 땅에 가보지 못한 것이 한스러웠다. 그러던 차에 언릉의 유관문(劉觀文)이 기주(夔州 : 지금의 四川省 奉節縣 동쪽) 태수로 임용되자 이일족을 불러 함께 삼협(三峽)으로 내려가 백제성(白帝城)·면산(綿山)·재산(梓山) 등 여러 산을 유람했다. 그때 이일족은 『의유집(依劉集)』 한 권을 지었다.

동생은 어머니가 세상을 뜬 후 어디로 갔는지 알 수 없었다. 어느 날 동생에게 편지를 보내고 싶어 편지 한통을 적은 뒤 한씨(韓氏) 형제에게 주면서 변주(汴州 : 河南省 開封市) 대로에 놓아달라고 부탁했다. 한씨 형제가 그의 말대로 했더니 잠시 후에 흰 겹옷 차림의 한 길손이 두건을 쓰고 짚신을 신고서 나타났는데, 생김새가 이일족과 비슷했다. 그 손님이 가까이 다가와 읍하며 말했다.

"나는 장태갱(張太羹)입니다. 형님의 편지는 이미 받았습니다."

말을 마치고는 사라져버렸다. 신사년(1642)에 이자성(李自成)이 중주(中州

: 지금의 河南省)의 여러 군(郡)을 함락하자 한씨 형제는 사상(泗上 : 지금의 山東省 泗水縣)으로 피난 갔다가 길에서 이일족을 만났다. 그는 짧은 베옷에 헤진 짚신을 신고 있었으며 수염이며 눈썹이 모두 희었다. 함께 파리천(玻璃泉)으로 가서 종일토록 담소를 나누었는데, 천하의 일이란 어쩔 수 없는 것이라고 자주 말했다. 한씨 형제가 어디로 갈 것이냐고 묻자 이일족은 "노산(勞山)으로 가서 서원직(徐元直)[2]을 만날 것이오"라고 말했다. 한씨 형제가 웃자 이일족은 정색을 하며 말했다.

"그 산에 동굴이 하나 있소. 비바람이 불 때면 머리를 풀어헤치고 거문고를 뜯는 사람이 종종 나타나는데, 그가 바로 삼국시대 때 서서(徐庶)요."

아침에 다시 오겠다 약속하고 끝내 나타나지 않았다.

갑신년(1644) 후에 이일족이 신선이 되어 떠나갔다는 소식을 들었다. 떠나기 하루 전에 친척과 친구들에게 두루 작별인사를 하면서 먼 길을 고했다. 그날 코에 한 척도 넘는 옥 젓가락을 늘어뜨리고[3] 단정히 앉아서 죽었는데, 소매 속에 『주역전서(周易全書)』 1부(部)가 들어있었다. 몇 개월 후에 도성에 머물고 있던 제(齊) 땅의 어떤 사람이 정양문(正陽門) 밖에서 그를 보았다. 또 조주교(趙州橋)[4] 아래에서도 그를 본 사람이 있는데, 몽둥이를 들고 물을 쳐다보면서 무슨 생각이나 하는 것처럼 우두커니 서 있었다고 한다. 한지도는 거짓말 할 사람이 아닌데 그가 해준 말이 이와 같다.

장산래가 말한다.

2 서원직(徐元直) : 삼국시대 영천(潁川) 사람으로 이름은 서서(徐庶)이다. 『삼국연의(三國演義)』에 보면 처음에는 유비(劉備)의 참모였으나 조조(曹操)가 그의 어미를 볼모로 잡는 바람에 조조에게 가게 되었다. 그러나 어머니가 자식의 무모함을 꾸짖고 자살하는 바람에 조조를 위해 한 꾀도 내지 않고 아까운 재주를 썩힌 인물이다.

3 코에 …… 늘어뜨리고 : 『남촌철경록(南村輟耕錄)』에 따르면 도교에서는 앉아서 신선이 되는 경우가 있는데, 이때 코에서 흐르는 콧물을 옥 젓가락이라고 표현한다고 한다.

4 조주교(趙州橋) : 안제교(安濟橋) · 대석교(大石橋)라고도 하며 지금의 하북성(河北省) 조현(趙縣) 남쪽 효하(洨河) 위에 놓인 다리이다.

이일족의 행적을 보니, 효자이기도 하고 협객이기도 하고 문인이기도 하고 은자이기도 하고 술사이기도 하고 신선이기도 해서, 어떻게 불러야할지 모르겠다.

李一足, 名夔. 未詳其家世, 有母及姊與弟. 貌甚癯, 方瞳微髭. 生平不近婦人. 好讀書, 尤精於『易』, 旁及星歷醫卜之術. 出嘗駕牛車, 車中置一櫃, 藏所著諸書, 逍遙山水間. 所至人爭異之.

天啓丁卯, 至大梁, 與鄢陵韓叔夜智度交. 自言 : 其父爲諸生, 貧甚, 稱貸於里豪, 及期, 無以償, 致被毆死. 時一足尙幼, 其母啣冤十餘年. 姊適人, 一足亦婚, 母召其兄弟告之. 一足長號, 以頭搶柱大呼, 母急掩其口. 不顧, 奮身而出, 斷一挺爲二, 與弟各持, 伺仇於市, 不得, 往其家. 又不得, 走郭外. 得之, 兄弟奮擊碎其首. 仇眇一目, 抉其一, 祭父墓前. 歸告其母, 母曰 : “仇報, 禍將及!” 乃命弟奉母他徙, 遂別去.

時姊夫爲令於兗, 往從之. 會姊夫出, 姊見之, 驚曰 : “聞汝擊仇, 仇復活, 今徧跡汝. 其遠避之!” 爲治裝, 贈以馬. 一足益恚恨, 乃鐫其梃曰 : “沒稜難砍仇人頭.” 遂單騎走青齊海上. 見漁舟數百泊市米, 一足求載以濟, 遂捨騎登舟. 渡海, 至一島, 名高家溝, 其地延袤數十里, 五穀尠少. 居民數百戶, 皆蛋籍, 風土淳朴, 喜文字, 無從得師. 見一足至, 各率其子弟往學焉.

其地不立塾. 晨令童子持一錢詣師, 師書一字於掌以教之, 則童子揖而退, 明日復來. 居數年, 積錢盈室, 辭去, 附舟還青州. 走狹邪, 不數日, 錢盡散, 終不及私. 由遼西過三關, 越晉, 歷甘涼, 登華岳, 入於楚, 抵黔・桂, 復歷閩海・吳・越間, 各爲詩文紀遊. 二十載, 乃反其家. 仇死, 所坐皆赦. 母亦沒, 登其墓大哭, 數日不休.

自以足跡徧天下, 恨未入蜀. 會鄢陵劉觀文除夔守, 招之同下三峽, 遊白帝・綿・梓諸山. 著『依劉集』一卷.

其弟自母喪, 不知所在. 一日欲寄弟以書, 屬韓氏兄弟投汴之通衢.

韓如其言, 俄一客衣白袷, 幅巾草履, 貌與一足相似. 近前揖曰 : "我張太羹也. 兄書已得達." 言訖不見. 辛巳, 李自成陷中州諸郡, 韓氏兄弟避亂至泗上, 見一足於途. 短褐敝屣, 鬚眉皆白. 同至玻璃泉, 談笑竟日, 數言天下事不可爲. 問所之, 曰 : "往勞山訪徐元直." 韓笑之, 一足正色曰 : "此山一洞. 風雨時披髮鼓琴, 人時見之, 此三國時徐庶也." 約詰朝復來, 竟不果.

甲申後, 聞一足化去. 先一日, 徧辭戚友, 告以遠行. 是日, 鼻垂玉筯尺許, 端坐而逝, 袖中有『周易全書』一部. 後數月, 濟人有在京師者, 見之正陽門外. 又有見於趙州橋下, 持梃觀水, 佇立若有思者. 韓子智度, 不妄言人也, 述其事如此.

張山來曰 : 觀一足行事, 亦孝子, 亦俠客, 亦文人, 亦隱者, 亦術士, 亦仙人, 吾不得而名之矣.

효자 도적 이야기[孝賊傳]

우일(于一) **왕유정**(王猷定)

효자 도적은 그 이름은 알 수 없지만 전하는 바로는 여고(如皐 : 지금의 江蘇省 如皐市) 사람이라고 한다. 그는 너무 가난하여 어머니를 봉양할 길이 없어 결국 도적이 되었다. 한참 후에 포졸에게 잡혀 관리에게 여러 차례 곤장을 맞았는데, 효자 도적이 울부짖으며 말했다.

"어머님을 봉양할 양식이 없어 이 지경에 이르렀습니다!"

사람들은 그가 밉기도 했지만 한편 가엽기도 했다.

어느 날, 효자 도적의 어머니가 죽었다. 효자 도적은 [어머니가 죽기] 사흘 전부터 이웃에 있는 한 절간 처마 밑에 관 하나가 놓여있다는 사실을 알고 있었다. 어머니가 죽던 날 효자 도적은 무리를 불러내 술과 음식을 차려놓고 절의 노스님[1]을 모셔와 진탕 마셨다. 효자 도적은 노스님이 취한 것을 보고는 관을 메고 들로 나가 어머니의 시신을 가져다가 장사지

1 노스님 : 원문은 '도려(闍黎)'로, 도리(闍梨)라고도 한다. 범어(梵語) 아도리(阿闍梨)의 약칭으로, 스님을 널리 지칭한다.

냈다. 효자 도적이 돌아와 보았더니 노스님은 여전히 취해 누워있었다. 효자 도적은 크게 울부짖으며 머리를 조아리고 용서를 빌었다. 노스님은 어리둥절해서 그가 무슨 소리를 하는지 알아듣지 못했는데, 일어나 보았더니 처마 밑의 관이 사라지고 없었다. 얼마 후 하는 수 없이 그를 풀어주었다. 이후로 다시는 도적질을 하지 않았다.

장산래가 말한다.
이와 같은 효자도 있구나! 가난한 탓에 결국 도적질까지 하였으니, 이 누구의 잘못이란 말인가?

賊不詳其姓名, 相傳爲如皐人. 貧不能養母, 遂作賊. 久之, 爲捕者所獲, 數受笞有司, 賊號曰 : "小人有母無食, 以至此也!" 人且恨且憐之.

一日母死. 先三日廉知鄰寺一棺寄廡下. 是日, 召黨具酒食, 邀寺中老闍黎痛飮. 伺其醉, 舁棺中野, 負其母屍葬焉. 比反, 闍黎尙酣臥也. 賊大叫叩頭乞免. 闍黎驚, 不知所謂, 起視廡下物, 亡矣. 亡何, 强釋之. 厥後不復作賊.

張山來曰 : 有孝子如此! 而聽其貧, 至於作賊, 是誰之過歟?

왕취교전(王翠翹傳)

담심(澹心) 여회(余懷)

나는 『오월춘추(吳越春秋)』를 읽다가 서시(西施)가 오(吳)나라를 멸망시키고도 범려(范蠡)를 따라 태호(太湖)로 돌아간 부분[1]에 이르러, '여자의 몸으로 누군가의 부탁을 받아 여색으로 남의 나라를 멸망시키고도 따라 죽지 않았으니, 비록 [월나라에 대한] 의리를 저버리지는 않았지만 [오왕 夫差에 대한] 은혜는 저버린 것이다'라고 혼자 생각했다. 왕취교(王翠翹)는 서해(徐海)를 대함에 있어 공적으로든 사적으로든 도리를 다했으니, 서시와는 사뭇 다르다고 하겠다. 아아! 왕취교는 본래 창기(娼妓)로 비천한 일을 하고 살았지만 그 행실만은 이처럼 충직하였으니, 수염 달린 남자라 하더라도 부끄러움이 많으리라! 내 그 뜻에 감동하여 행적을 엮어 전(傳)을

1 서시(西施)가 …… 부분 : 서시는 춘추시대 월(越)나라 사람이다. 월왕 구천(勾踐)은 오왕 부차(夫差)에게 패하자 서시를 부차에게 바쳤는데, 이로 인해 서시는 부차가 가장 총애하는 후궁이 되었다. 범려는 월나라의 대부로 월나라가 오나라에 패한 후 2년 동안 인질로 오나라에 잡혀 있었다. 나중에 월왕 구천이 와신상담(臥薪嘗膽)하여 오나라를 멸망시키자 범려는 서시와 함께 태호로 들어가 은거하였다고 한다.

지으니, 그 내용은 다음과 같다.

왕취교는 임치(臨淄 : 지금의 山東省 臨博市) 사람으로 어려서 창기로 팔려가 마씨(馬氏) 성을 썼다. 기생어미는 왕취교를 교아(翹兒)라고 불렀다. 아름다운 자태가 창기 중 으뜸이었을 뿐 아니라 총명한 성품까지 타고 났다. 기생어미는 교아를 데리고 강남으로 갔는데, 오 땅의 노래를 가르치면 오 땅 노래를 잘했고 호비파(胡琵琶)를 가르치면 호비파를 잘 탔다. 퉁소를 불고 가락을 고르면 그 소리가 청아했고, 박판(拍板)을 두드리며 노래를 부르면 좌중이 매혹되었다. 이에 온 평강리(平康里)[2]에 교아의 명성이 자자했다. 그러나 교아는 성품이 고아하고 담백하여 조용히 스스로 즐길 뿐, 화장을 하고 문에 기대 손님 부르는 짓은 잘 못했다. 돈 많은 배불뚝이 장사치나 오 땅 무지랭이를 만나도 눈웃음만 줄 뿐 홀리는 눈짓도 나긋나긋한 말도 건네지 않았다. 이 때문에 기생어미는 날마다 화를 내며 때리고 욕했다. 마침 어떤 젊은 남자가 교아에게 몰래 돈을 준 덕분에 기생어미에게서 벗어날 수 있었다. 그 후 교아는 혼자 가흥(嘉興 : 지금의 浙江省 嘉興市)으로 옮겨가 살면서 이름을 왕취교로 바꿨다.

당시에 흡현(歙縣 : 지금의 安徽省 歙縣) 사람 나용문(羅龍文)은 재산이 넉넉하여 한량 짓을 하면서 손님으로 자주 드나들었다. 그는 왕취교와 제일 오래 좋아 지냈고, 아울러 작은 기생 녹주(綠珠)와도 가까이 지냈다. 월(越) 땅 사람 서해는 경박하고 교활한 성품을 지닌 가난한 무뢰배였다. 한창 도박꾼들에게 쫓기다 왕취교의 집으로 뛰어 들었는데, 거기서 숨어 지내면서 낮에는 감히 사람들을 만나지 못했다. 나용문은 서해가 장사라는 것을 익히 알고 공손하게 친구가 되기를 청했다. 둘은 어깨동무를 하고 술을 진탕 마셨다. 나용문이 자기가 아끼는 녹주를 들여보내 잠자리 시중을 들게 하자 서해도 마다하지 않았다. 술이 얼큰하게 취해 귀가 달아오르자 서해는 소매를 걷어붙이고 술잔을 들더니 나용문의 귀에 대고

---

2 평강리(平康里) : 평강리는 원래 당나라 장안(長安)의 거리 이름으로 기녀들이 모여 살던 곳이었기 때문에 후에 기루들이 모여 있는 곳을 평강리라고 칭하게 되었다.

말했다.

"이 손바닥만 한 땅은 우리들이 뜻을 펼칠 수 있는 곳이 아닙니다. 대장부가 어찌 오래도록 답답하게 남의 밑에 거할 수 있겠습니까? 분발하셔야 합니다. 저도 이제 이곳을 떠나고자 합니다! 훗날 부귀해지거든 서로 잊지 맙시다!"

비분강개하여 비장한 노래를 부르더니, 며칠 후에 떠나갔다. 서해는 바로 항주(杭州) 호포사(虎跑寺)의 승려로 이른바 명산화상(明山和尙)이라 불리던 자였다.

얼마 후 서해는 왜구 틈에 들어가 선장이 되어 바다에서 용맹스런 군사들을 거느리고 여러 차례 강남을 노략질했다. 가정(嘉靖) 35년(1557)에 서해는 동향(桐鄕 : 지금의 安徽省 桐城 북쪽)에서 순무(巡撫) 완악(阮鶚)을 포위했는데, 왕취교와 녹주도 포로로 잡혔다. 서해는 그들을 보자 놀랍고도 기쁜 마음에 왕취교에게 호비파를 타면서 옆에서 술시중을 들게 했다. 서해는 나날이 왕취교를 총애하게 되어 부인이라 불렀으며 다른 첩들은 모두 내치면서 그저 빙 둘러 서있게 했다. 왕취교는 지극한 총애를 받고 있던 터라 모든 군사 기밀도 오직 왕취교만이 함께 들을 수 있었다. 왕취교는 겉으로는 살가운 척 했지만 속으로는 서해가 망하길 바라고 있었다. 또 고국으로 돌아가 늙을 수 있기만을 바라며 늘 눈물을 주룩주룩 흘리곤 했다.

때마침 총독(總督)[3] 호종헌(胡宗憲)이 절강(浙江)에 막부를 열었는데, 그는 용병에 능하고 계책이 많았다. 그는 서해를 불러들여 직접 마엽(麻葉)과 진동(陳東)을 죽이고, 왕직(王直)의 무리를 와해시킬 생각이었다. 그래서 화노인(華老人)에게 투항을 권유하는 격문을 들고 [서해를 찾아]가게 했다.

3 총독(總督) : 명나라 초기에는 용병(用兵)이 필요할 때 각 부서에 파견하여 군사업무를 총독하게 한 뒤 업무가 끝나면 관직도 없어졌다가 성화(成化) 5년(1469)에 비로소 전문적인 관직이 되었다. 청나라 때는 정식으로 지방의 최고 장관을 총독이라 일컬었으며 한 성(省)이나 두세 성을 관할하며 군사적인 일을 처리했다.

격문을 본 서해는 화를 내며 화노인을 포박하고 머리를 베려 했다. 그때 왕취교가 서해에게 말했다.

"지금 이 일에 있어서는 죽이고 살리는 권한이 당신에게 달려있지만, 항복하고 항복하지 않는 것이 저 사자(使者)와 무슨 상관이 있단 말입니까?"

이에 서해는 그의 포박을 풀고 금을 주어 돌려보냈다. 화노인이 돌아와 호종헌에게 말했다.

"적의 기세가 등등하여 일을 도모하기 어려울 것 같습니다. 그러나 신이 얼핏 보기에 서해가 총애하는 왕부인이라는 여자가 이리저리 기회를 엿보는 것이 딴 마음을 품고 있는 듯하니, 혹 그 여자를 이용하면 적을 섬멸할 수 있을지도 모르겠습니다."

이 말을 대강 전해들은 나용문은 왕취교와 한때 정분이 있었던 사이임을 기뻐하며 막부의 상객인 산음(山陰 : 지금의 浙江省 紹興市) 사람 서위(徐渭)를 통해 호종헌을 만났다. 호종헌은 나용문과 같은 고향 출신이었기에 계단을 내려와 그를 맞으며 말했다.

"그대도 부귀공명에 뜻이 있는가? 그렇다면 내가 그대를 등용하겠네!"

그리고는 그와 대화를 나누어 보고 크게 기뻐했다. 나용문은 드디어 명령을 받고 서해의 군영을 찾아갔는데, 일부러 옛날 한량 시절의 의관을 갖춰 입고 명함을 내밀며 서해를 만나길 청했다. 서해는 즉시 나용문을 들어오게 하여 상석에 앉히고는 술상을 차린 뒤 나용문의 손을 잡으며 말했다.

"그대가 이리 멀리 강호를 건너 온 것이 호공(胡公 : 胡宗憲)의 유세객이 되기 위함이요?"

나용문이 웃으며 말했다.

"호공의 유세객이 되려함이 아니라 옛 친구의 충신이 되려함이지요. 왕직이 이미 아들을 보내 항복해 왔으니, 그대가 지금 군대를 해산시키지 않으면 훗날 반드시 사로잡히게 될 것이요."

서해가 흠칫 놀라하며 말했다.

"그 일은 잠시 놔두고 옛 친구와 술이나 마셔 봅시다."

서해는 의복이며 음악이며 온갖 호화로운 것들을 다 갖추어 놓고 마치 대장부가 한 시대에 뜻이라도 얻은 양 거들먹댔다. 서해는 술이 반쯤 돌자 왕부인과 녹주를 불러내어 나용문을 만나게 했다. 나용문은 얼굴색을 고치고 그들을 예의 있게 대했으며 잔치가 끝날 때까지 사사로운 말을 나누지 않았다. 왕취교는 평소 나용문이 호협 기질이 있는 사람임을 알고 있었기에, 서해에게 사람을 보내 나용문과 함께 총독부를 찾아가 항복하고, 동향의 포위를 풀 것을 권했다.

호종헌은 기뻐하며 나용문의 계책대로 더 많은 금은보화를 사들여 몰래 왕취교에게 뇌물로 주었다. 왕취교는 더욱 마음이 움직여 밤낮으로 서해에게 항복하라고 설득했다. 서해는 그 말을 믿고, 계책을 세워 마엽과 진동을 포박하고는 호종헌에게 항복하기로 약속했다. 동향성에 도착한 서해는 갑옷차림으로 들어갔다. 그때 조문화(趙文華)·완악·호종헌은 모두 관청에 나란히 앉아 있었다. 서해는 머리를 조아리고 사죄했고 호종헌에게도 사죄했다. 호종헌은 당(堂)에서 내려와 그의 머리를 쓰다듬으며 말했다.

"조정에서 지금 그대를 사면했으니, 다시는 반란을 일으키지 마라."

후한 포상을 받고 나온 서해는 관병들이 많이 모여 있는 것을 보고 자못 의심이 들었다. 호종헌은 그래도 가여운 생각이 들어 서해를 죽이고 싶지는 않았으나 조문화가 다그치는 바람에 총병(總兵) 유대유(兪大猷)에게 명령을 내려 군사를 정비해 출격하게 했다. 때마침 큰 바람이 일어 불을 지르고 모든 군사들이 북을 울리며 진격하니, 해적들은 크게 무너져 섬멸 당하고 말았다. 서해는 당황하여 물로 뛰어들었으나 끌어올려져 참수 당했고 왕취교는 사로잡혀 군문(軍門)으로 끌려왔다.

호종헌은 참모들에게 크게 잔치를 베풀면서 왕취교에게 오 땅의 노래를 부르게 하고 두루 술을 따르게 했다. 참모들 중에 어떤 사람은 무릎을 꿇고 앉아있었고 어떤 사람은 일어나서 춤추며 술잔을 들고 호종헌의 장수를 빌기도 했다. 호종헌은 술이 잔뜩 취해서 눈앞이 어질어질한데도 창을 휘두르고 소매를 걷어붙인 채 왕취교와 시시덕거렸다. 술자리가 어지러워지자 자리를 끝냈다. 다음날 호종헌은 어제 취했을 적의 행동이 자못 부끄러워 왕취교를 귀순해 온 영순추장(永順酋長)에게 줘버렸다. 왕취교는 영순추장을 따라 전당(錢塘) 강가로 간 뒤에도 늘 답답한 마음에 침상을 두드리며 탄식했다.

"명산화상은 나를 아껴 주었는데, 나는 나랏일로 그를 꼬여내 죽게 만들었다. 한 추장을 죽이고 또 다른 추장에게 몸을 맡겼으니, 무슨 낯으로 산단 말인가?"

그리고는 강물을 바라보며 길게 통곡하다가 강물에 몸을 던져 죽었다.

외사씨(外史氏)가 말한다.

아아! 왕취교는 한 번 죽음으로써 서해에게 보답했으니 그 뜻 역시 슬프구나! 세상 사람들은 나용문을 '소화도인(小華道人)'이라고 부르는데, 먹을 잘 만들었다고 한다. 그는 처음에 왕취교에게 몰래 뇌물을 바치라고 유세함으로써 결국 서해를 유인해내어 전쟁을 그치게 했으니 가히 지혜로운 선비라 할 수 있다. 그러나 그 후에는 권세에 빌붙어 엄세번(嚴世蕃)과 함께 서시(西市)에서 참수 당했으니 왕취교의 죽음에 비춰보면 기러기 털을 태산에 비교하는 것과 같다고 하겠다. 사람이라면 죽음을 중히 여겨야 함을 저 한갓 창기도 알았거늘, 하물며 사대부임에랴? 창기도 아는 것을 사대부가 오히려 모르는 건 어째서인가? 슬프구나!

장산래가 말한다.

호공(胡公 : 胡宗憲)이 왕취교를 소화도인에게 주지 않고 영순추장에게 준 것은 무슨 심보였을까? 왕취교가 사로잡혀온 후에 곧바로 죽지 않고 멀쩡히 여러 참모들 앞에서 술을 따른 것으로 보건대 그 마음이 누구에게 있었는지 알만 하다. 왕취교가 강물에 빠져 죽은 것은 명산화상에게 보답하기 위함이 아니었다.

余讀『吳越春秋』, 觀西施沼吳, 而又從范蠡以歸於湖, 竊謂 : '婦人受人之託, 以艶色亡人之國, 而不以死殉之, 雖不負心, 亦負恩矣'. 若王翠翹之於徐海, 則公私兼盡, 亦異於西施者哉. 嗟乎! 翠翹故娼家, 辱人賤行, 而所爲耿耿若此, 鬚眉男子, 媿之多矣! 余故悲其志, 綴次其行事, 以爲之傳, 傳曰 :

王翠翹, 臨淄人, 幼鬻於倡, 冒姓馬. 假母呼爲翹兒. 美姿首, 性聰慧. 携來江南, 教之吳歈歌, 則善吳歈歌, 教之彈胡琵琶, 則善彈胡琵琶. 吹簫度曲, 音吐清越, 執板揚聲, 往往傾其座客. 平康里中, 翹兒名藉甚. 然翹兒雅淡, 顧沾沾自喜, 頗不工塗抹倚門術. 遇大腹賈及傖父之多金者, 則目笑之, 不予一盼睞溫語. 以是假母日忿而笞罵. 會有少年私翹兒金者, 以計脫假母. 而自徙居嘉興, 更名王翠翹云.

當是時, 歙人羅龍文, 饒於財, 俠游結賓客. 與翠翹交驩最久, 兼暱小妓綠珠. 而越人徐海者, 狡佻, 貧無賴. 方爲博徒所窘, 獨身跳翠翹家, 伏匿不敢晝見人. 龍文習其壯士, 傾身結友. 接臂痛飲. 推所暱綠珠與之薦寢, 海亦不辭. 酒酣耳熱, 攘袂持杯, 附龍文耳語曰 : "此一片土非吾輩得意場. 丈夫安能鬱鬱久居人下乎? 公宜努力. 吾亦從此逝矣! 他日苟富貴, 毋相忘!" 因慷慨悲歌, 居數日別去. 徐海者, 杭之虎跑寺僧, 所謂 '明山和尙'者是也.

居無何, 海入倭, 爲舶主, 擁雄兵海上, 數侵江南. 嘉靖三十五年, 圍巡撫阮鶚於桐鄉, 翠翹·綠珠皆被擄. 海一見驚喜, 命翠翹彈胡琵琶以佐酒. 日益寵幸, 號爲夫人, 斥諸姬羅拜. 翠翹旣已驕愛無比, 凡軍機密畫, 惟翠翹與聞. 乃翠翹陽爲親暱, 陰實幸其覆敗. 冀歸國以老, 淚漬漬常承睫洗面也.

會總督胡宗憲開府浙江, 善用兵, 多計策. 欲招致徐海, 自戕麻葉·陳東, 而離散王直之黨. 乃遣華老人賫檄招降. 海怒, 縛華老人, 將斬之. 翠翹語海曰 : “今日之事, 生殺在君, 降不降何與來使?” 海乃釋其縛, 畀金而遣之. 老人歸, 告宗憲曰 : “賊氣方銳, 未可圖也. 然臣睨海所幸王夫人者, 左右視, 有外心, 或可藉以殲賊耳.”

而羅龍文者微聞是語, 自喜與翠翹舊好, 乃因幕府上客山陰徐渭以見於宗憲. 宗憲以鄉曲故, 降階迎揖曰 : “生亦有意功名富貴乎? 吾今用君矣!” 與語大說. 遂受指詣海營, 攝舊日任俠衣冠, 投刺謁海. 海亟延入, 坐上座, 置酒握龍文手曰 : “足下遠涉江湖, 爲胡公作說客耶?” 龍文笑曰 : “非爲胡公作說客, 乃爲故人作忠臣耳. 王直已遣子納款, 故人不乘此時解甲釋兵, 他日必且爲虜.” 海愕然曰 : “姑置之, 且與故人飮酒.” 錦繡音樂, 備極豪侈, 倜然自以爲大丈夫得志於時之所爲也. 酒半, 出主夫人及綠珠者見龍文. 龍文改容禮之, 極宴語不及私. 翠翹素習龍文豪俠, 則勸海遣人同詣督府輸款, 解桐鄉圍.

宗憲喜, 從龍文計, 益市金珠寶玉, 陰賂翠翹. 翠翹益心動, 日夜說海降矣. 海信之, 於是定計, 縛麻葉, 縛陳東, 約降於宗憲. 至桐鄉城, 甲冑而入. 是時趙文華 · 阮鶚與宗憲列坐堂皇. 海叩首謝罪, 又謝宗憲. 宗憲下堂摩其頂曰 : “朝廷今赦汝, 汝勿復反.” 厚勞而出, 海旣出, 見官兵大集, 頗自疑. 宗憲猶憐海, 不欲殺降, 而文華迫之, 宗憲乃下令, 命總兵兪大猷整師而進. 會大風, 縱火, 諸軍鼓譟乘之, 賊大潰殲焉. 海倉皇投水, 引出, 斬其首, 而生致翠翹於軍門.

宗憲大饗參佐, 命翠翹歌吳歈歌, 遍行酒. 諸參佐或膝席, 或起舞捧觴, 爲宗憲壽. 宗憲被酒大醉, 瞀亂, 亦橫槊鄣袖, 與翹兒戲. 席亂, 罷酒. 次日, 宗憲頗媿悔醉時事, 而以翠翹賜所調永順酋長. 翠翹旣隨永順酋長, 去之錢塘江中, 恒悒悒捶牀嘆曰 : “明山遇我厚, 我以國事誘殺之. 斃一酋又屬一酋, 吾何面目生乎?” 向江潮長號大慟, 投水死.

外史氏曰 : 嗟乎! 翠翹以一死報徐海, 其志亦可哀也! 羅龍文者, 世稱‘小華道人’, 善製煙墨者也. 始以游說陰賂翠翹, 誘致徐海休兵, 可謂智士. 然其後依附權勢, 與嚴世蕃同斬西市, 則視翠翹之死, 猶鴻毛之於泰山也. 人當自重其死, 彼倡且知之, 況士大夫乎? 乃倡且知之, 而士大夫反不知者, 何也? 悲夫!

張山來曰 : 胡公之於翠翹, 不以賜小華, 而以賜酋長, 誠何心乎? 觀翠翹生致之後, 不能卽死, 居然行酒於諸参佐前, 則其意有所屬, 從可知已. 其投江潮以死, 當非報明山也.

대문진전(戴文進傳)

「화원삼고사전」 중 하나[畵苑三高士傳之一]

치황(稚黃) **모선서**(毛先舒)

명나라 화가 중에는 대진(戴進)이 으뜸이다. 대진은 자가 문진(文進)으로 전당(錢塘 : 지금의 浙江省 杭州) 사람이다. 선종(宣宗)[1]은 그림 그리기를 좋아했으며 그가 그린 작품은 하늘이 낸 것처럼 훌륭했다. 당시 궁중화가[2]였던 사정순(謝廷循)・예단(倪端)・석예(石銳)・이재(李在) 등도 모두 유명했다. 대진이 도성으로 들어오자 뭇 화가들이 그를 시기했다. 하루는 인지전(仁智殿)에서 화공들이 모두 그림을 바쳤는데, 대진은 어떤 사람이 붉은 도포를 입고 낚싯대를 드리우고 있는 모습을 그린 「가을 강에서 혼자 낚시하는 그림[秋江獨釣圖]」을 바쳤다. 그는 이 그림에서 오직 붉은 색만을 쓰면서 색을 바꾸지 않았는데, 이것은 대진만이 터득하여 오묘한 경지에

1 선종(宣宗) : 명나라 선종 주첨기(朱瞻基 : 1398~1435)를 말한다.

2 궁중화가 : 원문은 '대조(待詔)'로, 궁중에서 임금의 명령을 받드는 사람을 말한다. 당나라 이후에는 문관들 이외에도 의원이나 예술가들 또한 궁중의 별원(別院)에서 살면서 임금의 명령을 기다렸기 때문에 의대조(醫待詔)・화대조(畫待詔) 등의 명칭이 있었다.

든 옛 화법이었다. 선종이 이 그림을 보고 있을 때 사정순이 옆에 꿇어 앉아 말했다.

"대진의 그림이 지극히 아름답긴 하지만, 붉은 색은 조정의 품복(品服)인데 어떻게 낚시하는 모습을 그리는 데 쓸 수 있단 말입니까?"

선종은 고개를 끄덕이며 나머지 화폭을 걷어버리게 하고 더 이상 보지 않았다. 그래서 대진은 도성에 머무는 동안 무척이나 궁핍한 생활을 했다.

전에 대진은 금붙이를 수공하는 장인이었는데, 그가 주조한 사람이나 기물, 꽃이나 새는 몹시 정교하고 빼어나 보통 장인들보다 두 배나 많은 돈을 받았다. 대진 역시 만족해하면서 사람들도 [자신의 공예품을] 진귀하게 여기며 서로 전할 것이라 생각했다. 그러던 어느 날 시장에 나갔다가 누가 쇠를 녹이고 있기에 보았더니, 바로 자신이 만든 공예품이었다. 대진은 망연자실한 채 돌아와 사람에게 말했다.

"내가 심력을 다해 그것을 만든 것이 어찌 정교함만을 얻기 위해서였겠소! 장차 이를 빌어 내 이름이 영원히 전해지길 바랐던 것이오. 그런데 사람들은 내가 만든 공예품을 녹이면서 조금도 아까워하지 않으니 이런 기술은 아무 가치가 없소. 장차 내 재주를 어디에 맡겨야 한단 말이오?"

사람이 말했다.

"당신은 그 교묘한 재주를 금붙이에 맡겼지만, 금붙이는 그저 세속에서 아끼고 좋아하는 장식품이나 어린아이와 아녀자들의 노리개가 될 뿐입니다. 사람들은 그 찬란함만 탐할 뿐, 장인의 고통 따위야 알기나 하겠습니까? 당신의 재주를 흰 비단으로 옮긴다면 [당신의 이름은] 반드시 후세에 전해질 것입니다."

대진은 기뻐하며 그림을 배운 끝에 한 시대에 명성이 자자해지기에 이르렀다. 그러나 팔자가 기구하여, 궁정화가가 되기는 했지만 순탄치가 못해 대단한 대우를 받지는 못했다. 그의 그림은 성글면서도 촘촘했고 필치는 담담하면서도 심원했다. 그 중 인물화가 가장 뛰어났는데, 진품은 좀체 만나보기 어렵다고 한다. 나는 일개 금붙이 장인에 불과했던 대진이 불굴의 의지로 끝내 그 명성을 이룬 것에 탄복하는 바이다.

덧붙여 말한다.

뜻을 세우고 깊이 파고들며 매달리면 귀신도 돕는다. 심혈을 기울인 작품을 누가 노리개 감이라고 비웃겠는가? 대진은 끌을 쥐고 금붙이를 제련해 생계를 도모했으나, 마음에 느낀 바가 있어 본업을 바꾸고 결국 명성을 이루었다. 사람이 지극정성이면 하늘이 이루어주는도다!

장산래가 말한다.

명나라 화사(畵史)에 구십주(仇十洲)[3]라는 사람이 있는데, 그도 처음에는 칠공(漆工) 일을 하면서 겸사겸사 남의 집 기둥과 지붕에 그림 그리는 일을 했다. 나중에 직업을 바꾸어 화공이 된 후 인물과 누각을 그리는 데 뛰어났다. 그러나 나는 그의 그림에서 기술자의 냄새가 약간 풍기는 것이 싫어 대문진보다 못하다고 여긴다. 대문진은 산수화에도 뛰어났으니 이는 더더욱 구십주가 미치지 못하는 바이다.

明畫手以戴進爲第一. 進字文進, 錢塘人也. 宣宗喜繪事, 御製天縱. 一時待詔有謝廷循·倪端·石銳·李在, 皆有名. 進入京, 衆工妬之. 一日在仁智殿呈畵, 進進「秋江獨釣圖」, 畵人紅袍垂釣水次. 畵惟紅不易著, 進獨得古法入妙. 宣宗閱之, 廷循從旁跪曰: "進畵極佳, 但赤是朝廷品服, 奈何著此釣魚?" 宣宗頷之, 遂麾去餘幅不視. 故進住京師, 頗窮乏.

先是進鍛工也, 爲人物花鳥, 肖狀精奇, 直倍嘗工. 進亦自得, 以爲人且寶貴傳之. 一日於市, 見鎔金者, 觀之, 卽進所造. 憮然自失, 歸語人

---

3 구십주(仇十洲) : 구영(仇英)을 말한다. 구영은 자가 실보(實甫) 호가 십주로 지금의 강소성(江蘇省) 태창(太倉) 사람이다. 그는 본래 장인이었다가 나중에 주신(周臣)에게서 그림을 배워 유명해졌다. 특히 춘궁화(春宮畵)에 뛰어났다고 한다.

曰 : "吾瘁吾心力爲此, 豈徒得精! 意將托此不朽吾名耳. 今人爍吾所造, 亡所愛, 此技不足爲也. 將安托吾指而後可?" 人曰 : "子巧托諸金, 金飾能爲俗習翫愛, 及兒婦人御耳. 彼惟煌煌是耽, 安知工苦? 能徙智於縑素, 斯必傳矣." 進喜, 遂學畵, 名高一時. 然進數奇, 雖得待詔, 亦轗軻亡大遇. 其畵疎而能密, 著筆澹遠. 其畵人尤佳, 其眞亦罕遇云. 予欽進鍛工耳, 而命意不朽, 卒成其名.

贊曰 : 立志探懸, 鬼神所贊. 孰是殫精, 而屑近翫? 戴君操撾, 鍛金爲生, 感慨徙業, 卒成高名. 蓋人極而天呈矣夫!

張山來曰 : 明畵史又有仇十洲者, 其初爲漆工, 兼爲人綵繪棟宇. 後徙而業畵, 工人物樓閣. 予獨嫌其畧帶匠氣, 顧不若戴文進爲佳耳. 且戴兼工山水, 則尤不可及也.

털보 나무꾼 이야기[髥樵傳]

천석(天石) 고채(顧彩)

명나라 말 오현(吳縣 : 지금의 江蘇省 蘇州市 일대) 동정산(洞庭山)의 한 마을에 나무꾼이 살았는데, 구레나룻이 많고 풍채가 좋았다. 이름은 알려지지 않았고 힘이 매우 셌다. 그는 매일 밤중에 땔나무를 했는데, 혼자 산속을 다니면서도 뱀이나 호랑이를 피하지 않았다. 해놓은 땔감을 남들은 백 근(斤)을 지면 그만인데 반해 털보는 혼자서 이백사십 근을 지었고, 남에게 팔 때는 백 근 값만 받았다. 누군가 의아해하며 물으면 그는 이렇게 대답했다.

"사람들이 산에서 땔감을 할 때, 각자 능력껏 해서 먹고살면 그 뿐입니다. 저들이라고 땔감을 많이 지고 싶지 않은 것이 아니라 힘이 부족해서입니다. 나는 비록 힘으로는 몇 배를 질 수 있지만 먹는 것은 남들과 다르지 않기 때문에 그 값을 낮춰 받는 것입니다. 게다가 값을 낮추면 내 땔감을 쉽게 팔 수 있으니 어찌 이익이 아니겠습니까?"

이때부터 사람들은 그를 매우 기이하게 여기며 눈 여겨 보게 되었다.

털보는 글을 읽을 줄 몰랐지만 사람들이 하는 고금의 이야기 듣는 것은 무척 좋아했다. 그는 늘 의기에 격앙되어 시비를 따지는 말을 하곤 하였는데, 그러면 유학자들도 반박하지 못했다. 한번은 땔감을 메고 연극 하는 곳에 가서 『정충전(精忠傳)』을 보다가 진회(秦檜)가 등장하자 버럭 화를 내며 무대 위로 날아올라가 진회를 쓰러뜨리고 두들겨 팼다. [진회 역을 맡은 배우는] 피를 줄줄 흘려 거의 죽을 지경이 되었다. 사람들이 깜짝 놀라 [배우를] 구해내자 털보가 말했다.

"너는 승상이 되어서 이처럼 간사하니, 때려죽이지 않고 무얼 기다리겠는가!"

사람들이 말했다.

"이것은 연극이요. 저 사람은 진짜 진회가 아니란 말이요."

털보가 말했다.

"연극인 줄 알았기 때문에 때리기만 한 거요. 진짜였으면 내 도끼에 죽었소!"

그의 강직하고 악인을 미워하는 성정이 이와 같았다.

털보의 형이 모산(茅山)에 참배하러 갔다가 벼랑에서 떨어져 갈비뼈가 부러져 죽었다. 어떤 사람이 말하길, 형이 밤에 불경하게 술을 마신 탓에 왕령관(王靈官)[1]의 채찍에 맞아 죽은 것이라고 했다. 털보는 화가 나서 하루 밤낮을 걸어 모산을 찾아갔다. 술을 진탕 마셔 취하고는 왕령관에게 따지며 말했다.

"네 죄는 세 가지다! 조사(祖師)[2]를 존경하여 참배하러 오는 사람이라면 그 본심은 선할 것이며, 술을 마신 것은 그저 작은 허물일 뿐, 죽일 죄까지는 아니다. 그런데도 너는 그를 죽였으니 인자하지 못한 죄가 하나요, 조사께서는 자비로써 인간세상을 보호하시며 도량도 넓고 크신데,

1 왕령관(王靈官) : 도교에서 산문(山門)을 지킨다는 수호신이다. 붉은 얼굴에 눈이 세 개이며 무기와 채찍을 든 형상을 하고 있다고 한다.

2 조사(祖師) : 도교에서 종파(宗派)를 창립한 사람을 말한다.

너는 그 아래에 있는 자로서 잔인한 짓을 행하여 조사의 뜻을 거슬렀으니 공손하지 못한 죄가 둘이요, 나의 형은 힘없는 사람으로 참배하러 왔다가 조금 술에 취했을 뿐인데도 너는 그를 죽였고, 나는 참배하러 오지도 않았으며 어제 진탕 술을 마시고 오늘 너를 욕하는데도 그런 나는 죽이지 않으니, 용감하지 못한 죄가 셋이다. 너 같은 자는 부셔 없애버려 마땅하거늘, 어찌하여 채찍을 들고 눈을 부라리며 여기에 앉아 있느냐!"

그리고는 채찍을 빼앗고 신상을 부수려고 했으나 사람들이 그를 말리며 내보내는 바람에 그만두었다. 털보는 형의 유골을 지고 돌아와 장사지냈다.

동정(洞庭)에 사는 고아 진학기(陳學奇)는 추씨(鄒氏)의 딸을 아내로 맞기로 하고 혼인날까지 잡아놓았다. 그런데 여자의 오빠가 갑자기 여동생의 뜻을 꺾고 소(蘇) 아무개 관리에서 첩으로 바쳐버렸다. 진학기가 울며 관가에 호소했으나 관가에서는 관리의 권세가 두려워 어쩌지 못했다. 진학기는 여자의 오빠를 고소하려 했으나 관리가 오빠를 비호했기에 억울함을 하소연할 길이 없었다. 진학기는 곤경에 처하게 되었다. 그러던 어느 날 길에서 털보를 만나자 자초지종을 알리며 이렇게 말했다.

"당신은 평소에 의로운 일에 격분을 잘한다고 하던데, 나를 위해 이 일을 해결해 줄 수 있소?"

털보는 이를 허락했다.

"그러나 시일이 필요하니 나를 재촉하지 말고 좀 기다리시오."

그러자 진학기는 감동하며 눈물을 흘렸다.

털보는 그곳을 떠나 자기 몸을 팔아서 높은 관리의 가마꾼이 되었다. 관리는 그가 힘이 세고 부지런한 것을 보고 그를 매우 신임하며 아꼈다. 그 덕분에 그는 안채를 출입할 수 있었는데, [보았더니] 추씨의 딸은 과연 관리의 세 번째 첩이 되어있었다. 털보가 틈을 타 여자에게 사정을 알리자 여자는 비 오듯 눈물을 흘리며 정조를 잃게 된 상황을 하소연하고는 털보에게 곤륜노(崑崙奴)[3]가 되어달라고 했다. 털보가 말했다.

"너무 다그치지 마시오."

그러던 어느 날 관리의 부인이 첩들을 거느리고 천평산(天平山)에 놀러 가겠다고 하자 관리도 이를 말리지 못했다. 털보는 속으로 기뻐하며 말했다.

"계획을 실행해도 되겠군!"

그는 몰래 강둑에 배를 준비해 두었다. 첩들이 가마에 오르자 털보는 세 번째 가마를 메었는데, 그것은 바로 추씨가 탄 가마였다. 그는 문을 나서면서 다른 가마꾼에게 길을 돌아가겠다고 속이고는 재빨리 달려 강둑에 도착했다. 그리고는 여자에게 말했다.

"배에 오르시오!"

배는 황급히 출발하여 마치 말이 달리 듯 잽싸게 흘러갔다. 여러 종들이 갑작스런 사태에 깜짝 놀라 소리치며 쫓아왔다. 그러나 털보가 주먹으로 쳐서 세 사람을 땅에 쓰러뜨리자 그들은 소리조차 내지 못했다. 털보가 천천히 떠나왔더니 여자를 태운 배는 이미 진씨 집 문에 도착해 있었다. 진학기는 아내를 얻어 기쁜 나머지 제아무리 고압아(古押衙)[4]라도 털보만은 못할 것이라고 여겼다. 털보는 진학기에게 어서 빨리 아내를 되찾게 된 상황을 관가에 알리라고 했다.

처음에는 관가에서 높은 관리를 거스르지 못했지만 그 이야기를 듣고는 통쾌해 했다. 관가에서는 수소문하여 털보가 그 의로운 일을 했음을 알아내고 그에게 술과 비단, 꽃무늬 비단 등을 하사하여 영예를 더해주

---

3 곤륜노(崑崙奴) : 당 전기 「곤륜노」에서 곤륜노는 주인인 최생(崔生)을 도와 일품관댁 시녀를 데리고 온다. 원래 최생은 일품관댁에 놀러갔다가 그곳에서 한 시녀를 보게 되고 그녀를 좋아하게 되지만 그녀를 데리고 올 방법이 없었다. 곤륜노는 이 사실을 알고 시녀가 최생에게 알린 은어(隱語)를 해석하고 일품관댁에 잠입하여 그녀를 구해낸다.

4 고압아(古押衙) : 당 전기 「무쌍전(無雙傳)」에서 여주인공 무쌍(無雙)을 구해주는 역할을 한다. 「무쌍전」의 여주인공 무쌍은 원래 왕선객(王仙客)과 혼인하기로 약속되었으나 우여곡절 끝에 궁녀가 된다. 그러나 나중에 고압아의 도움으로 궁에서 나와 왕선객과 다시 만나게 된다.

었다. 높은 관리는 부끄러운 마음에 마치 아무것도 못 들은 척 두문불출했다. 이때부터 '의로운 나무꾼'의 명성이 더욱 자자해졌다. 당시 그의 나이 오십여 세였다.

갑신년(1644)에 틈적(闖賊)[5]이 도성을 장악하고 숭정제(崇禎帝)의 비보가 들려왔다. 어떤 사람이 저자거리에서 소문을 전했다.

"이자성(李自成)이 황제를 내쫓고 그 자리에 앉았다!"

털보는 믿을 수가 없어 서너 명에게 다시 물어보았는데, 하나같이 똑같은 말을 했다. 털보는 크게 격분하며 말했다.

"내 일고여덟 살적부터 황제의 성은 주씨(朱氏)라고 알아왔는데, 지금 저 이씨(李氏) 역적은 대체 어떤 놈이냐? 옛 임금은 어디로 갔느냐? 어찌하여 조정에 가득했던 문무백관들이 아무도 힘을 써 구하지 않는단 말이냐? 내 이미 늙었지만 다시 역적의 백성의 될 수는 없다!"

그리고는 크게 하늘을 향해 세 번 절규하더니 태호(太湖)[6]에 몸을 던져 죽었다. 그가 죽던 날, 의로운 명성이 오 땅을 진동했다고 한다.

고자(顧子 : 顧彩)가 말한다.

의롭구나, 털보여! 의로움을 보면 반드시 행하고 뜻을 세우면 굽히지 않으니, 선비들 가운데서 찾기도 사실 어렵거늘 나무꾼 중에서랴! 털보는 이름이 없지만 나의 스승 오송균(吳頌筠)이 일찍이 그를 위해 전(傳)을 지어준 적이 있다. 하지만 그 전 또한 자세하지 않아 다시 주승신(朱僧臣)에게 물어보았더니 이와 같이 말해 주었다. 진실로 거짓이 아니구나! 저 세력에 빌붙고 임금과 어버이를 저버리는 자들이 털보 이야기의 대강을 보게 되면 경계해야할 바를 알 수 있을 것이다.

---

5 틈적(闖賊) : 이자성(李自成)의 무리를 지칭한다.

6 태호(太湖) : 원문은 '구구(具區)'로 태호를 말한다. 『주례(周禮) · 하관(夏官)』「직방씨(職方氏)」에 보면 "동남은 양주(揚洲)라 하고 그 산은 회계(會稽)라 하며 그 호수는 구구(具區)라 한다[東南曰揚州, 其山鎭曰會稽, 其澤藪曰具區]."

장산래가 말한다.

연극을 보고 분노하여 사람을 죽였다는 이야기는 한두 번 들은 게 아니다. 이 나무꾼 이야기의 기이한 부분은 뒤의 몇 단락에 있는데, 추씨의 딸을 다시 찾아온 부분은 그의 능력을 잘 보여주고 있다. 스스로 태호에 빠져 죽은 것은 진실로 그가 갈 곳으로 갔다고 할 수 있겠다.

明季吳縣洞庭山, 鄕有樵子者, 貌髯而偉. 姓名不著, 絶有力. 每暮夜樵採, 獨行山中, 不避蛇虎. 所得薪, 人負百觔而止, 髯獨負二百四十觔, 然鬻於人, 止取百斤價. 人或訝問之, 髯曰 : "薪取之山, 人各自食其力耳. 彼非不欲多負, 力不贍也. 吾力倍蓰而食不兼人, 故賤其値. 且値賤, 則吾薪易售, 不庸有利乎?" 由是人頗異之, 如刮目焉.

髯目不知書, 然好聽人談古今事. 常激於義, 出言辨是非, 儒者無以難. 嘗荷薪至演劇所, 觀『精忠傳』, 所謂秦檜者出, 髯怒, 飛躍上臺, 摔檜毆. 流血幾斃. 衆咸驚救, 髯曰 : "若爲丞相, 奸似此, 不毆殺何待!" 衆曰 : "此戲也, 非眞檜." 髯曰 : "吾亦知戲, 故毆. 若眞, 膏吾斧矣!" 其性剛疾惡類如此.

髯有兄進香茅山, 墮崖折胸死. 或傳其暮夜飮酒不誠, 被王靈官鞭殺者. 髯怒, 走一日夜, 詣茅山. 飮大醉, 數王靈官曰 : "汝有罪三! 人敬祖師, 來進香, 固有善心, 飮酒小過, 無死狀. 汝輒殺之, 不仁, 罪一, 祖師以慈庇下土, 量甚宏大, 汝居位下, 行殘忍, 不遵祖師意, 不恭, 罪二, 吾兄, 小人也, 酬香而來, 小被酒, 汝輒殺之, 吾來不酬香, 昨實大飮, 今日詈汝, 汝反不能殺, 無勇, 罪三. 汝宜毁撤, 曷爲横鞭瞋目, 坐踞於此!" 欲奪鞭碎像, 衆讋遣之, 乃止. 負兄骨歸葬焉.

洞庭有孤子陳學奇, 聘鄒氏女爲室, 婚有期矣. 女兄忽奪妹志, 獻蘇宦某爲妾. 學奇泣訴於官, 官畏宦勢, 無如何也. 學奇訟女兄, 宦並庇兄不得伸. 學奇窘甚. 一日, 値髯於途, 告之故, 且曰 : "若素義激, 能爲我籌此乎?" 髯許諾 : "然需時日以待之, 毋迫我也." 學奇感泣. 髯去, 鬻身爲顯者輿僕. 顯者以其多力而勤, 甚信愛之. 得出入內闥, 鄒女果爲其第三妾. 髯得間, 以陳情告, 女泣如雨, 訴失身狀, 願公爲崑崙. 髯曰: "毋迫." 一日, 顯者夫人率羣媵遊天平山, 顯者不能禁. 髯嘿賀曰: "計行矣!" 於是密具舟河干. 衆妾登輿, 髯舁第三輿, 乃鄒氏也. 出門, 紿其副迂道, 疾行, 則至河干. 謂女曰: "登舟!" 舟遽開, 帆疾如駛. 羣僕駭變, 號呼來追. 髯拳三人仆地, 不能出聲. 徐去, 則女舟已至陳門矣. 學奇得室忻感, 謂古押衙不是過也. 髯謂學奇, 亟宜鳴之官以得妻狀. 官始不直顯者, 至是稱快. 詢知義由於髯, 賜酒帛花綵以榮之. 顯者慙, 杜門若不聞者. 自是'義樵'名益著. 年五十餘矣.

甲申, 闖賊破京城, 崇禎帝凶問至. 或傳於市中曰: "李自成坐却龍廷矣!" 髯不信, 歷問三四人, 言如一口. 髯大憤曰: "吾生年七八歲時, 卽知皇帝姓朱, 今李賊何爲者耶? 故君安往耶? 何文武滿朝, 無一人出力救耶? 吾年老, 不能復爲賊百姓也!" 乃大呼天者三, 投具區以死. 死之日, 義聲振吳下云.

顧子曰: 義哉髯也! 見義必爲, 矢志不屈, 求之士人中, 亦戛戛難之, 况樵子乎! 髯無姓名, 吾師吳頌筠, 曾爲立傳. 傳未悉, 予又詢之朱子僧臣, 所言如此. 良不妄矣! 彼附勢利, 忘君親者, 觀髯梗槪, 亦可以知所儆乎.

張山來曰: 觀劇忿怒殺人, 所聞者非止一事. 此樵奇處, 在後數段, 刼鄒女尤見作用. 至自投具區以死, 眞可謂得其所矣.

조희건전(趙希乾傳)

중소(中素) **감표**(甘表)

조희건(趙希乾)은 남풍현(南豐縣 : 江西省 동부 남풍현) 동문(東門) 사람으로 어려서 아버지를 여의고 베 짜는 일을 생업으로 삼았다. 열일곱 살에 어머니가 병이 들어 한 달이 지나도록 낫지 않자 아침저녁으로 대신 아프게 해 달라고 빌었으나, 조금도 차도가 없었다. 점쟁이에게 가서 길흉을 물었더니 점쟁이는 평소 경험에 비추어 추측하면서 어머니는 살 방도가 없겠다고 말했다. 시장에 가서 점을 쳐도 그 점쟁이 또한 불길하다고 말했다. 조희건은 떠나지 않고 주저하더니 이렇게 물었다.

"어떻게 하면 어머니의 병을 낫게 할 수 있습니까?"

점쟁이는 그가 자꾸 물어보자 귀찮아하며 말했다.

"당신 어머니 병은 고칠 수 없소. 그래도 고쳐야겠다면 심장을 한번 도려내 살려보지 그러오?"

조희건은 집으로 돌아가 옆에서 어머니 병시중을 들었으나 어머니의 병세는 더욱 위독해졌다. 햇빛이 침상 자리를 비스듬히 비추는데, 몸뚱

이와 그림자만 외로이 보일 뿐, 적막하니 옆에 그 누구도 없었다. 조희건은 갑자기 일어나 상자 속에서 머리 깎는 작은 칼을 꺼내 들고 창밖에 섰다. 그리고는 한 마디 정도 깊이로 가슴을 가르고 손을 넣어 심장을 꺼내려했는데, 찾을 수가 없었다. 그때 갑자기 바람 소리가 휙 나더니 문이 덜커덩거리기에 누가 온 줄만 알고 당황하여 사방을 둘러보고는 급히 창자를 잡고 쭉 꺼내 몇 마디를 잘라냈다. 사람이 놀라면 심장이 위로 쪼그라 붙어서 구불구불한 창자만 가슴과 뱃속에 잔뜩 있다고 한다. 조희건은 솥 위에 창자를 놓고선 어지러워 쓰러질 듯이 방으로 들어와 누웠다. 잠시 후에 고모님이 문병 왔다가 솥 위의 물건을 보고는 조희건의 넓적다리살인 줄 알고 삶아서 어머니께 드렸다. 그러고 나서 다시 보았더니 조희건의 가슴과 배 사이에 피가 흥건했고, 소리조차 내지 못하고 있었다. 그제야 고모님은 그가 심장을 갈랐다는 사실을 알았다.

온 마을에 떠들썩하게 소문이 퍼졌다. 현령의 귀에까지 그 소문이 들어가자 현령이 직접 찾아와 보고 안팎의 의원들을 시켜 모자의 병을 치료하게 했다. 그랬더니 며칠도 안 되어 어머니의 병이 나았다. 열흘 후에는 조희건도 조금씩 음식을 먹었다. 가슴 앞에 삐져나온 창자는 다시 집어넣을 수가 없어서 매일 자정과 정오 사이 거기서 똥물이 뚝뚝 떨어졌다. 한 달쯤 후에 조희건은 아무 탈 없이 일어나긴 했지만 평생 동안 똥물이 가슴에서 흘러나왔다.

조씨는 본래 송(宋)나라 황실의 후예로, 남풍현의 거족(巨族)이었다. 가문에서는 그를 기이한 효자로 여겨 두 모자가 넉넉히 살 수 있도록 도와주었고 그에게 글공부도 시켜주었다. 학사(學使)[1]인 후동증(侯峒曾)[2]은 그

1 학사(學使) : 제독학정(提督學政)의 줄임말로 독학사(督學使)라고도 한다. 각 성에 파견되어 동생(童生)이나 생원(生員)들이 시험 보는 것을 감독했다.

2 후동증(侯峒曾 : 1591~1645) : 명나라 소주(蘇州) 가정(嘉定 : 지금의 上海) 사람. 자는 예첨(豫瞻)이고 천계(天啓) 5년(1625)에 진사가 되었다. 시문을 좋아하고 서법에 능했다. 절강참정(浙江參政)을 지냈다. 홍광원년(弘光元年), 청나라 순치(順治) 2년(1645)에 가정에서 반청운동이 일어나자 그는 황순요(黃淳耀)와 더불어 수령에 추대되고,

일에 대해 듣고 그를 박사제자원(博士弟子員)으로 뽑았다. 숭정(崇禎) 임오년(1642)에 천하 선비 중에 한 명을 뽑아 성균관(成均館)에 천거하라는 황제의 조서가 내려왔다. 학사 오석거(吳石渠)[3]는 시험을 마친 뒤 제생들 앞으로 나아가 말했다.

"효(孝)는 모든 행실의 근본이다. 조희건은 심장을 도려내 어머니를 구했는데도 죽지 않았으니, 이는 일상적인 이치를 가지고 논할 수 있는 일이 아니다. 제군들이 몹시 다재다능하여, 문장으로 우열을 따진다면 조희건은 이번 시험에 합격할 수 없다. 그러니 제군들이 조희건에게 합격을 양보함으로써 효를 장려하는 뜻을 보이게 해주길 바란다."

제생들은 모두 고개를 끄덕이며 기쁜 마음으로 수긍했다. 이에 조희건은 임오년 은공(恩貢)[4]에 뽑히게 되었다. 이로부터 삼사년 후에 그는 갑신(甲申)·을유(乙酉)의 변고[5]를 만났다. 조희건은 산 속으로 피난 갔는데, 어머니를 봉양할 길이 없어 결국 사방을 다니며 점을 쳐주면서 어머니를 모셨다. 그로부터 다시 십여 년이 지나 어머니는 여든을 넘겨 죽었다.

나는 어렸을 때부터 종종 조희건이 선친을 찾아와 이야기 나누는 모습을 보았다. 그는 먹고 마시고 사는 것이 일반 사람과 다르지 않았으며, 얼굴은[6] 검고 코는 높고 귀는 네모나고 눈동자는 반짝였다. 또 훤칠하고

성을 지키다가 두 아들과 함께 물에 뛰어들어 순국했다.

3 오석거(吳石渠 : ?~1647?) : 명나라 말기의 희곡작가 오병(吳炳). 호는 찬화주인(粲花主人)이며 의흥(宜興 : 지금의 강소성 의흥현) 사람이다. 영락연간(永樂年間)에 병부우시랑(兵部右侍郎) 겸 동각대학사(東閣大學士)를 역임했다. 청군이 남하했을 때 힘껏 항쟁하다 포로가 되자 형주(衡州)에서 자살하였다. 전기 작품 『녹목단(綠牡丹)』과 『요투갱(療妒羹)』 등 다섯 종류를 남겼다.

4 은공(恩貢) : 명청시대 과거제도에 따르면 매년 부(府)·주(州)·현(縣)에서 생원을 뽑아 도성에 보내 국자감(國子監)에서 보는 시험을 세공(歲貢)이라 했고 황제가 등극하거나 기타 특별한 일로 인해 황제가 조서를 반포하여 세공 이외에 한 번 더 보는 시험을 은공이라 했다.

5 갑신(甲申)·을유(乙酉)의 변고: 갑신·을유년은 1644~1645년으로 이자성(李自成)이 북경에 들어와 명나라를 뒤엎고 나서 나중에 청나라 군대에게 쫓겨나간 해이다.

6 얼굴은: 민국24년 상해 개명서점(開明書店)의 연배본(鉛排本)을 배인(排印)한 1954년 문학고적간행사(文學古籍刊行社)본 『우초신지』에는 '이(而)'로 되어 있으나 인민

돈후한 기풍을 지니고 있었다. 그와 함께 오래 서 있으면 가슴 사이에서 가끔씩 똥냄새가 났다. 내가 열 살 되던 해에 선친께서는 조희건을 서재로 모셔와 나에게 정중히 읍하며 재배하게 하였다. 그런 다음 그에게 옷을 벗어 가슴을 보여 달라고 부탁했다. 두 젖꼭지 가운데에 창자가 1촌 남짓 튀어나와 있었는데, 피처럼 선홍색을 띠고 있었다. 대나무통에 실을 매달아 목에 걸고 다니면서 창자에서 떨어져 나온 똥물을 받았다. 죽통은 씻어서 바꾸었는데, 하루에 반드시 두세 차례 바꾸어야 했다. 항상 누런 물이 끊임없이 똑똑 떨어졌으니, 아마도 이미 삼십년 이상 그렇게 한 것 같았다. 이때부터 조희건은 집에 머무는 일이 적어지더니 어머니가 돌아간 지 십년이 채 못 되어 그 역시 죽었다. 그의 나이 예순 하나였다.

감표가 말한다.

자기 몸을 해쳐가면서까지 하는 미련한 효를 조정에서 표창하지 않는 것은 옳은 처사다. 그러나 조희건의 한결 같은 효성은 천지에 통하고 귀신까지 감응시켰으니, 어찌 가상히 여기지 않을 수 있겠는가! 탕척암(湯惕菴)[7]은 조희건의 일을 언급하는 것을 가장 싫어한다. 그러나 나는 마땅히 나라의 특전을 내려 한번은 표창해야 한다고 생각한다. 이러한 일은 본받을 수는 없지만 널리 전하여 효행의 감응을 알게 할 수는 있기 때문이다. 가슴을 가르고 장을 잘랐는데도 죽지 않았으니, 이 어찌 하늘이 그에게 내린 표창이 아니겠는가? 하늘이 표창하였는데 그 누가 표창하지 않을 수 있겠는가? 그러나 표창하고 전해지지 않는 것은 표창하지 않고

일보출판사(人民日報出版社)에서 출판된 『우초신지』에는 '면(面)'으로 되어 있다.

7 탕척암(湯惕菴 : 1607~1688) : 탕래하(湯來賀). 명말청초의 산문가이자 시인이다. 자는 좌평(佐平)이었으나 후에 염평(念平)으로 바꾸었다. 척암은 그의 호다. 숭정 13년(1640)에 진사가 되어 양주추관(揚州推官)을 역임하고 예부주사(禮部主事)·광동접찰사첨사(廣東按察司僉事)·광동포정사(廣東布政使) 등을 역임했다. 남명(南明) 당왕(唐王)이 제위에 올랐을 때 호부시랑(戶部侍郎), 병부시랑(兵部侍郎) 겸 순무를 역임했으나 청나라 순치 3년(1614)에 계왕(桂王) 주유랑(朱由榔)이 월(粵)에서 제위에 오른 후 도어사(都御使)로 초징하자 나아가지 않고 백록동(白鹿洞)에서 강학을 하며 일생을 마쳤다.

전해지느니만 못하다. 어떻게 하면 사가(史家)[8]에게 기록되어 후세에 전할 수 있을까? 아아! 고금의 충성되고 효성스런 선비들은 어리석지 않고는 이루어지지 않았다. 세상에는 죽은 뒤에 이름이 전해지지 않는 사람이 또 어찌 그리 많은가? 슬프구나!

장산래가 말한다.

나의 친구 왕불암(王不菴)[9]이 내게 효자 이야기를 들려준 적이 있는데, 애석하게도 입으로 전해준 것이어서 책에 실을 수 없었다. 지금 감중소(甘中素 : 甘表)가 이 전(傳)을 보여주니, 비로소 보통을 뛰어넘는 일을 한 사람들은 결코 그 이름이 없어지지 않음을 알겠다.

趙希乾, 南豐東門人, 幼喪父, 以織布爲業. 年十七, 母抱病月餘, 日夜祈禱身代, 不少愈. 往問吉凶於日者, 日者推測素驗, 言母命無生理. 又往卜於市, 占者復言不吉. 希乾踟躕不去, 曰 : "何以救母病?" 占者惡其煩數, 曰 : "汝母病必不治. 若欲求愈, 無乃割心救之耶?" 希乾歸, 侍母左右, 見病益危篤. 時日光斜射牀蓆, 形影孑立, 寂寂旁無一人. 希乾忽起去, 笥中得薙髮小刀, 立於牕外. 剖胸, 深寸許, 以手入取其心, 不可得. 忽風聲震颯, 門戶胥動, 以爲有人至, 四顧周章, 急取得腸, 抽出, 割數寸. 蓋人驚則心上忡, 腸盤旋滿胸腹云. 希乾置腸於釜上, 昏仆就室而臥. 頃刻, 母姑來視病, 見釜上物, 以爲希乾股肉也, 烹而進之母. 再視希乾, 則血淋漓心腹間, 不能出聲. 始知希乾爲割心矣.

---

8 사가(史家) : 원문은 '용문(龍門)'이다. 용문은 『사기(史記)』의 편찬자인 사마천(司馬遷)의 고향이기에 사마천을 상징하는 말로 쓰인다.

9 왕불암(王不菴 : 1626~1701) : 왕간(王艮)으로, 청나라 초기의 문학가이다. 처음 이름은 왕위(王煒)이고 자는 웅석(雄右), 또 다른 자는 무민(無悶)이다. 호는 불암(不菴)·광승초(廣乘樵)이고 만년의 호는 녹전(鹿田)이며, 안휘성(安徽省) 흡현(歙縣) 유안(兪岸 : 지금의 森村鄉 漁岸村) 사람이다. 시문에 뛰어났고 글에도 법도가 있었으며 옛 격식을 잘 지켰다고 한다.

城邑喧然傳其事. 聞於令, 令親往視之, 命內外醫調治母子病. 不數日, 母病愈. 旬日, 希乾亦漸次進飲食. 胸前腸出不得納, 每日子午間, 糞滴瀝下. 月餘後, 希乾起無恙, 終身矢從胸上出.

趙氏故宋裔, 爲南豐巨族. 宗黨以爲奇孝, 供贍其母子, 而更教之讀書. 學使者侯峒曾聞其事, 取充博士弟子員. 崇禎壬午, 以恩詔天下學選一人貢於成均. 學使者吳石渠旣考試畢, 進諸生而告之曰: "百行以孝爲先. 趙希乾割心救母, 不死, 不可以尋常論. 建武多才, 校士衡文, 希乾不應入選. 今欲諸生讓貢希乾, 以示奬勸." 諸生咸頓首悅服. 於是以希乾選補壬午恩貢. 又三四年而有甲申・乙酉之變. 希乾避亂山中, 將母不遑, 遂賣卜, 奔走於四方, 以養其母. 又十餘年, 母壽八十餘而卒.

予自幼時, 常見希乾過先君談. 飮食起居如常人, 而黎黝高準方耳, 睛光滿眸子. 頎然而長, 多渾樸之風. 與之立久, 胸間時聞穢氣. 予年十歲, 先君請希乾入書室, 命表肅揖再拜. 求解衣開胸視之. 兩乳正中間, 腸突出寸許, 色鮮紅如血. 以絲帶繫竹筒懸於頸, 乘其腸糞出. 洗換竹筒, 日必再三換. 常時滴黃水不絶, 盖已三十餘年. 自是希乾少家居, 母死未十年, 而希乾亦卒. 年六十一.

甘表曰: 朝廷不旌毁傷愚孝, 尙矣. 然希乾一念之誠, 若有以通天地, 格鬼神也, 豈不可嘉哉! 湯公惕菴, 最惡言希乾事. 予則以爲應出特典, 一加旌賞. 蓋事不可法而可傳, 使知孝行所感. 雖剖胸斷腸而不死, 豈非天之所以旌之耶? 天旌之, 誰能不旌之? 然旌而不傳, 不若不旌而傳也. 安得龍門之書以施於後世哉? 嗚呼! 古今忠孝之士, 非愚不能成. 而世之身沒而名不傳者, 又何多也? 悲夫!

張山來曰: 予友王不菴曾爲予言孝子事, 惜屬口述, 不獲載之簡編. 今甘子中素以斯傳見示, 乃知事之度越尋常者, 終不能泯其姓字也.

만부웅이 호랑이를 때려잡은 이야기[萬夫雄打虎傳]

남촌(南村) 장총(張惣)

경천(涇川 : 지금의 甘肅省 涇川縣)에 성은 만(萬)이요 자는 부웅(夫雄)인 사람이 있었다. 젊어서 힘이 좋아 주먹으로 용맹을 떨쳤으나 사냥이라곤 해 본 적이 없었다. 하루는 오래 전부터 형제처럼 막역하게 지내던 친구 범씨(范氏)와 이른 아침에 산속을 걷고 있었다. 그런데 갑자기 풀숲에서 커다란 호랑이가 나타나 범씨를 잡아가 버렸다. 범씨가 소리치며 말했다.

"만부웅, 살려줘! 살려줘!"

만부웅도 망연자실 어쩔 줄 몰라 하다가 큰 나무를 흔들어 뽑아선 화가 잔뜩 난 채 나무를 들고 호랑이를 쫓아갔다. 만부웅이 1리쯤 쫓아가 하늘이 쩌렁쩌렁 울리도록 한 번 소리치자 호랑이는 머뭇거리며 세 번 정도 뒷걸음질 쳤다. 그 틈에 범씨가 호랑이에게서 도망쳐 나오자 만부웅은 몽둥이로 호랑이를 내리쳐 목을 맞췄다. 호랑이는 사나운 기세로 대들며 싸우려고 했지만 목이 아파서 끝내 고개를 들 수가 없었다. 만부웅이 승기를 잡고 다시금 호랑이를 내리치자 호랑이는 이내 죽고 말았다. 그러자 어미 호랑이와 새끼 호랑이가 곧 이어 나타났다. 만부웅은 멈출 수 없음을 직감하고 물러섰다 다가섰다 하다가, 평생의 용기를 모두 발휘해 죽을힘을 다해 격투를 벌였다. 두 마리의 호랑이가 연이어 그의 손에 죽었다.

아아! 만부웅은 일개 시골 촌놈이라 『시경(詩經)』이 뭔지 『서경(書經)』이 뭔지조차 모르며, 또한 벗을 사귀는 도리가 뭔지도 모른다. 그러나 창졸지간에 남이나 마찬가지인 형제의 마음을 차마 저버리지 못해 결국 호랑이 세 마리를 죽이고 그 친구를 구해냈으니, 그 의로움이 어찌 위대하지 않으리오? 만부웅은 참으로 의로운 대장부로구나! 나는 머리를 맞대고 붙어 다니는 사람들을 늘 보아왔는데, 그 사귐은 형제처럼 가깝고 우정은 금석(金石)에 비할 만큼 단단하다고 말하지만, 일단 위급한 일이 터지면 벌이나 전갈의 보잘것없는 독이라도 사용해서 [벗을 위해] 적을 해치거나 죽이려 하지 않는다. 어지러운 동란의 때를 만나면, 오래전부터 어울리며 친구, 너나 하며 가까이 지내던 무리라 할지라도 새들이 날아가고 구름이 흩어지듯 그렇게 모습을 감추어버리고 아무도 돌아보지 않는다. 그런 자들을 만부웅과 비교해볼 때 과연 어떠한가?

어떤 사람이 말했다.

"혼자서 호랑이 세 마리를 죽였다는 말은 너무 황당하다. 거의 오유(烏有) · 자허(子虛)[1]의 이야기나 진배없구나."

아니, 정말로 그러한 일이 있다! 가구선(家九宣)이 경천에서 와서 내게 이 이야기를 해 주었는데, 정말로 기이했다. 가구선은 그를 직접 본 적이 있는데, 작지만 매서운 사람이었다고 했다. 또 그와 이야기를 나누어보면 비분강개한 기운이 넘쳤고, 수염이 덥수룩한 모습이 호방하여 결코 평범하지 않았다고 했다. 또 기세등등한 그 모습에서 호랑이를 때려죽일

---

1 오유(烏有) · 자허(子虛) : 모두 한나라 사마상여(司馬相如)가 지은 「자허부(子虛賦)」에 나오는 인물들이다. 「자허부」는 자허 · 오유선생 · 망시공(亡是公) 세 사람이 서로 문답하는 내용으로, 후에 허구적 일을 지칭할 때 이 인물들의 이름을 쓴다.

때의 영웅 같은 모습을 상상할 수 있어서, 그 모습이 지금까지도 생생하게 느껴지는 것만 같다고 했다. 의분에 격앙되면 대단한 용기가 생겨나는 법이니, 만부웅 역시 자기가 어떻게 그렇게 할 수 있었는지 잘 몰랐을 것이다. 옛날부터 충성과 효심, 절개와 의리를 위해 물불에 뛰어드는 것처럼 사람들이 할 수도 없고 감히 일반 사람들이 하지도 못하는 일들을 종종 어리석고 순박한 사람이라야 해내곤 한다. 만부웅 역시 그러하다.

남촌야사(南邨野史 : 작가 張潮)가 말한다.

나의 친구 창략씨(蒼略氏)가 이 이야기를 듣고 기이하게 여기면서 한숨을 쉬며 말했다.

"선비는 자신의 몸을 맡긴 친구에 따라 귀해지는 법이다! 만부웅 같은 친구를 사귀었기에 그 사람은 비록 호랑이 입에 떨어졌지만 사나운 호랑이도 그를 해치지 못한 것이다. 참으로 맞는 말이로다! 정말이지 의로운 남자를 벗으로 삼지 않으면 안 되겠구나!"

장산래가 말한다.[2]

공자는 영무자(寧武子)를 논하면서 "그 어리석음을 따라갈 수 없다"고 말했다.[3] 비단 어리석은 충효뿐만 아니라 평범을 넘어서는 모든 일들은 대부분 어리석음에 가깝다. 결말 부분이 가장 절묘하다.

---

2 민국24년 상해 개명서점(開明書店)의 연배본(鉛排本)을 배인(排印)한 1954년 문학고적간행사(文學古籍刊行社)본 『우초신지』에는 없으나 인민일보출판사에서 출판된 『우초신지』에는 이 부분이 있기에 보충해 넣었다.

3 공자는 …… 말했다 : 『논어』 「공야장(公冶長)」에 나오는 구절로, 원래 문장은 "공자께서 말씀하시길, '영무자는 나라에 도가 있을 때에는 지혜롭고, 나라에 도가 없을 때는 어리석었으니, 그 지혜는 따를 수 있으나 그 어리석음은 따를 수 없다'고 하셨다[子曰, '甯武子, 邦有道, 則知, 邦無道, 則愚, 其知, 可及也, 其愚, 不可及也']"이다. 영무자는 위(衛)나라 대부로, 이름은 유(兪)다. 영무자가 위나라에서 벼슬한 시기는 문공(文公)과 성공(成公) 때였는데, 문공 시기는 태평성대였기에 영무자는 자신을 드러내지 않아 지혜로웠고 성공 시기는 어지러운 시기였기에 자신의 몸과 마음을 다 바쳐 일하여 결국 자신의 몸도 보존하고 임금까지 구제했기에 어리석었다고 하는 것이다.

또 말한다.

지금은 온 나라 안에 의기가 가득하여 무두 호랑이와 표범을 때려잡을 것만 같다. 만약 만부웅이 살아 있었다면 반드시 성을 지키는 병사에 뽑혔을 것이다.

장산래가 말한다.

서술이 분명하고 체재가 간결하다. 특히 행간에 생기가 넘쳐나니, 이는 세도(世道)에 관련된 문장이다.

涇川有萬姓字夫雄者. 少負膂力, 以拳勇稱, 初亦未嘗事田獵也. 一日, 與夙所莫逆爾汝昆季范姓友, 早行深山中. 忽林莽出巨虎, 搏范以去. 范號曰:"萬夫雄救我! 救我!" 萬亦茫然不知所措, 遂撼大樹拔之, 怒持樹往追. 經里許, 震天一呼, 虎爲逡巡退步者三. 范得以脫, 因梃擊虎, 中其項. 虎負猙獰欲迎鬪, 然項痛, 竟不能擧. 萬乘勢一再擊之, 虎斃矣. 母虎曁虎子相尋至. 萬度不能中止, 且却且前, 又奮鼓生平之勇, 縱送格撲. 而二虎復相繼而斃於其手.

嗟乎! 萬夫雄一鄕野鄙人耳, 素不識『詩』·『書』爲何物, 亦不識交道爲何事. 而倉卒間不忍負異姓兄弟之意, 卒斃三虎以救其友, 其義豈不甚偉? 萬夫雄亦誠烈丈夫哉! 余嘗見世之聚首而處者, 交同手足之親, 誼比金石之固, 設有緩急, 卽蜂蠆微毒, 不致貽禍殺人. 當其紛紛未定之時, 雖夙昔周旋, 密邇徒輩, 靡不潛跡匿形, 鳥飛雲散, 悄然而不一顧焉. 其視萬夫雄爲何如也?

或云:"一人而斃三虎, 頗似不經. 殆屬烏有子虛之談." 噫, 誠有之矣! 家九宣從涇川來, 爲余述其事最奇. 亦曾親見其人, 短小精悍. 與之語, 意氣慷慨, 鬚眉狀貌, 殊磊砢不凡. 飛揚跋扈, 猶可想望其打虎時英風, 至今颯颯云. 蓋義憤所激, 至勇生焉, 卽萬亦不自知其何以至此也. 從古忠孝節義, 蹈水赴火, 爲人之所不能爲, 並爲人之所不敢爲, 往往以蚩愚誠朴而得之. 萬夫雄有焉.

南郵野史曰：余友蒼署氏，聞其事而異之，太息曰："士亦視所托身爲貴耳！得交萬夫雄，其人雖陷入虎口，猛虎不能害也．甚矣！人固不可無義烈男子以爲之友哉！

張山來曰：孔子論寧武子，謂其"愚不可及"．匪獨愚忠愚孝，凡事之度越尋常者，大抵多近於愚耳．一結最妙．

又曰：今之義氣滿洲，類能生搏虎豹．使萬夫雄而在，當必與干城之選矣．

張山來曰：敍次明晳，斷制簡老．行間殊凜凜有生氣，斯爲有關世道之文．

우초신지 권9

검협전(劍俠傳)

완정(阮亭) 왕사정(王士禎)

신성현령(新城縣令) 최무(崔懋)는 강희(康熙) 무진년(1688)에 제남(濟南 : 지금의 山東省 濟南市)으로 가고 있었다. 장구현(章丘縣 : 山東省 章丘縣) 서쪽에 있는 신점(新店)에 이르러서 한 부인을 만났는데, 나이는 서른 남짓 되어 보였고 궁녀처럼 머리를 높이 틀어 올리고 있었다. 올린 머리 위에 전립(氈笠)을 쓰고, 비단 옷에 작은 가죽신을 신었으며 옷은 단단히 차려 입고 허리에 검을 차고 있었다. 검은 나귀를 타고 있었는데, 나귀는 매우 빼어나 보였다. 부인은 사방으로 광채를 뿜어내며 나귀를 타고 재빨리 치달렸다. 최무가 뭐하는 사람이냐고 묻자 부인은 멈춰서 아무렇게나 "어떤 사람인지 모르오!"라고 대답했다. 최무가 "어디로 가시오?"라고 물으니 부인은 또 아무렇게나 "갈 데로 가오!"라고 대답했다. 그리고는 순식간에 동쪽으로 가버렸는데, 빠르기가 마치 날아가는 매 같았다. 그러자 최무가 말했다.

"바삐 군(郡)에 부임해 가느라 저 부인을 따라가지 못하는 것이 안타깝구나. 아마도 검객인 듯한데."

그러자 종질인 최원(崔鵷)이 내양현(萊陽縣 : 지금의 山東省 萊陽市) 왕생(王生) 이야기를 전해주었다.

순치연간(順治年間 : 1644~1661) 초에, 내양현 관아의 아전 아무개 등은 관아의 명령을 받고 관은(官銀) 수천 냥을 나무판[1]에 잘 싸서 제남으로 호송해 가고 있었다. 저녁이 되어 여관에 투숙하려 하자 주인이 거절하며 말했다.

"마을에서 서북쪽으로 1리 쯤 떨어진 곳에 비구니 암자가 있는데, 짐이 있는 사람들은 모두 거기에 투숙합니다."

그러고는 아전들을 그쪽으로 안내해 주었다. [아까] 막 여관을 들어섰을 때, 문 밖에 붉은 두건을 쓴 한 남자가 하나 있었는데, 인상이 아주 험악했다. 비구니 암자에 도착해 문을 들어서니 세 칸짜리 집이 동쪽을 향해 있고 침상이 잘 갖춰져 있었다. 북쪽은 관음대사전(觀音大士殿)이었고, 관음대사전 옆에는 작은 문이 있었는데 빗장이 걸려 있었다. 한참을 두드리니 할멈 하나가 나와서 응대하였다. 그들이 이곳에 오게 된 연유를 말하자 할멈은 "서쪽 채만 묵을 수 있소"라고 말했다.

한참 지나 할멈은 주사(朱砂)를 가져다 절 문을 봉하고는 안으로 들어갔다. 아전들은 서로 잠들지 않도록 경계하며 촛불을 밝힌 채 손에 활과 칼을 들고 동 트기를 기다렸다. 삼경(三更)이 되자 갑자기 큰 바람이 불면서 절 문이 확 열렸다. 아전들이 놀라서 서로 쳐다만 보고 있을 때, 갑자기 문에서 사납게 부르는 소리가 들렸다. 아전들이 급히 무기를 들고 막아보려 하는 차에 방문이 이미 열렸다. 누구인가 보니 바로 붉은 두건을 쓴 사람이었다. 그가 맨 손에 움켜쥐고 있던 향 한 묶음을 땅에 던지자 아전들이 모두 쓰러졌다. 날이 밝을 무렵에야 비로소 깨어났으나 관은은 이미 없어진 후였다.

---

1 나무판 : 원문은 '목협(木夾)'으로 고대에 문서 등을 전달할 때 보호용으로 쓰던 목재 협판이다.

아전들이 급히 저자거리로 가서 여관주인에게 물어보았더니 주인이 말했다.

"그 사람은 늘 저자거리를 건들거리며 다니는데, 아무도 그를 어쩌지 못합니다. 지금껏 비구니 암자에 투숙했던 손님들만은 별 탈 없었는데, 지금 당장 가서 한번 하소연해봐야겠습니다. 하지만 비구니는 기이한 인물이어서 제가 직접 가 도움을 청해야만 합니다."

암자에 도착했더니 할멈이 나와 이유를 물으면서 "혹 간밤에 관은을 잃어버린 일 때문에 그러시는 거 아니요?"라고 물었다. 그들이 "그렇다"고 대답하자 할멈이 안에 들어가 [비구니에게] 아뢰었다. 잠시 후에 비구니가 나오고 할멈이 부들방석을 들고 나와 깔아주었다. 여관주인이 꿇어앉아 간밤의 일을 고하니 비구니가 웃으며 말했다.

"그놈이 감히 여기까지 와서 교활한 짓거리를 했으니 그 죄는 죽어 마땅하다. 내 반드시 이 일을 해결해 주겠다!"

할멈이 안에 들어가 검은 나귀 한 마리를 끌고 나오자 비구니는 검을 팔에 차고 나귀에 걸터앉아 남산을 향해 곧장 달려갔는데, 나는 듯 쏜살같이 달려가 순식간에 보이지 않았다. 수백 명의 저잣거리 사람들이 모여서 구경을 했다. 얼마 후에 비구니는 손에 사람 목을 들고선 나귀를 끌고 돌아왔는데, 나귀는 등에 나무판으로 잘 싼 수천 냥을 짊어지고도 별로 힘들어하지 않았다. 비구니는 문으로 들어와 아전들을 부르며 "자! 너희들의 나무판을 보아라. 관에서 봉한 원래 그대로이냐?"라고 말했다. 아전들이 확인해보니 정말 자기들이 잃어버린 그것이었다. 비구니는 사람 머리를 땅에 던지며 말했다.

"보아라, 혹 도적놈을 잘못 죽인 건 아니냐?"

사람들이 몰려가 보았더니 과연 붉은 두건을 쓴 사내였다. 그들은 빙 둘러서서 비구니에게 감사 인사를 드린 후 떠났다. 동쪽에서 돌아오는 길에 다시 그곳을 찾아가 보았으나 암자는 텅 빈 채 아무도 없었다.

비구니는 머리를 높이 틀어 올리고 성장을 하였으며, 비단 옷을 입고

능라 버선을 신은 열여덟아홉 정도 나이의 아름다운 여인이었다. 저잣거리 사람들이 말했다.

"비구니는 삼사년 전에 할멈을 데리고 이곳에 왔는데, 어떤 사람인지 모른다오. 예전에 어떤 불량배가 한밤중에 그 방에 들어갔다가 허리가 잘려 담 밖으로 내던져진 일이 있었는데, 그 후 아무도 그 여자를 감히 범하지 못했다오."

중승(中丞)[2] 아무개는 상강(上江)의 순무로 있었는데, 하루는 서리 편에 돈 수천 냥을 도성으로 보냈다. 도중 오래된 사당에서 묵게 된 서리는 빗장을 단단히 잠그고 잠을 잤다. 하지만 아침에 일어나보니 빗장은 그대로인데 돈만 오간 데 없이 사라졌다. 그는 이상한 생각이 들어 되돌아가 중승에게 보고했다. 중승이 노하여 관가의 돈을 물어내라고 다그치자 서리가 아뢰었다.

"물어내라시면 감히 마다하지 않겠으나 일이 너무도 괴이하니, 저에게 한 달만 말미를 주시면 가서 돈의 행방을 찾아보겠습니다. 제 처자식을 인질로 잡히겠습니다."

중승은 이를 허락했다.

서리는 돈을 잃어버렸던 곳에 도착해 한참 동안 돈의 행방을 찾아보았으나 찾을 수 없었다. 그래서 그만 돌아가려고 하는데, 저잣거리에서 우연히 눈먼 노인을 보게 되었다. 그 노인은 가슴에 '큰 의문을 잘 해결함'이라는 팻말을 걸고 있었다. 서리가 그냥 한번 묻기만 했는데, 노인이 갑자기 "돈을 얼마나 잃었소?"라고 물었다. 그가 "얼마 얼마입니다"라고 대답하자 노인이 말했다.

"내가 그 행방을 어느 정도 알고 있으니, 지붕 없는 수레를 구해와 나를 태우고 당신은 그저 따라오기만 하시오. 그러면 찾을 수 있을 것이오."

---

2 중승(中丞): 순무(巡撫)의 별칭이다. 순무는 한 성(省)의 최고 행정장관이다.

서리는 노인이 시키는 대로 했다. 길을 떠난 첫째 날에는 인가를 볼 수 있었다. 둘째 날에는 깊은 산으로 들어가 하염없이 몇 백 리 길을 갔는데, 마을이라곤 찾아볼 수 없었다. 셋째 날, 정오를 넘어서 어느 큰 마을에 도착했다. 노인이 말했다.

"다 왔소! 이 마을에 들어가기만 하면 소식을 저절로 듣게 될 것이오."

서리는 어쩔 도리가 없어 노인이 시키는 대로 했다. 저자거리에 들어서니 오가는 사람들과 수레로 길이 붐볐고 가옥이 즐비했다. 그때 문득 어떤 사람이 다가와 물었다.

"당신은 이 곳 사람이 아닌데 여기는 어떻게 오셨소?"

그 사람에게 사실을 고한 뒤 함께 저자 입구로 가서 눈 먼 노인을 찾아보았으나, 노인은 이미 보이지 않았다.

그리하여 그 사람을 따라 구불구불 몇 길을 돌아갔더니 마치 왕공이 사는 것만 같은 대저택이 나왔다. 계단을 지나 당(堂)에 이르니 쥐 죽은 듯 고요했다. 그 사람은 서리에게 잠시 기다리라고 했다. 잠시 후 들여보내라는 전갈이 오자 서리는 뒷채로 안내되었다. 방안에는 평상 하나만 놓여 있고 그 위에 풍채 좋은 남자가 머리에 아무 것도 쓰지 않고 또 맨발 차림으로[3] 앉아 있었는데, 머리카락이 정강이에 닿을 만큼 길었다. 몇 명의 시동들이 부채를 부치며 그 옆에서 시중들고 있었다. 서리가 무릎 꿇고 절하자 그 남자는 찾아온 이유를 물었다. 서리가 모두 대답했더니 남자가 턱으로 시동을 가리키며 "가져와도 되겠다"라고 말했다. 그러자 곧 몇 명의 시동들이 그가 잃어버렸던 돈을 가지고 나왔는데, 위에 봉인했던 표지까지 그대로였다. 남자가 말했다.

"이 돈을 얻고 싶으냐?"

서리가 머리를 조아리며 말했다.

"그래주시면 고맙겠지만, 감히 청하지는 못하겠습니다."

---

3 머리에 …… 차림으로: 원문은 '과선(科跣)'으로 '과'는 머리에 아무 것도 쓰지 않은 것을 말하며 '선'은 맨발을 말한다.

남자가 말했다.

"이제 막 왔으니, 일단 푹 쉬어라."

어떤 사람이 그를 한 집안으로 데려가더니 문을 닫아걸고 가버렸다. 그리고는 그에게 먹을 것을 대접했는데, 풍성하기가 이를 데 없었다. 그날 밤은 달이 대낮처럼 밝았다. 서리가 뒷문을 열고 보았더니 분칠한 벽에 무엇인가 주렁주렁 걸려 있는데, 자세히 보니 모두 사람의 귀와 코였다. 그는 깜짝 놀랐지만 도망갈 틈이라곤 없었다. 새벽까지 안절부절 하고 있는데, 그때 아까 그 사람이 문득 나타나 부른다고 하기에 다시 뒷채로 갔다. 남자는 여전히 머리에 아무 것도 쓰지 않고 맨발 차림이었다. 남자가 서리에게 말했다.

"돈은 가져갈 수 없다! 그러나 대신 너에게 서신 한 장을 주겠다."

남자는 책상에서 편지를 써서 그에게 던져주고는 내보내라는 손짓을 했다. 어제 만난 그 사람이 다시 그를 마을 입구까지 데려다 주었다. 그는 꿈을 꾼 듯 어지러운 중에 서둘러 돌아갈 길을 찾았다.

서리가 중승을 만나 지난 일을 낱낱이 고하자 중승은 허튼소리를 한다며 꾸짖었다. 이에 서신을 꺼내 바치자 봉투를 뜯고 내용을 읽더니 갑자기 안색이 변해 안으로 들어갔다. 잠시 후, 서리를 집으로 돌려보내고 처자식도 석방토록 하며 그가 배상해야할 돈도 면해주라는 명령이 하달되었다. 서리는 기대이상의 일에 몹시 기뻐했다. 한참 뒤에 편지에서 대략 중승의 탐욕과 방종을 꾸짖고, 절대 서리에게 돈을 물어내라고 다그치지 못하게 하면서, 그렇게 하지 못하겠거든 아무 달 아무 날에 중승 부인이 밤중에 잠을 자다가 머리카락이 세 치 정도 잘린 일이 있는데, 혹 잊었느냐고 물었음을 알게 되었다. 중승이 부인에게 물어보니 정말 그렇다고 했다. 이에 중승은 비로소 그 남자가 검객임을 알게 되었다. 이 이야기는 일조(日照 : 지금의 山東省 日照縣) 사람 세마(洗馬)[4] 이응치(李應鷹)[5]

4 세마(洗馬) : 명청시대 한림원(翰林院)의 속관으로 도서를 관장했던 관직명이다.

5 이응치(李應鷹) : 원문에는 '이응천(李應薦)'으로 되어 있으나 왕사정(王士禎)의 『지

가 해주었다.

장산래가 말한다.

내 일찍이 중산랑(中山狼)[6] 같은 놈을 만난 적이 있어 지금 세상에는 찾아가 하소연할만한 검객이 없음을 한탄했었다. 지금 이 글을 읽어보니 세상에 아직 이인(異人)이 있기는 있구나. 다만 나와 인연이 있을지 없을지 모르겠다.

新城令崔懋, 以康熙戊辰往濟南. 至章邱西之新店, 遇一婦人, 可三十餘, 高髻如宮妝. 髻上加氈笠, 錦衣弓鞋, 結束爲急裝, 腰劍. 騎黑衛, 極神駿. 婦人神采四射, 其行甚駛. 試問何人, 停騎漫應曰: “不知何許人!” “將往何處?” 又漫應曰: “去處去!” 頃刻東逝, 疾若飛隼. 崔云: “惜赴郡匆匆, 未暇躡其踪跡. 疑劍俠也.” 從姪鵷因述萊陽王生言.

順治初, 其縣役某, 解官銀數千兩赴濟南, 以木夾函之. 晚將宿逆旅, 主人辭焉, 且言: “鎭西北里許, 有尼菴, 凡有行橐者, 皆往投宿.” 因導之往. 方入旅店時, 門外有男子著紅帩頭, 狀貌甚獰. 至尼菴, 入門, 有廨三間, 東向, 牀榻甚設. 北爲觀音大士殿, 殿側有小門, 扃焉. 叩門久之, 有老嫗出應. 告以故, 嫗云: “但宿西廨無妨.”

久之, 持硃封鐍山門而入. 役相戒勿寢, 明燈燭, 手弓刀以待曙. 至三更, 大風驟作, 山門砉然而闢. 方愕然相顧, 倏聞呼門聲甚厲. 衆急持械, 謀拒之, 廨門已啓. 視之, 卽紅帩頭人也. 徒手握束香擲地, 衆皆仆. 比天曉, 始甦, 銀已亡矣.

북우담(池北偶談)』에는 ‘이응치’로 되어 있다.

6 중산랑(中山狼) : 명나라 마중석(馬中錫)의 「중산랑전(中山狼傳)」에 동곽선생(東郭先生)이 북쪽 중산(中山)으로 가는 도중 이리를 한 마리 구해주었는데, 도리어 구해준 이리에게 잡혀 먹힐 뻔했다는 이야기가 나온다. 이 이야기를 통해 이리의 흉폭하고 의리 없는 성격과, 동곽선생의 겸애를 근본으로 하는 묵가(墨家)적 도를 비판하였으며, 이후 배은망덕한 사람을 ‘중산랑’이라고 했다.

急往市詢逆旅主人, 主人曰 : "此人時遊市上, 無敢誰何者. 唯投尼庵客, 輒無恙, 今當往愬耳. 然尼異人, 須吾自往求之." 至則嫗出問故, 曰 : "非爲夜失官銀事耶?" 曰 : "然!" 入白. 頃之尼出, 嫗挾蒲團敷坐. 逆旅主人跪白前事, 尼笑曰 : "此奴敢來此作狡獪, 罪合死. 吾當爲一決!" 顧嫗入, 牽一黑衛出, 取劍臂之, 跨衛向南山徑去, 其行如飛, 倏然不見. 市人集觀者數百人. 移時, 尼徒步手人頭, 驅衛返, 驢背負木夾函數千金, 殊無所苦. 入門, 呼役曰 : "來! 視汝木夾. 官封如故乎?" 驗之良是. 擲人頭地上, 曰 : "視此賊不錯殺却否?" 衆聚觀, 果紅帩頭人也. 羅拜謝去. 比東歸, 再往訪之, 庵已空無人矣.

尼高髻盛裝, 衣錦綺, 行纏羅襪, 年十八九好女子也. 市人云 : "尼三四年前, 挾嫗俱來, 不知何許人. 常有惡少夜入其室, 腰斬擲垣外, 自是無敢犯者."

某中丞巡撫上江, 一日遣吏賚金數千赴京師. 途宿古廟中, 扃鐍甚固. 晨起, 已失金所在, 而門鑰宛然. 怪之, 歸告中丞. 中丞怒, 亟責償官, 吏告曰 : "償固不敢辭, 但事甚疑怪, 請予假一月, 往蹤跡之. 願以妻子爲質." 中丞許之.

比至失金處, 詢訪久之, 無所見. 將歸矣, 忽於市中遇瞽叟. 胸懸一牌云 : "善決大疑". 漫問之, 叟忽曰 : "君失金多少?" 曰 : "若干." 叟曰 : "我稍知踪跡, 可覓露車乘我, 君第隨往. 冀可得也." 如其言. 初行一日, 有人煙村落. 次日入深山行, 不知幾百里, 無復村疃. 至三日, 踰亭午, 抵一大市鎭. 叟曰 : "至矣! 君但入, 當自得消息." 不得已, 第從其言. 比入市, 可肩摩轂擊, 萬瓦鱗次. 忽一人來問曰 : "君非此間人, 奚至此?" 告以故, 與俱至市口, 覓瞽叟, 已失所在.

乃與曲折行數街, 抵一大宅, 如王公之居. 歷階及堂, 寂無人. 戒令少待. 頃之, 傳呼令入, 至後堂. 堂中惟設一榻, 有偉男子科跣坐其上, 髮長及骭. 童子數人, 執扇拂左右侍. 拜跪訖, 男子詢來意. 具對, 男子頤指語童子曰:"可將來." 卽有少年數輩, 扛金至, 封識宛然. 曰:"寧欲得金乎?" 吏叩頭曰:"幸甚, 不敢請也." 男子曰:"乍來此, 且好將息." 卽有人引至一院, 扃門而去. 餽之食, 極豐腆. 是夜, 月明如晝. 啓後戶, 視之, 見粉壁上纍纍有物, 審視之, 皆人耳鼻也. 大驚, 然無隙可逸去. 徬徨達曉. 前人忽來傳呼, 復至後堂. 男子科跣坐如初. 謂曰:"金不可得矣! 然當予子一紙書." 輒據案作書, 擲之, 揮出. 前人復導至市口. 惝怳疑夢中, 急覓路歸.

見中丞, 歷述前事, 叱其妄. 出書呈之, 中丞啓緘, 忽色變而入. 移時, 傳令吏歸舍, 釋妻子, 豁其賠償. 吏大喜過望. 久之, 乃知書中大略斥中丞貪縱, 謂勿責吏償金, 否則某月日夫人夜三更睡覺, 髮截三寸, 寧忘之乎. 問之夫人, 良然. 始知其劍俠也. 日照李洗馬應薦云.

張山來曰: 予嘗遇中山狼, 恨今世無劍俠, 往愬之. 讀此乃知尚有異人. 第不識於我有緣否也.

황화기문(皇華紀聞)

완정(阮亭) 왕사정(王士禎)

천순연간(天順年間 : 1457~1464)에 은현(恩縣 : 지금의 山東省 平原縣)에 살고 있던 조운(趙雲)이라는 사람은 효성이 지극했다. 어머니 유씨(劉氏)의 병이 위독해 지자, 그는 회경부(懷慶府)[1] 제원묘(濟源廟)의 신에게 영약이 있는데 간절히 빌면 얻을 수 있다는 말을 듣고 그 약을 구하러 갔다. 이틀 후에 물에서 비단주머니 하나가 떠올랐는데, 그 안에 두 되쯤 되어 보이는 붉은 복사꽃잎이 들어있었다. 그것을 가지고 와 탕약을 달여 어머니께 드렸더니 정말로 병이 다 나았다. 남은 것으로 십여 명의 병을 더 고쳤다.

백마영(白馬營)은 은현 서쪽에서 십오 리 떨어진 곳에 있다. 여름과 가을 사이 맑은 새벽이면 성곽과 사람이 나타나기도 하고 울창한 수풀이 나타났다가 해가 뜨면 곧 사라지고 만다. 치평(茌平)[2] 마령촌(馬令村)에도

1 회경부(懷慶府) : 지금의 하남성(河南省) 수무현(修武縣)·무척현(武陟縣) 서쪽과 황하 이북 지역으로, 부의 관청소재지는 지금의 하남성 심양시(沁陽市)에 있었다.

이와 같은 기이한 현상이 나타난다. 산시(山市)나 해시(海市)[3] 부류인 것 같은데, 이런 게 육지에도 있나보다.

라이타라 빠투루[賴塔拉把土魯]는 만주 사람으로 진작부터 용감하다고 소문이 자자했다. 그는 절강(浙江)과 민(閩) 일대로 출정한 적이 있었다. 하루는 시냇가에서 목욕을 하고 있었는데, 물 밑에 무언가 마른 나뭇가지처럼 삐죽삐죽한 것이 보이기에 동료들을 불러와 밧줄로 묶어 함께 끌어냈다. 끌어내고 보니 그것은 바로 용 머리였는데, 수염이며 갈기며 영락없는 용이었고, 밧줄에 묶인 부분은 바로 뿔이었다. 사람들은 모두 놀라 달아났지만 라이타라 빠투루는 얼굴색 하나 변하지 않고 천천히 물속으로 들어가 손으로 매듭을 풀었다. 잠시 후 천둥이 치고 비가 내리면서 어둑어둑해지더니 용이 하늘로 솟구쳐 올라갔다. 모두들 별 탈이 없었다. 그 후 사람들은 또한 그를 '용을 묶은 빠투루'라고 불렀다.【빠투루는 용감하다는 뜻이다. 원나라 때 빠투루라는 명칭은 반드시 임금이 하사했는데, 이 나라도 그 법을 따랐다】

장대비(張大悲)는 합비(合肥 : 지금의 安徽省 省都) 사람으로 마을의 향로암(香爐巖)이라는 곳에 살았다. 그는 도술을 좋아해서, 종종 땅에 금을 그어 놓으면 소가 그 밖으로 나가지 못했다. 항상 진흙으로 빚은 환약을 만들어 먹었으며, 그가 앉거나 누운 곳에는 구름이 피어올랐다. 후에 어떻게

---

2 치평(茌平) : 민국24년 상해 개명서점(開明書店)의 연배본(鉛排本)을 배인(排印)한 1954년 문학고적간행사(文學古籍刊行社)본 『우초신지』에는 '임평(荏平)'으로 되어 있으나 인민일보출판사에서 출판된 『우초신지』에는 '치평(茌平)'으로 되어 있다. 치평은 산동성 치평현으로 명청시대에는 동창부(東昌府)에 속해 있었다.

3 산시(山市)나 해시(海市) : 빛의 반사로 산이나 바다에 형성되는 신기루를 말한다. 송나라 심괄(沈括)의 『몽계필담(夢溪筆談)』「이사(異事)」에 "등주의 바다에 때때로 아지랑이 기운이 생겨 궁실·누대·성·사람·수레와 말·관리들과 그들의 수레와 같은 것이 뚜렷이 보였는데 그것을 해시라고 한다[登州海中, 時有雲氣如宮室·臺觀·城堞·人物·車馬·冠蓋, 歷歷可見, 謂之海市]"는 기록이 있다.

되었는지 모른다.

조성현(朝城縣 : 지금의 山東省 朝城縣)의 급사(給事) 진찬화(陳贊化)는 숭정연간(崇禎年間 : 1628~1644)에 동성현령(桐城縣令)을 지냈다. 하루는 누군가가 그에게 알을 선물했는데, 그 가운데 오색 광채가 나는 것이 하나 있기에 집에서 키우는 닭에게 그것을 품게 했다. 얼마 후 알이 깨지며 작고 하얀 봉황이 나왔다. 봉황은 태어난 지 며칠 만에 점점 커지더니 가끔씩 떠났다 돌아왔다 했다. 그 알을 품었던 닭도 무게가 삼십 근이나 나가고 털도 오색으로 변하더니 한참 후에 봉황과 함께 날아가 버렸다.

왕문정(王文正)은 동성(桐城 : 지금의 安徽省 동성현) 사람으로 일곱 살 때 도술서를 터득해 귀신을 부릴 줄 알았다. 훗날 그는 환성(皖城 : 安徽省 남부)에서 기우제를 지냈는데, 그때 또 다른 도인 한 명도 연못 입구에서 비를 빌고 있었다. 연못 입구에서 구름이 피어나는 것을 보고 왕문정은 그 구름을 불러 환성으로 오게 했다. 그러자 도인은 "환성에 이인(異人)이 있구나"라고 말하고는 곧장 조각배를 저어 강을 건너 그를 찾아 갔다. 왕문정도 맷돌을 강물에 띄우고 가서 그를 맞이하여 종일토록 이야기를 나눴다. 헤어질 때 도인이 손가락 세 개로 왕문정의 등을 눌렀다. 잠시 후 등이 몹시 아프기에 보았더니 세 개의 구리 못이 뼈에 박혀 있었다. 왕문정은 급히 항아리를 뒤집어쓰고 주변에 불을 놓아 [항아리를] 달구고는 가족들에게 당부했다.

"이레 동안 [이 항아리를] 열지 않으면 살 수 있을 것이다."

닷새째 되던 날 가족들은 더 이상 기다리지 못하고 항아리를 한번 열어 보았는데, 못이 세 마디쯤 나와 있었다. 왕문정이 탄식하며 말했다.

"운명이로다!"

그리고는 마침내 죽었다.

하공면(何公冕)은 잠산(潛山 : 지금의 安徽省 安慶市 潛山縣) 사람으로, 젊었을 때 이인에게서 부록(符籙) 두 권을 받아 귀신을 부릴 수 있게 되었다. 처음에 난돈산(亂墩山)에서 밭을 일궜으나 땅이 척박하고 물이 없었다. 그래서 매번 수건에 물을 적셔와 방울방울 떨어지게 했는데, 그러면 밭두렁에 물이 가득 찼다. 큰 가뭄이 들자 군수가 그를 불러들이는 격문을 역졸 편에 보냈다. 하공면이 웃으며 말했다.

"나는 격문으로 부를 수 있는 사람이 아니다. 하지만 이 무더운 날 오가느라 매우 힘들었겠구나. 네 손바닥에 주문을 써주면 머리를 덮을 만한 조각구름이 생길 것이니, 꼭 쥐고 있어라."

역졸이 돌아와 그의 말을 그대로 전했다. 군수는 화를 내며 억지로 그의 손을 펴게 했는데, 순간 거센 바람이 일고 천둥 번개가 쳤다. 군수는 깜짝 놀라 예를 갖춰 하공면을 모셔왔다. 그가 한 번은 도중에 길을 잃었는데, 김매는 사람들한테 물어봐도 대답해주지 않았다. 하공면이 버들잎을 따다가 밭에 뿌리자 모두 물고기[4]로 변했다. 김매던 사람들이 물고기를 주우러 다투어 가는 바람에 벼가 모두 짓밟혔다. 그러나 그들이 언덕에 올라 보았더니 그저 버들잎일 뿐이었다.

숭정(崇禎) 계미년(1643)에 잠산현(潛山縣) 시냇물에 동전 모양의 얼음이 얼었다. 위에는 옛 전서(篆書)로 된 네 글자가 있었으나 그것을 읽을 수 있는 사람이 없었다.

남화사(南華寺) 육조(六祖)[5]의 바리때는 금도 아니고 돌도 아니다. 위장

4 물고기 : 민국24년 상해 개명서점(開明書店)의 연배본(鉛排本)을 배인(排印)한 1954년 문학고적간행사(文學古籍刊行社)본 『우초신지』에는 '각(角)'으로 되어 있으나 인민일보출판사에서 출판된 『우초신지』에 근거하여 '어(魚)'로 고쳐 해석했다.

5 육조(六祖) : 육조대사(六祖大師)인 혜능(慧能 : 638~713)이다. 신수(神秀)와 더불어 오조(五祖)인 홍인(弘忍) 문하의 2대 선사로 남종선(南宗禪)의 시조가 되었다. 그의 설법을 기록한 『단경(壇經)』이 전해진다.

거(魏莊渠)는 광동(廣東)의 독학(督學)으로 있으면서 불교 사찰을 모두 훼손했다. 그가 조계(曹溪)[6]에 이르렀을 때 바리때를 찾아내 땅에 던져 두 동강을 냈는데, 각각의 조각 위에 글자 한 자씩 적혀 있기에 들여다보았더니 '위(委)' 자와 '괴(鬼)' 자였다. 위장거가 이를 기이하게 여긴 덕분에 남화사는 훼손당하지 않을 수 있었다.

숭정연간(崇禎年間 : 1628~1644)에 거인(擧人) 팽(彭) 아무개가 병중에 한 관부에 이르는 꿈을 꾸었다. 그곳의 신은 면류관을 쓰고 위풍당당하게 앉아 있었는데, 그 모습이 흡사 왕 같았다. 그가 들어보니 서리가 위교(魏校 : 윗 고사에 나오는 魏莊渠)에 관한 안건을 전하고 있었다. 잠시 후 높은 관을 쓰고 옷을 잘 차려 입은 한 관리가 들어왔다. 신이 물었다.

"어찌하여 조계(曹溪)의 바리때를 훼손하였느냐?"

관리가 대답했다.

"나는 공자의 제자로서 학교를 관리 감독하였소. 내가 광동에서 이단 모시는 사찰을 훼손한 것이 몇 천 개에 달하는데, 그깟 바리때 하나뿐이겠소?"

신이 말했다.

"듣자하니 깨진 바리때에 위(魏)자가 적혀있었다고 하는데, 이처럼 신기한 것을 어찌 이단이라 하여 훼손할 수 있단 말이냐?"

관리가 대답했다.

"위는 나의 성이니, 이미 운명에 정해진 것이었다면 내가 훼손하지 않으려 했던들 그럴 수 있었겠소?"

신은 말이 막히자 그에게 읍하고 나가게 했다. 팽 아무개는 병이 낫자 사람들에게 이와 같이 말해 주었다.

---

6 조계(曹溪) : 광동성 곡강현(曲江縣) 동남쪽 쌍봉산(雙峰山) 아래에 있다는 시내 이름이다.

임계오(林癸午)는 어디 사람인지 모른다. 열 살 쯤 되었을 때 양강(陽江) 북쪽 관중(貫中)에 가서 남의 집 목동 노릇을 하였다. 그는 방목하러 나갈 때면 늘 퉁소 하나를 지니고 갔다. 그러다 제멋대로 나다니는 소가 있으면 퉁소로 땅에 금을 그어 놓았는데, 그러면 소는 감히 그 밖으로 나가지 못했다. 저녁에 돌아오면 그는 곧바로 퉁소를 높은 대나무에 묶어 두었다. 그러면 대나무는 마치 신이 지키고 있기라도 한 듯 고개를 숙이고 퉁소를 받았다. 강가에 개 모양을 한 큰 돌이 하나 있었는데, 임계오는 늘 그 위에 앉아 퉁소를 불었다. 그는 어느 날 갑자기 무리들에게 "나는 내일 승천할 것이다"라고 말했다. 다음날 가서 보니 임계오도 바위도 모두 보이지 않았다. 이는 만력연간(萬曆年間 : 1573~1619) 초의 일이다.

숭정 병자년(1636) 가을, 광주성(廣州城) 동쪽으로 이십 리 떨어진 북정주(北亭洲)의 어떤 밭에서 우레 소리가 나더니 밖으로 터져 나와 구덩이가 생겼다. 농부 양(梁) 아무개가 돌을 던져 보았더니 콩콩 소리가 났다. 그 안에 수탉 한 마리가 있었는데, 밤새도록 울었으나 별 탈은 없었다. 이에 그 안을 파보았더니 무게가 열대여섯 근 정도 나가는 옹중(翁仲)[7] 같은 상(像)이 여러 개 나왔다. 또 금으로 만든 상 두 개가 있었는데, [하나는] 면류관을 쓰고 앉아 있었고, [하나는] 후비(后妃)처럼 꿩 깃털 장식의 비녀를 꽂고 있었으며, 무게는 둘 다 오륙십 근 정도 나갔다. 땅에는 금으로 만든 누에[8]며 진주며 조개 등이 즐비했고, 옆에는 거울이 하나 있어서 구덩이 안을 환히 밝혀주고 있었다. 진귀한 벼루도 하나 있었는데, 연지(硯池) 속 옥 물고기는 헤엄도 칠 수 있었다. 그밖에도 대체 무슨 물건인지 알 수 없는 기이한 것들도 아주 많았다. 양 아무개가 그것들을

7 옹중(翁仲) : 전설에 따르면 진시황이 천하를 통일한 후 임조(臨洮)에서 키가 5장(丈), 발 길이가 6척(尺)이나 되는 거인이 발견되자 이를 본떠 동상을 만들고 '옹중'이라 했다고 한다.

8 금으로 만든 누에 : 고대 제왕의 순장품 중의 하나이다.

가지고 돌아오니, 그 빛이 이웃 사방을 비추었다. 이웃 사람들은 그 사실을 알고 너도나도 가보고, 마침내 관가에 고했다. 관리는 친히 가서 그곳을 파보았다. 지하도는 마치 성벽처럼 생겼고, 다섯 자 높이에 세 길 깊이였다. 그 가운데 비석이 있었는데, 이것은 바로 위한(僞漢) 유엄(劉龑)[9]의 묘지였다. 묘비명에 다음과 같은 내용이 적혀있었다.

'대유(大有) 15년 임인년(942) 4월 초하루인 갑인일로부터 세어 24일째 되는 정축일에 고조(高祖) 천황대제께서 정전(正殿)에서 붕어하시다. 광천(光天) 5년 5월 초하루인 계미일로부터 세어 14일째 되는 병신일에 강릉(康陵)으로 신위를 옮겨 예를 거행하다.'

글자가 많이 빠져 있어서 다 적지 못한다.

'한림학사(翰林學士) 지제고(知制誥) 정의대부(正議大夫) 상서우승(尙書右丞) 자금어대(紫金魚袋)를 하사받은 신하 노응초(盧應初) 짓고 쓰다.'

『오국고사(五國故事)』[10]에 의하면 유엄은 천복(天福)[11] 임인년 4월에 감천궁(甘泉宮)에서 피서하다 얼마 후 세상을 떠났다고 한다. 『통감(通鑑)』 및 『십국춘추(十國春秋)』에는 모두 3월이라고 기록되어 있다. 비문에 의거해보면 『오국고사』의 기록을 옳다고 보아야 한다. 『십국춘추』에는 또 다음과 같은 기록이 있다.

'강릉은 흥왕부성(興王府城)에서 동쪽으로 20리 되는 곳에 있는 만산(漫山)에 있는데, 능 안을 철로 봉해 견고하여 열 수 없다.'

광천은 유엄의 아들 유분(劉玢)의 연호다. 유분은 즉위한 지 단 2년 만에 그 아우 유성(劉晟)에게 시해되어 광천 2년(943)이 곧 응건(應乾) 원년으로 바뀌었다. 살펴보건대 광천 5년이란 있을 수 없으며, 『십국춘추』에서 말한 황제가 광천 원년 8월에 붕어하였다는 기록도, 천황대제를 강릉에

9 유엄(劉龑 : 889～942) : 오대(五代) 때 남한(南漢)을 세운 인물이다.

10 『오국고사(五國故事)』 : 『오국고사』 2권은 송나라 때 지어진 것으로 편찬자는 알 수 없다. 오(吳)의 양씨(楊氏), 남당(南唐)의 이씨(李氏), 촉(蜀)의 왕씨(王氏)와 맹씨(孟氏), 남한(南漢)의 유씨(劉氏), 민(閩)의 왕씨(王氏) 다섯 나라의 일을 기록하였다.

11 천복(天福) : 후진(後晉) 고조 석경당(石敬瑭)의 연호이다.

서 장사지냈다는 기록도 모두 비문의 내용과 다르다. 또 한나라 여러 신하들의 열전을 살펴보면, 공부시랑(工部侍郎)을 지낸 응사(膺仕) 노암(盧岩)이라는 자가 재주가 출중하여 유성 재위 시에 중서시랑(中書侍郎) 동평장사(同平章事)에 제수되었다는 기록만 있을 뿐, 노응초라는 이름은 보이지 않는다. 이러한 사항을 기록하여 후에 박식하고 고상한 군자가 나와 고증해주기를 기다린다.

『담귀선사집(澹歸禪師集)』[12] 「육화상소전(六和尙小傳)」에 이러한 기록이 있다.

시어사(侍御史) 오진공(吳震崆)은 어릴 적 이름이 육화상이었다. 아직 어릴 때 등불 아래에서 책을 읽고 있었는데, 사발에 담겨있던 물에서 손가락 세 마디 정도 크기의 스님 하나가 뛰어 나와 책상을 빙 돌아 걸어 다니면서 말을 했다. 오진공이 놀라서 묻자 스님이 말했다.

"나는 사람의 평생의 일과 전생의 일까지 알고 있다."

오진공은 마음이 좀 진정되자 이렇게 말했다.

"제 평생이 어떠한지 좀 말해 주세요."

그가 말했다.

"너는 아무 해에 등과(登科)하고 아무 해에 급제하여 처음 아무 관직을 역임할 것이며 다시 아무 관직을 맡을 것이다."

오진공이 말했다.

"이번엔 제 전생에 관해 말해 주세요."

그가 말했다.

"너는 전생에 아무 산의 스님 아무개였고 나는 너와 함께 수도하던

---

12 『담귀선사집(澹歸禪師集)』: 담귀선사는 이름이 금석(今釋)으로 속명은 김보(金堡), 별호는 타석노인(舵石老人)이다. 절강성 인화현(仁和縣) 사람이며 숭정연간(崇禎年間: 1628~1644)에 진사가 되었으나 나라가 망한 뒤 출가하여 단하산(丹霞山) 별전사(別傳寺)를 창시했다.

벗이었기에 이렇게 보답하는 것뿐이다."

오진공이 말했다.

"제게 어떤 가르침을 주시렵니까?"

그가 말했다.

"빨리 고개를 돌려야 하고 네가 온 곳을 잊지 말아야 한다."

그리고는 홀연 사라졌다. 다음 날 책상 위 화병에 꽂혀 있던 마른 가지에서 다시 꽃이 피었고, 일생동안의 공명도 [스님이 해준 말과] 한 마디도 어긋나지 않았다.

소(韶 : 지금의 廣東省 韶關市 曲江 일대) 땅 사람 황사덕(黃思德)이 기록한 일이다.

소성(韶城) 서남쪽 성루에 관제묘(關帝廟)가 있다. 순치(順治) 병신년(1656) 5월 20일 미시(未時 : 오후 1시~3시)에 황사덕이 부용산(芙蓉山)에 놀러갔다 돌아오는 길에 배 안에서 보았더니 누각 위에서 옅은 빛이 뿜어져 나오고 있었다. 관제는 갑옷 차림에 푸른 두건을 두르고 북쪽을 바라보며 성루 창문에 서 계시다가 잠시 후 얼굴을 서쪽으로 몸을 돌리더니 이내 사라졌다. 양 기슭에 사는 사람들도 모두 그것을 보고 놀라서 절을 했다. 21일과 24일, 그리고 25일과 30일, 이렇게 모두 나흘 간 그 시간이 되면 다시 관제가 나타났다. 다음 해 정유년(1657) 7월 10일과 12일, 그리고 14일에도 그맘때가 되자 다시 나타났다. 어떤 때는 황개(黃蓋)[13]가, 어떤 때는 두 장군이 시중을 들었다. 그 장면을 목격한 사람만도 천만 명이 넘었다. 그래서 그 일을 비석에 새기고 신상을 만들어 그 신령스러움을 기록했다. 이 일은 내가 도성에 있을 때 통정(通政)[14]인 밀산(密山) 원경성(袁

13 황개(黃蓋) : 삼국시대 때 손견(孫堅)을 모시던 오나라의 장수로, 고육지계(苦肉之計)로 적벽대전에서 조조의 군대를 대파한 것으로 유명하다.

14 통정(通政) : 명청시대에 내외의 상주문과 상소문을 검사하던 중앙 기구로 그 곳의 장관을 통정사(通政使)라 했다.

景星)에게서 들었는데, 곡강(曲江)에 가서 이처럼 자세한 날짜까지 알게 되었다.

장산래가 말한다.
『황화기문』은 모두 4권으로, 선생께서 어명을 받아 남해(南海: 廣東省南海縣)로 부임해 가면서 쓰신 필기이다. 나는 그저 기이한 일 몇 조항을 외람되이 훔쳐다가 이 졸렬한 선집을 그와 비슷하게 만들어보고자 했을 뿐이다. 만약 독자 중에 전모를 보고 싶은 자가 있거든, 원서가 따로 있으니 가져다 보시라.

天順間, 恩縣人趙雲, 性至孝. 母劉病篤, 聞懷慶府濟源廟神有靈藥, 誠求可得, 雲往求之. 越二日, 水中涌出一絹囊, 內盛絳桃花片, 約二升許. 持歸煎湯奉母, 疾果愈. 其餘愈疾又十餘人.

白馬營, 在恩縣西十五里. 夏秋之際, 淸晨輒現城郭人物, 林木鬱葱, 日出乃不見. 茌平馬令村亦有此異. 蓋山市・海市之屬, 陸地亦有之.

賴塔拉把土魯, 滿洲人, 素以勇稱. 常從征浙閩. 一日浴於溪, 水底有物, 槎枒如古木, 因呼儕輩縛以繩, 共引出之. 則一龍首, 鬚鬣宛然, 縛者乃其角. 衆皆驚走, 賴神色不變, 徐入水手解其縛. 少頃, 雷雨晦冥, 龍騰空而去. 衆皆無恙. 人更稱爲'縛龍把土魯'.【把土魯, 勇也. 元時把土魯必出上賜, 本朝亦然.】

張大悲, 合肥人, 居邑之香爐巖. 好仙術, 常畵地爲限, 牛不能出. 恒作泥丸食之, 坐臥處往往有雲氣, 後不知所終.

朝城陳給事贊化, 崇禎間爲桐城令. 偶有餽蛋者, 其一有五色光, 令家雞翼之. 俄卵破, 得一小白鳳. 不數日, 寖大, 時去時來. 其伏卵之雞, 重至三十觔, 毛變五色, 久之同翔去.

王文正, 桐城人, 七歲得道書, 能役鬼神. 後禱雨晥城, 有道人亦禱雨池口. 池口雲起, 文正招雲過晥. 道人曰: "晥有異人." 卽棹片席渡江訪之. 文正亦浮磨江中迎之, 諮論竟日. 臨別, 道人以三指拊文正背. 有頃背痛, 則有三銅釘入骨. 文正急用甕自覆, 圍火煉之, 戒家人曰: "七日勿啓, 可活." 至五日, 家人不能待, 試啓之, 釘已出三寸許. 文正歎曰: "命也!" 遂死.

何公冕, 潛山人, 少遇異人, 授符籙二卷, 能役鬼神. 初置田於亂墩山, 磽确無水. 公冕每取手巾瀝水, 町畦盈溢. 會大旱, 郡守遣役檄呼之. 公冕笑曰: "吾非可檄者. 但汝往來烈日良苦. 吾書符汝掌中, 當得片雲覆頭, 可固握之." 使至, 如其言. 守怒, 固令開視, 則疾風雷電驟作. 乃大驚, 禮致之. 嘗行路迷津, 問芸者, 不答. 公冕取柳葉布田, 盡化爲角. 芸者競取之, 至禾皆被踐踏. 及登岸視之, 乃柳葉耳.

崇禎癸未, 潛山縣溪河中, 結冰如錢形. 上有古篆文四, 人莫辨之.

南華寺六祖鉢, 非金非石. 魏莊渠督學廣東, 遍毁佛寺. 至曹溪, 索鉢擲之, 碎之委二, 每片各有一字, 視之, 乃'委'·'鬼'也. 莊渠異之, 寺因得不毁.

崇禎中, 有彭擧人某, 病中夢至一官府. 其神冠冕坐堂皇, 狀如王者. 聞胥傳呼魏校一案. 須臾, 有一官人, 峨冠盛服而入. 其神問: "何以毁曹溪鉢?" 答言: "吾爲孔子之徒, 官督學校. 在廣東所毁淫祠幾千百所, 豈但一鉢?" 神云: "聞鉢破中有魏字, 如此神異, 烏可以爲異端而毁之?” 答言 : “魏是予姓, 旣數已前定, 雖欲不毁其可得耶?” 神語塞, 揖之而出. 彭病痊, 爲人言如此.

林癸午, 不知何許人. 年十餘, 投陽江北貫中爲人牧竪. 每出牧, 以簫管一枚自隨. 牛有逸者, 取簫畫地, 牛不敢出. 晩歸, 輒束簫高篁中. 篁俯地受寄, 若有神物伺之者. 河畔一巨石, 形如犬, 癸午每坐嘯其上. 忽一日, 謂其徒曰 : “吾當以來日上昇.” 明日往視, 與石俱不見. 事在萬歷初年.

崇禎丙子秋, 廣州城東二十里北亭洲田間, 有雷出地, 奮而成穴. 畊者梁某投以石, 空空有聲. 內一雄雞其中, 逾夜雞鳴無恙. 乃發之, 有金人如翁仲者數枚, 各重十五六觔. 有二金像, 冕而坐者, 笄翟如后妃者, 各重五六十斤. 地皆金蠶珠貝, 旁有鏡一, 光燭穴中. 寶硯一, 硯池中有玉魚, 能游泳. 他異物不可指識者甚衆. 梁携歸, 光動四鄰. 鄰人覺而爭往, 遂白之官. 有司親臨發之. 隧道如城, 高五尺餘, 深三丈. 中有碑, 乃僞漢劉龑塚也. 文曰 : ‘維大有十五年, 歲次壬寅, 四月甲寅朔廿四日丁丑, 高祖天皇大帝崩於正寢. 粤光天五年, 五月癸未朔十四日丙申, 遷神於康陵, 禮也.’ 文多闕, 不盡載. ‘翰林學士知制誥正議大夫尙書右丞賜紫金魚袋臣盧應初撰並書.’ 按『五國故事』, 龑天福壬寅歲四月, 避暑甘泉宮, 未幾殂. 『通鑒』及『十國春秋』皆作三月. 据碑當以『五國故事』爲正. 『十國春秋』又云 : “康陵在興王府城東二十里之漫山, 陵中以鐵錮之, 堅不可啓.” 光天乃龑子玢年號. 玢立僅二年, 爲其弟晟所弑, 卽改光天二年爲應乾元年. 按光天無五年, 『十國春秋』稱殤帝光天元年八月, 葬天皇大帝於康陵, 與碑皆不合. 又考僞漢諸臣列傳, 止有盧膺仕岩爲工部侍郞, 才藻俊茂, 晟時拜中書侍郞同平章事, 無應初名. 識之以俟博雅者考焉.

『澹歸禪師集』「六和尙小傳」云 : 吳震崆侍御, 小字六和尙. 髫時讀書燈下, 水中盂內躍出一僧, 長三寸許, 遶案而行且言. 震崆驚問之, 曰 : "吾能知人終身, 亦知人前世." 震崆意稍定, 曰 : "試言我終身." 曰 : "汝以某年登科, 某年登第, 初任某官, 再三任某官." 曰 : "更言我前世." 曰 : "汝前世某山某僧, 吾卽汝同道之友, 今相報耳." 曰 : "何以敎我?" 曰 : "當早回首, 無忘來處." 因忽不見. 明日, 案上甁花枯枝更開, 一生功名, 片語不爽.

韶人黃思德紀事云 : 韶城西南樓, 有關帝廟. 順治丙申, 五月二十日未時, 思德遊芙蓉山歸, 從舟中見樓上毫光炫曜. 關帝披金甲藍紗巾, 立樓牖面北, 少頃面轉西, 移時而沒. 兩岸居人皆見之, 且驚且拜. 二十一, 二十四, 二十五, 三十, 凡四日, 依時復現. 次年丁酉七月初十, 十二, 十四日, 依時復現. 或黃蓋, 或二將隨侍. 見者不啻千萬人. 因鐫碑勒像, 以志靈異. 此事余在京師, 聞之袁密山景星通政, 至曲江, 乃得其月日之詳如此.

張山來曰 : 『皇華紀聞』凡四卷, 先生奉使南海時所筆記也. 余竊僭取異事數條, 蓋欲與拙選相類云爾. 倘讀者欲觀全貌, 則自有原書在.

모녀전(毛女傳)

정구(定九) 진정(陳鼎)

모녀(毛女)는 하남성(河南省) 숭현(嵩縣)의 제생(諸生)인 임사굉(任士宏)의 아내이다. 성은 평씨(平氏)였으며 아름답고 현숙했다. 시집온 지 삼년이 넘도록 자식이 없어서 둘은 소실산(少室山)[1]으로 기도드리러 갔다. 이십 리 길을 가고 험한 고개까지 넘은 뒤, 가마에서 내려 걸어가면서 가마꾼을 쉬게 하였는데, 갑자기 맹수가 나타나는 바람에 평씨는 깜짝 놀라 깊은 계곡으로 떨어졌다. 임사굉이 사방을 둘러보았지만 온통 천 길 낭떠러지라, 내려가지도 못하고 대성통곡하며 돌아왔다. 그 후 승려를 불러 불경을 읽으며 다시 아내를 얻지 않겠노라 맹세했다.

평씨가 죽은 지도 이미 삼 년이 지났다. 일전에 임사굉의 집에서 머슴살이를 하던 장의(張義)라는 마을 사람이 산에 나무하러 갔는데, 갑자기 깊은 대나무 숲에서 부드럽게 그를 부르는 소리가 들렸다. 장의가 깜짝 놀

1 소실산(少室山) : 하남성 숭산(嵩山)의 일부로 하남성 등봉현(登封縣) 북쪽에 있다.

라 뒤돌아보니 온 몸에 6~7촌 쯤 되는 누런 털이 뒤덮여 있는 여자가 서있었다. 그가 혀를 빼물고 감히 말도 하지 못하고 있으니 모녀가 말했다.

"나는 임씨댁 큰 마님인데, 나를 알아보지 못하겠느냐?"

장의가 놀라서 말했다.

"큰 마님, 무사하셨던 겁니까? 어떻게 살아나셨습니까?"

털 난 여자가 말했다.

"낭떠러지에서 막 떨어졌을 때, 등나무 줄기를 붙잡은 덕에 다치지 않을 수 있었다네. 얼마 후 배가 몹시 고프던 차에 가지가 얽혀 자란 당광나무에 열매가 아주 많이 열린 것을 보고는 따서 먹었는데, 떫기만 하고 맛이 없었네. 그런데 삼일 후에는 단내가 입 안에 가득했고, 석 달이 지나자 몸에 털이 나기 시작하더니 반년이 지나자 몸이 나뭇잎처럼 가벼워져 자유자재로 위아래를 오르내릴 수 있게 되었네. 다만 산속에 물이 부족하고 여기에만 샘물이 있어 목이 마르면 이곳으로 와서 마셨는데, 뜻하지 않게 너와 만나게 되었구나."

장의는 임사굉이 아씨를 애달프게 그리워하고 있음을 말해주었다. 그러자 모녀가 말했다.

"나는 이미 훨훨 날아올라 난새나 학과 무리를 이루어 다닌다네. 그러한 즐거움을 버리고 다시 새장 안에 갇히려 하겠는가? 나대신 서방님께 감사말씀 전해주게. 얼른 혼약을 맺으시어 후사 많이 보시고, 공연히 괴로워하시지 마시라고."

말을 마치고는 펄쩍 뛰어 가버렸다.

장의는 급히 임사굉에게 이 소식을 알렸다. 임사굉은 크게 기뻐하며 장의와 함께 그가 나무하던 곳을 찾아가 아내를 데려오고자 했다. 풀숲에 엎드린 채 사흘을 기다렸더니 모녀가 과연 그곳으로 왔다. 임사굉이 곧장 앞으로 나가 여자를 껴안자 "누구냐?"고 물었다. 임사굉이 "서방님일세"라고 하자 여자가 말했다.

"저는 모습이 이렇게 추해져서, 서방님께서 그리워할 만한 사람이 못 됩니다."

임사굉이 말했다.

"나는 당신이 싫지 않소. 어찌 옛 정을 잊을 수가 있겠소?"

그러면서 눈물을 흘렸다. 털 난 여자는 마음이 흔들려서 그의 마음을 받아들이고 마침내 함께 돌아왔다. 처음에 음식을 먹을 때는 배가 약간 아팠으나 시간이 지나자 진정이 됐다. 보름이 지나자 털이 모두 빠져 예전의 아름다운 모습으로 돌아왔다. 이후로 둘은 정이 더욱 돈독해져 자녀 몇 명을 낳고 사십여 년을 살다 죽었다.

외사씨(外史氏)가 말한다.

신선이 될 수도 있었거늘! 만약 평씨가 물을 마실 때 장의를 부르지 않았다면 높은 하늘 위로 뛰어올라 생사를 초월하여 영원히 살 수 있었을 텐데, 어찌 하여 누런 흙에 몸을 묻고 말았는가? 심하도다! 끊기 어려운 사랑의 정이여!

장산래가 말한다.

만약 내가 임사굉이었다면 털 난 여자를 따라 깊은 산에 들어가 그처럼 당광나무 열매를 먹고 함께 선가(仙家)의 식구가 되었을 것이다. 어떤 즐거움이 이와 같겠는가? 생각이 여기에 미치지 못한 것은 어째서인가?

毛女者, 河南嵩縣諸生任士宏妻也. 姓平氏, 美而且淑. 歸士宏, 閱三歲而無子, 乃往禱少室. 行二十里, 度絶嶺, 方舍車而徒, 以休輿夫, 忽猛獸橫逸, 平氏驚墜深谷. 士宏四顧, 皆千仞壁, 不可下, 大慟而歸. 召沙門梵誦, 誓不再娶.

平氏旣亡三年. 里有張義, 向豎任家, 往樵山中, 猝聞幽篁深箐間, 婉婉呼張義者. 義大駭, 回顧見一毛女, 通體垂黃毫長六七寸許. 因咋舌不敢語, 毛女曰: "我任家大嫂也, 汝不相識耶?" 義驚曰: "大嫂固無恙乎? 何幸而得此?" 曰: "我初墜, 緣籐得無損. 旣而饑甚, 見交柯女貞子甚繁, 因取食, 味殊澀, 不可口. 三日後, 則甘香滿頰, 三月乃生毫, 半載則身輕如葉, 任騰踔上下矣. 第山中乏水, 惟此有泉, 渴則來飮耳, 不意得與汝相見." 義具道任生哀慕狀. 毛女曰: "我已趯然輕擧, 與鸞鶴爲伍. 其樂何如, 肯復向樊籠哉? 爲我謝任生. 早續姻盟, 以豊後嗣, 毋徒自苦也." 言已, 一躍而往.

義亟報任生. 任生大喜, 卽偕義詣樵所取之. 伏草中, 俟三日, 毛女果至. 直前抱之, 毛女曰: "誰耶?" 曰: "夫也." 曰: "妾貌已寢, 君不足念也." 曰: "我不嫌汝. 何忘夙昔之好乎?" 因泣下. 毛女心動, 乃允之, 遂與歸. 初飮食, 腹微痛, 逾時而定. 半月, 毛盡脫, 依然佳麗也. 自是情好益篤, 生子女數人, 歷四十餘年而死.

外史氏曰: "神仙可爲也! 使平氏當飮水時, 不呼張義, 則凌踔碧虛之上, 一死生而無極矣, 何至埋身黃壤哉? 甚矣! 情絲之難割也!

張山來曰: 使我爲任生, 則隨毛女入深山中, 亦效其餌女貞實, 共作仙家眷屬. 何樂如之? 計不出此, 何也?

보무생전(寶婺生傳)

운사(雲士) 육차운(陸次雲)

보무(寶婺 : 지금의 浙江省 金華市) 출신의 서생은 그 이름을 잊어버렸다. 순치연간(順治年間 : 1644~1661) 초에 우리 청나라 군사가 금화(金華)를 함락했을 때 서생 부부는 서로 헤어졌다. 서생은 시체더미 속에 누워 있어 죽음을 면할 수 있었지만, 부인은 어디로 가는지도 모르고 헤매다가 한 장수에게 잡히고 말았다. 얼마 지나지 않아 그 장수는 군대를 옮겨 화정(華亭 : 지금의 上海市 松江縣 서쪽)에 주둔했다. 서생도 화정으로 가서 수소문했지만 소식을 들을 수 없었다. 그는 피로하고 허탈하여 여관 옆에 앉아서 탄식했다. 여관 주인이 그 모습을 보고 측은한 마음에 사연을 물었다. 그가 사정을 말해주자 주인이 말했다.

"글자를 아시오?"

서생이 "안다"고 대답하자 이번에는 "회계는 할 줄 아시오?"라고 물었다. 서생이 "잘한다"고 대답하자 "그럼, 우리 여관에 남아 일을 하면서 천천히 아내를 찾아보는 게 어떻겠소?"라고 말했다. 서생이 말했다.

“그렇게만 할 수 있다면 정말 큰 행운입니다.”

서생은 여관에 들어가 주인 대신 온갖 일을 다 했다. 이에 주인은 일신도 편해지고 사업도 더욱 번창했으며 이윤도 배로 증가했다. 주인에게는 딸이 하나 있었는데 그 서생에게 시집보내고 싶었지만 아직 입 밖으로 말을 꺼내지는 않았다.

하루는 날이 막 밝자마자 어떤 사람이 허겁지겁 달려오더니 여관에 들어와 밥을 먹었다. 그는 밥을 다 먹고는 돈을 내고 급히 떠나갔다. 서생은 그가 뭔가 두고 간 것을 발견하고 열어보았는데, 번쩍거리는 은화 50냥이 들어있었다. 그는 이 사실을 주인에게 알리고 그 손님이 다시 돌아오기를 기다렸다. 정오가 다 되어 그 손님이 다시 급하게 달려왔는데, 옷이 땀에 흠뻑 젖은 채로 숨을 헉헉대며 밥상 위와 땅을 자세히 살펴보더니 이내 망연자실해했다. 서생이 그에게 [무슨 일이냐고] 묻자 그는 “잃어버린 돈을 찾고 있소”라고 대답했다. 서생이 물었다.

“얼마나 잃어버리셨는데요?”

그 사람이 답했다.

“오십 냥이라오.”

서생이 물었다.

“어디에 쓰실 돈인데요?”

손님이 말했다.

“그 돈을 가지고 군영으로 가서 아내를 맞이해 올 참이었는데, 잃어버렸으니 이를 장차 어쩌면 좋소?”

서생이 말했다.

“돈은 그대로 있습니다. 손님께 다시 돌려드릴 터이니 걱정하지 마십시오.”

서생이 돈을 꺼내주니 그 사람은 돈을 받고 감사해하며 떠났다. 며칠 후에 돈을 잃어버렸던 그 사람이 청첩장 두 장을 가지고 와서 말했다.

“당신이 돈을 돌려준 덕분에 일이 잘 끝났습니다. 아무 날 혼인을 하게 되었는데, 이 혼사는 당신이 이루어준 것이나 마찬가지이니 주인과 당신이 오셔서 혼인주를 마셔주시길 삼가 청합니다."

서생이 굳이 사양하자 주인이 말했다.

"나는 시간이 없지만, 자네는 거절하지 말게나."

서생은 주인의 명을 받들어 기일에 맞춰 길을 떠났는데, 돈을 잃어버렸던 사람의 집에 가 보니 번듯한 가문이었다. 아직 날이 저물지 않아 서생은 시냇가에서 한가로이 걷고 있었다. 멀리 일엽편주가 봄 물결을 가르며 오는 것이 보였는데, 그 안에 푸른 소매에 구름머리를 한 여인이 소매로 얼굴을 가리고 앉아 있었다. 신부를 태운 배가 도착했다는 소리가 들려왔다. 서생이 우연히 눈을 들어 신부를 바라보니, 분명 자신의 옛 아내였다. 신부도 우연히 눈을 들어 서생을 바라보니, 분명 자신의 옛 남편이었다. 서생은 통곡하며 푸른 풀밭 위에 쓰러졌고, 신부도 통곡하며 배[1] 안에 엎어졌다. 배가 문에 닿자 사람들은 신부에게 일어나라고 재촉했지만, 신부는 일어나지 못했다. 이유를 물으니 신부가 말했다.

"방금 옛 남편 같은 사람을 보았기에 숨이 끊어질 듯 마음이 아픕니다."

그 사람이 어떻게 생겼냐고 묻자 신부는 그의 외모와 차림새를 설명해주었는데, 그건 분명 서생이었다. 신랑 될 사람이 급히 서생을 찾아보았더니 서생은 슬픔에 겨워 드러누운 채 일어나지 못했다. 신랑 될 사람이 그 이유를 물어도 서생은 말하려 하지 않았다. 그래도 계속해서 묻자 서생이 말했다.

"방금 한 사람을 보았는데 ……"

말을 마치지도 못하고 오열하느라 더 이상 말을 잇지 못했다. 신랑 될 사람이 문득 깨달은 듯 말했다.

"알겠소. 내 신부가 바로 당신의 부인인 게지요? 그대가 돈을 주웠으

---

1 배 : 원문은 '고봉(孤篷)'으로, 휘장을 하나 씌운 배이다.

면 그것은 당신 돈이오. 그런데 그 돈을 돌려주어 이 부인을 사오게 되었으니, 이것은 당신을 대신해 나에게 짝을 찾아주라 하늘이 명하신 게요. 슬퍼하지 마시오. 내 당신의 정의에 감동하였으니, 이 일로써 보답하지 않을 수 있겠소?"

서생이 난처해하자 신랑 될 사람은 주인에게 이 일을 주선해주길 청했다. 그러자 주인이 말했다.

"돈을 돌려준 사람도 의로운 선비지만, 부인을 돌려준 사람도 그 의로움이 돈을 돌려준 사람보다 못하지 않소. 혼인을 하려던 사람이 신부를 잃어버려서는 안 될 일, 내게 딸이 하나 있으니 아내를 돌려준 사람에게 내 딸을 시집보내고, 데려오려던 신부는 돈을 찾아준 사람에게 다시 돌려주면 될 것이오."

이 말을 들은 사람들은 모두 훌륭한 처사라고 여겼으며 쌍방도 모두 이에 따랐다. 주인의 의로움을 다시 헤아려보니, 저 두 의로운 선비와 정족(鼎足)을 이룬다고 할 만하다.

육자(陸子 : 陸次雲)가 말한다.

우산학사(愚山學士)가 쓴 「토사여라(兎絲女蘿)」편[2]을 읽어보니 거기에 이러한 이야기가 나온다. 상산(商山 : 지금의 陝西省 商縣 동남쪽)의 어떤 사람이 아내를 잃어버렸는데 그 아내는 장수의 아내가 되었고, 장수 또한 아내를 잃어버렸는데 장수의 아내는 상산 사람의 아내가 되었다. 후에 이 두 부부가 길에서 만나 각각 아내를 바꿔갔다는 이야기인데, 내 그 기이함에 탄복했더니 지금 보무 서생의 이야기는 더욱 기이하구나! 전란 통에 부부가 헤어지고 여자가 죽는 일[3]이야 이루다 헤아릴 수 없을 만큼 많지

2 우산학사(愚山學士)가 쓴 「토사여라(兎絲女蘿)」편 : 우산학사는 청나라 초기의 유명한 작가인 시윤장(施潤章)을 말한다. 우산은 시윤장의 호이다. 의성(宜城) 사람으로 순치연간(順治年間 : 1644~1661)에 진사가 되어 관직이 시독(侍讀)에 이르렀다. 「토사여라」편은 그의 「부평토사(浮萍兎絲)」편을 가리키는데 시 앞의 소서(小序)에 두 부부가 각각 옛 아내로 돌아갔다는 이야기가 서술되어 있다.

3 부부가 …… 죽는 일 : 원문은 '경파주침(鏡破珠沈)'이다. '경파'는 '파경(破鏡)'과 같은

만, 장수는 인색하게 굴지 않고 상산 사람에게 부인을 확인하고 되찾아 가게 해주었다. 돈을 돌려준 사람 역시 이와 마찬가지이다. 하늘의 뜻인가? 아니면 사람의 뜻인가? 비록 하늘의 뜻이라 하더라도, 나는 하늘을 움직이는 것이 하늘에만 달렸다고는 생각하지 않는다.

장산래가 말한다.

문장 중에 어디 놓아야할 지 매우 어려운 글자가 있는데, 그것을 훌륭하게 처리한 오묘한 솜씨를 보아내야 한다.

寶婺生, 忘其名. 順治初, 我師破金華, 寶婺生夫婦相散失. 生臥積屍中, 得免死, 婦行不知所向, 爲健兒所獲. 無何, 健兒移師駐華亭. 生覓耗於華亭, 不可得. 因乏無聊, 坐歎於旅館之側. 旅館主人鑒其貌, 憐而問之. 生告以故, 主人曰 : "若識字乎?" 曰 : "識." 曰 : "習會計乎?" 曰 : "習." 主人曰 : "盍留我館中, 勤若事而徐訪爾妻, 可乎?" 生曰 : "得如是, 誠幸甚." 生入館, 悉代主人勞. 主人逸甚, 而業加盛, 利倍入. 主人有女, 欲妻之而未發也.

一日者, 旭始旦, 一人急遽趨而來, 至館飯. 飯畢, 酬値, 急遽趨而去. 生視其有所遺, 啓之, 燦然白鏹五十金也. 以告主人, 俟其返. 日亭午, 其人復急遽趨而來, 汗漬漬衣, 息喘喘, 詳視几地, 茫然也. 生問之, 曰 : "覓遺金." 生曰 : "遺幾何?" 曰 : "金五十." 生曰 : "何用乎?" 曰 : "持向營中往娶婦, 失之矣, 將奈何?" 生曰 : "金固在. 還之於子, 無苦也." 卽出金, 其人受金拜謝去. 越數日, 失金者持二柬云 : "蒙子還金, 事諧矣. 某日當婚, 此婚君所賜也, 敬請主人與君飮巵酒." 生固辭, 主人曰 : "吾

의미로 한대 동방삭(東方朔)의 『신이경(神異經)』에 '옛날 부부가 이별을 하게 되었을 때 거울을 깨뜨려 반쪽 씩 갖고 이것을 증표로 삼았다[昔有夫婦將別, 破鏡, 人執半以爲信]'라고 하였는데 이후 부부의 이별을 비유하게 되었다. '주침'은 '주침옥쇄(珠沈玉碎)'에서 나온 말로 여자가 목숨을 잃는 것을 비유한다.

勿暇, 而不可却也."

生秉主人之命, 至期往, 往見失金者之家, 乃亦一善族也. 日未晡, 生閒步溪頭. 遙見一葉扁舟, 半篙春水, 中有翠袖雲鬟之人, 掩袖而坐. 云載新婦至. 生偶擧目視婦, 儼然故妻也. 婦偶擧目視生, 儼然故夫也. 於是生一慟而偃於碧草之上, 婦一慟而伏於孤篷之中. 舟及門, 促婦起, 不能起也. 問其故, 曰: "適見一人如故夫, 故傷悼欲絶耳." 問其人何若, 婦言其儀表衣冠, 宛然生也. 娶婦者急覓生, 見生悲臥不能起. 問其故, 不肯言. 固問之, 曰: "適見一人 ……" 語未畢, 哽咽不能續. 娶婦者憬然曰: "我知之. 是婦卽君婦矣? 君旣得金, 君之金矣. 還金而贖婦, 是天命我代君以完其偶也. 君無悲. 吾感君義, 敢不以此爲報乎?" 生難之, 娶婦者請其主人以爲主. 主人曰: "還金者, 義士也, 還婦者, 義不在還金下. 娶婦而失婦, 不可也, 吾有女, 當妻還婦者, 所娶婦, 當返還金者." 聞者咸以爲善而兩從之. 更推主人之義, 與二義士相鼎立.

陸子曰: 余讀愚山學士「兎絲女蘿」之篇, 見: 有商山人失婦, 爲健兒妻, 健兒亦失妻, 爲商山人婦. 征途相遇, 各易以歸者, 歎其奇絶, 而寶婺之遇更奇! 亂離之際, 鏡破珠沈, 不勝數矣, 而健兒以不吝, 使商山人認婦而得妻. 彼還金者, 亦猶是也. 天乎? 人乎? 雖曰天意, 而所以格天者, 吾以爲不在天也.

張山來曰: 篇中有極難措語處, 須看其不棘手之妙.

의사 왕씨 이야기[王義士傳]

정구(定九) **진정**(陳鼎)

의사 왕씨(王氏)는 이름은 알 수 없고, 태주(泰州) 여고현(如皐縣 : 지금의 江蘇省 如皐市)의 포졸이었다. 비록 포졸이었지만 기개와 절조를 중히 여길 줄 알았고 의협심이 강했다. 갑신년(1644)에 명나라가 망하자 같은 마을의 평민 원박(元博) 허덕부(許德溥)는 변발할 수 없다며 팔을 찔러 죽음을 맹세했다. 담당 관리는 명령을 거역한 죄로 그를 기시(棄市)에 처하고 아내를 귀양 보냈다. 왕씨가 마침 그 아내의 압송을 맡게 되었는데, 허덕부의 의로움을 높이 여겨 그 아내를 풀어주고 싶었다. 그러나 도무지 방법이 없어 밤새도록 한숨을 쉬며 잠을 이루지 못했다. 왕씨 아내가 이상히 여기며 그에게 물었다.

"무엇 때문에 이토록 고민하시나요?"

왕씨가 대답하지 않자 아내가 또 물었다.

"무엇 때문에 이토록 고민하시나요?"

그가 말했다.

"당신 같은 아녀자가 알 바 아니오."

아내가 말했다.

"아녀자라고 무시하지 마세요. 저에게 얘기만 해주시면 제가 당신을 위해 계책을 내드릴 수도 있답니다."

왕씨가 그 이유를 말해주었더니 아내가 말했다.

"허덕부의 의로움을 높이 사 그 아내를 풀어주고 싶어 하시니, 이는 호걸다운 행동입니다. 그 여자를 대신할 사람 하나만 구하면 되겠네요."

왕씨가 말했다.

"그렇소. 하지만 어디서 적당한 사람을 구한단 말이오?"

아내가 말했다.

"제가 당신의 의로움을 이루어드리는 것이 당연하겠지요. 제가 그 여자 대신 가겠습니다."

왕씨가 말했다.

"정말이요? 장난이요?"

아내가 말했다.

"진심입니다. 어찌 장난을 하겠습니까?"

왕씨는 땅에 엎드려 머리를 조아리며 감사를 표하고 바로 허덕부의 아내에게 이와 같은 사실을 알리면서 어서 친정으로 몸을 피하라고 했다. 왕씨 부부는 길을 떠났다. 군현의 역사(驛舍)를 지나면서 취조 받을 때면, 완연히 관가의 포졸이 죄인을 압송해가는 모습이었다. 왕씨 부부는 수 천리 길을 가 귀양지에 도착한 후 갖은 고초를 겪었으나 모두 달게 받았다. 이에 감동 받은 여고현 사람들이 돈을 모아 그 죄 값을 치러주어 돌아가게 해 주었고, 왕씨 부부는 집에서 생애를 마쳤다.

외사씨(外史氏)가 말한다.

지금의 서리들은 법을 우롱하여 일신의 안위만을 구할 뿐, 충의를 알기나 하던가? 그러나 왕씨는 의로운 선비의 아내를 풀어주었고, 왕씨의 아내는 흔쾌히 지아비의 뜻을 이루어 주었다. 아, 천고에 보기 드문 일이로다!

장산래가 말한다.

정영(程嬰)과 공손저구(公孫杵臼)[1]는 그래도 조씨(趙氏) 집안의 문객이었다. 왕씨 부인은 그들보다 훨씬 훌륭한데도 그 이름이 전해지지 않으니 애석하도다!

王義士者, 失其名, 泰州如皐縣隷也. 雖隷, 能以氣節自重, 任俠好義. 甲申國亡後, 同邑布衣許元博德溥不肯薙髮, 刺臂誓死. 有司以抗令棄之市, 妻當徙. 王適値解, 高德溥之義, 欲脫其妻. 而無術, 乃終夜欷歔不成寐. 其妻怪之, 問曰 : "君何爲彷徨如此耶?" 王不答, 妻又曰 : "君何爲彷徨如此耶?" 曰 : "非爾婦人所知也." 妻曰 : "子毋以我爲婦人也而忽之. 子第語我, 我能爲子籌之." 王語之故, 妻曰 : "子高德溥義而欲脫其妻, 此豪傑之擧也. 誠得一人代之可矣." 王曰 : "然. 顧安得其人哉?" 妻曰 : "吾當成子之義. 願代以行." 王曰 : "然乎? 戱耶?" 妻曰 : "誠然耳. 何戱之有?" 王乃伏地頓首以謝, 隨以告德溥妻, 使匿於母家. 而王夫婦卽就道. 每經郡縣驛舍, 就驗時, 儼然官役解罪婦也. 歷數千里, 抵徙所, 風霜艱苦, 甘之不厭. 於是皐人感之, 斂金贖歸, 夫婦終老於家焉.

外史氏曰 : 今之吏胥, 祗知侮文弄法以求溫飽, 何嘗知有忠義也? 王胥竟能脫義士之妻, 而其婦尤能慨然成夫之志. 噫, 蓋亦千古而僅見者矣!

張山來曰 : 嬰 · 臼猶趙氏客也. 此婦竟遠過之, 乃逸其名氏, 惜哉!

---

1 정영(程嬰)과 공손저구(公孫杵臼) : 춘추시대 때 정영과 공손저구가 자신들에게 은혜를 베푼 조씨 집안의 대를 이을 고아를 살리기 위해 목숨을 걸고 애썼던 일은 『사기』 「조세가(趙世家)」에 기록되어 있다. 원나라 기군상(紀君祥)의 잡극 『조씨고아(趙氏孤兒)』도 이 이야기를 소재로 한 작품이다.

육자용의 일을 기록하다[紀陸子容事]

단록(丹麓) **왕탁**(王晫)

전당(錢塘 : 지금의 浙江省 전당)의 육자용은 이름이 도(韜)이고 일명 자진(自震)이라고도 한다. 어려서부터 외모가 빼어났고 책 읽기를 좋아하여 경전이며 역사서를 줄줄 외웠다. 현령(縣令) 양공(梁公)은 동자시(童子試)를 시행하여 고문(古文)과 시사(詩詞)에서 육자용을 일등으로 선발하고, 그가 가난하다는 사실을 알고는 돈을 하사했다. 육자용은 그 돈으로 전부 책을 사서는 밤낮으로 읽다가 각혈병에 걸렸다. 또 친구에게 『이십일사(二十一史)』를 빌려다가 병을 무릅쓰고 열심히 연구하더니 바로 이어 논찬(論撰)을 짓기도 했다. 그러다 병이 더욱 악화되어 결국 세상을 떠나고 말았다. 그의 스승 장조망(張祖望)이 시를 지어 통곡했다.

적막하고 황폐한 뜰에 푸른 이끼 돋아나니,
그 옛날 육사형(陸士衡)[1] 생각에 애간장 끊어지네.
봄날 새는 사람이 이미 떠난 줄도 모르고,

팥배나무 위에서 지저귀고 있구나.

육자용의 손위 처남 아무개는 평소 시를 잘 짓지 못하였으나, 장조망의 시를 읽고는 마음이 서글퍼져 화답시를 지으려했다. 하지만 잘 지어지지 않자 잠을 이루지 못하고 뒤척였다. 지쳐서 잠을 청하는데 갑자기 육자용이 나타나 이렇게 말했다.

"형님, 장선생 시에 화답하고자 하나 지어지지 않습니까? 저는 벌써 화답시를 다 지었으니 형님께 한번 읊어드리지요."

누가 있어 가난한 집에 생사를 묻겠는가?
사람들은 도리를 어겨가며 출세가도를 달려가네.
나는 저승길 떠돌며 다른 낙일랑 없네,
쓸쓸히 떨리는 송백 소리 듣는 것 외에는.

아무개가 깜짝 놀라 일어났지만 고요하니 아무것도 보이지 않았다. 은 등잔은 반쯤 꺼져 있었고 오직 달빛만이 삼베 휘장을 비추고 있었다. 아침이 되어 아무개는 시를 장조망에게 보이며 간밤의 일을 전했다. 장조망이 시를 손에 쥐고 눈물을 흘리며 말했다.

"소리며 정감이며 처량하고 울적한 게, 어쩌면 시의 신운(神韻)이 그리도 육자용을 닮았는가?"

사람들이 시를 베껴 서로서로 전하다보니 어느덧 화답하는 자가 수백 명에 이르렀다. 나도 아래와 같이 시를 지었다.

---

1 육사형(陸士衡 : 261~303) : 육기(陸機). 육기는 화정(華亭 : 지금의 上海市 松江) 사람으로 그의 조부 육손(陸遜)과 아버지 육항(陸抗)은 모두 삼국시대 오(吳)나라 명장이다. 오나라가 망하자 학문에 매진하여 「문부(文賦)」를 지었다. 그의 시는 수사에 중점을 두고 미사여구와 대구(對句)의 기교를 살려 육조시대의 화려한 시풍의 선구를 열었다. 여기서는 시문에 뛰어났던 육자용을 육기에 비유해 노래했다.

그가 남긴 시 한번 읽으면 만감이 교차하니,
더없이 귀한 문장 저울질조차 필요 없구나.
종자기(鍾子期)[2]가 죽은 후 지음이 없어져,
높은 산 흐르는 물소리[3]만 애간장을 끊나니.

호사가들이 이러한 시들을 모으기 시작해 근자에야 그 일을 마쳤다. 몸에 밴 습관을 어쩌면 이토록 잊지 못함에 탄식하노라!

삶과 죽음은 길이 달라, 아무리 가까웠던 사람이라도 미련 없이 버리고 가버린다. 그러나 시문에 있어서만은 [죽은 후에도] 종종 그 재주를 직접 드러내어 불후의 작품을 남기기도 하니, 마음에 맺힌 것은 생사도 갈라놓을 수 없는 것인가? 훌륭한 문인이라면 응당 하늘에서 살아야 할 터, 육자용은 재귀(才鬼)가 되어 세상에서 소리 내 우는 것을 즐거워하지 않으리라! 이에 이 일을 기록한다.

장산래가 말한다.

"차라리 재귀가 되는 것이 미련한 신선이 되는 것보다 낫다"는 말이 있다. 재귀가 사람의 몸을 빌려 시문을 짓는 일이야 세상에 허다 하지만, 여기서는 꿈속에서 화답시를 지었으니 더욱 기이하다.

錢塘陸子容, 名韜, 一名自震. 少負異姿, 喜讀書, 經傳史記, 背誦如流. 邑侯梁公試童子, 以古文詩詞拔取第一, 廉其貧, 解金贈之. 子容盡以買書, 晝夜讀, 得咯血疾. 已又向友人借『二十一史』, 力疾研尋, 隨有

---

2 종자기(鍾子期) : 춘추시대 초(楚)나라 사람이다. 당시 거문고의 명인이었던 백아(伯牙)의 친구로 그의 거문고 소리를 잘 알아들었다고 한다. 종자기가 죽자 백아는 자기 음악을 이해하여 주는 이가 없음을 한탄하여 거문고 줄을 끊고 다시는 거문고를 타지 않았다.

3 높은 산…… 물소리 : 원문은 '고산유수(高山流水)'로 백아가 연주했던 금곡명(琴曲名)이다.

論撰. 疾愈篤, 遂死. 其師張祖望哭以詩曰 : "荒園寂寞綠苔生, 腸斷當年陸士衡. 春鳥不知人已去, 棠梨樹上兩三聲."

子容有內兄某者, 素不習詩, 讀張詩而哀之, 欲和. 不能, 輾轉牀第間. 倦就寢, 忽見子容相謂曰 : "君和張先生詩未得耶? 予已和成, 爲君誦之. 誰向蓬門問死生? 諸公枉道駕車衡. 我遊泉路無他樂, 惟聽蕭蕭松栢聲." 某遽驚寤, 寂無所見. 時銀缸半滅, 惟有月映繐帷而已. 詰旦, 以詩示祖望, 且告以故. 祖望把其詩流涕曰 : "聲情凄鬱, 何其詩之神似子容也?" 傳寫人間, 和者幾數百人. 予亦有詩云 : "一讀遺編百感生, 文章無價漫權衡. 子期去後知音少, 腸斷高山流水聲." 好事者輯而存之, 近得卒業. 因歎結習之不能忘如是哉!

夫幽明異路, 縱甚所親愛, 亦皆棄之如遺. 而獨於詩文之際, 往往欲自見其長, 有不能盡泯者, 豈非心之所結, 雖生死亦莫爲之隔耶? 吾知慧業文人, 應生天上, 子容終不樂以才鬼自鳴於時矣! 因紀之.

張山來曰 : 語有之, "寧爲才鬼, 尤勝頑仙." 然才鬼附乩作詩文者, 世多有之, 今此則於夢中和韻, 尤爲奇也.

자자아전(雌雌兒傳)

정구(定九) 진정(陳鼎)

자자아는 어디 사람인지 모르고 성씨 역시 불분명하다. 스스로 말하기를 자신은 숭정연간(崇禎年間 : 1628~1644)에 효렴(孝廉)이었으나 이내 도사가 되었다고 했다. 그는 강음(江陰 : 지금의 江蘇省 江陰市)과 무석(無錫 : 지금의 江蘇省 無錫市) 사이를 왕래하며 우리 마을 황개자(黃介子) 선생과 친하게 지냈다. 그래서 매번 선생의 집을 찾아갈 때면 반드시 소매에 '같은 해에 과거에 급제하여[1] 보살핌을 받고 있는 동생 자자아가 머리 숙여 인사합니다'라고 크게 적은 명함 하나를 넣어 가지고 가서 집안에 통보했으며, 서로 만날 때면 반드시 맞절을 하고 헤어질 때는 반드시 머리를 조아렸다. 입고 있는 도복 외에 달리 지니고 있는 것이라곤 없었고, 오직 허리에 동전만한 굵기에 5촌밖에 안 되는 길이의 죽통 세 개를 차고 다녔을 뿐이다.

1 같은…… 급제하여 : 원문은 '연가(年家)'로 과거에 급제한 사람들이 서로를 부르는 호칭이다.

그 후 그는 운간(雲間 : 지금의 上海市 淞南지역) 일대를 떠돌았다. 운간의 제씨(諸氏)는 원래 귀족 집안[2]으로, 삼백 여 칸 쯤 되는 빈 집이 한 채 있었다. 자자아는 달라는 만큼 돈을 주고 그 집을 빌려 살았다. 그 집에 들어간 후 문을 걸어 잠그고 홀로 당 위에 앉아 허리에 차고 있던 죽통을 꺼냈다. 그런 다음 뚜껑을 열고 기울이니 마치 겨자씨 같은 것들이 끊임없이 땅에 튀었다. 겨자씨는 눈 깜박할 사이에 의자 · 탁자 · 휘장 · 그릇 등으로 변했는데, 갖춰지지 않은 게 없었다. 다시 다른 죽통 하나를 기울이자 또 겨자씨 같은 것들이 땅에 튀어 올라 곧바로 곡식 · 음식 · 소 · 양 · 닭 · 개 등으로 변했는데, 역시 없는 게 없었다. 또 나머지 죽통 하나를 기울이자 이번에는 동복 · 시녀 · 처첩 · 남녀 수백 명이 구름처럼 모여들었다. 분주히 시중드는 자, 집 청소하는 자, 기물들을 정리하는 자들로 가득하여 순식간에 아주 부귀한 집처럼 변했다. 제씨는 문틈으로 이 광경을 엿보고는 깜짝 놀라 괴이하게 생각했다. 이에 자자아는 수레에 올라 종복을 거느린 채 온 나라를 돌아다녔다. 그가 그곳에 거주한 지 한참 되었을 때 제씨는 그가 분명 요괴일 것이라 생각하여 사람을 시켜 그에게 떠나라고 했다. 그러자 자자아는 처첩 · 하인 · 기물 · 소 · 양 등을 모두 죽통 속에 넣고 표연히 떠났는데, 그 후 어떻게 되었는지 모르겠다.

외사씨(外史氏)가 말한다.

이것은 황개자의 제자인 서패옥(徐佩玉)의 아우 서군옥(徐羣玉)과 송강(松江) 사람 예영청(倪永清)이 나에게 해 준 이야기이다. 자자아는 고상한 선비로서 환술을 부리며 세상을 피해 살았으나, 끝내 세상과 어울리지 못하여 여러 차례 내침을 당한 끝에 마침내 깊은 산에 은둔해버렸다. 아아! 난세에 태어난 선비는 길조차 막히는구나!

2 귀족 집안 : 원문은 '봉가(封家)'이며 봉읍이 있는 귀족 집안을 말한다.

장산래가 말한다.

옛날에 양선(陽羨: 지금의 江蘇省 宜興縣 남쪽)의 한 서생은 가족이며 그릇이며 음식 등을 입에 넣고 다녔다.[3] 그런데 지금 자자아는 가족이며 그릇이며 음식 등을 죽통에 넣고 다녔으니, 양선 서생보다는 한 수 아래인 듯하다. 하지만 서생의 아내에게는 딴 남자가 있었지만 자자아에게는 없었으니, 이 점에 있어서는 자자아가 양선서생보다 낫다.

雌雌兒者, 不知何許人, 亦未詳其姓氏. 自言崇禎時孝廉也, 未幾爲道士. 往來江陰・無錫間, 與予里黃介子先生善. 每過其家, 必袖一刺, 大書'年家眷弟雌雌兒頓首再拜', 投入相見, 必交拜, 別去必頓首. 衲衣外, 別無他物, 惟腰佩竹筒三, 大錢圍, 長五寸而已.

後遊雲間. 雲間諸氏, 素封家也, 有空屋三百餘楹. 雌雌兒住僦之, 如數與之値. 旣入, 鍵其戶, 獨坐堂上, 取所佩竹筒. 揭蓋傾之, 如芥子狀者, 躍於地不止. 須臾, 盡化椅棹帷帳器皿, 無不具. 旣而復取一筒傾之, 如芥子者復躍於地, 須臾, 穀粟飮食牛羊鷄犬, 無不具. 又以一筒傾之, 則僮僕婢嫗妻妾男婦數百人皆集矣. 供奔走者, 除堂宇者, 整器用者, 頃刻如大富貴家. 諸氏從門隙窺之, 大驚, 以爲怪. 於是雌雌兒乘車馬, 擁僕從, 交遊通國. 居久之, 諸氏以爲妖, 使人辭焉. 雌雌兒盡以妻妾僮婢器用牛羊之類納諸筒內, 飄然長往, 不知所終.

外史氏曰: 黃介子高足徐佩玉弟羣玉, 與松江倪永淸爲予言. 雌雌兒, 高士也, 以幻術避世, 而世卒不容, 屢遭斥逐, 終遁深山. 嗚呼! 士生亂世, 道亦窮矣!

---

3 옛날에 …… 다녔다: 이 이야기는 남조시대 양(梁)나라 오균(吳均)이 지은 『속제해기(續齊諧記)』에 나오는 양선 서생의 이야기이다. 양선의 허산(許産)이 길에서 한 서생을 만났는데, 그 서생은 입에서 부인을 토해내어 즐기고 서생이 잠든 사이 그 부인은 입에서 자신의 정부를 토해내어 즐기고 그 정부 또한 부인이 잠든 사이에 한 여자를 토해내어 즐긴 후 차례차례 다시 삼키고 떠났다는 이야기이다.

張山來曰 : 昔陽羡諸生, 以眷屬什器飮食納口中. 今雌雌兒以眷屬什器飮食納竹筒中, 似遜陽羡書生一籌. 然書生眷屬有外夫, 而雌雌兒則無之, 是雌雌兒又勝於陽羡書生也.

다시 온다는 시 예언 이야기[再來詩識記]

정봉(定峰) **사장백**(沙張白)

홍치연간(弘治年間 : 1488~1505)에 민(閩) 땅 후관(侯官 : 지금의 福建省 福州市)에 살고 있던 늙은 유생 아무개는 박학하고 문장도 잘 지었으나 과거시험에 번번이 떨어졌다. 게다가 고지식하기까지 하여 빈곤이 날로 심해졌다. 그러다 아들 하나가 태어나는 바람에 [더 이상] 공부를 못하고 남의 집 농사를 지어주며 생계를 잇다가 일흔 살이 되던 해에 그렇게 울적하게 죽었다. 세상을 떠나던 날 저녁에, 평생 지은 작품을 꺼내다가 맨 뒤에 시를 적어 넣고는 아내에게 잘 보관하라 부탁하고 죽었다. 가난해 염도 할 수 없어서 문하생 아무개 아무개 등 네댓 명이 돈을 추렴해 염을 해주었다. 그 가운데 아무개는 집도 부유하고 정의가 특히나 두터운 사람이었다. 그는 동학들과 같이 눈물을 흘리며 상을 치루고, 장례까지 지내준 뒤 떠났으며, 때때로 그 늙은 유생의 처자식을 도와주기도 했다.

가정(嘉靖) 원년(1522)에 강남의 아무개 공은 열다섯에 향시(鄕試)에 합격하고[1] 열여섯에 예부에서 치는 시험에 합격하는[2] 등 어려서부터 똑똑하고 영특했다. 그는 서상(庶常)[3]으로 벼슬을 시작하여 5년도 되지 않아 민 땅의 향시를 주관하러 나갔는데, 인재 선발에 있어 매우 공명정대했다. 그가 바람 부는 과장[4]에서 붓을 쥐고 지었던 평가문은 단숨에 일필휘지로 완성된 것인데, 민 땅에 전해져 두루 읊어졌다. 9월 보름날, 아무개 공의 생일을 맞이하여 순무(巡撫)·순안(巡按) 및 감사(監司)[5]들이 모두 술잔을 올리며 축수했다. 그는 한림원의 중책을 맡아 어명을 받들고 시험을 주관하러 왔기에, 일시에 예를 올리러 찾아온 빈객들로 북적였다. 그곳의 인사들은 모두 그를 흠모하면서 신선 보듯 대했다. 관원과 선배들도 그를 바라보며 그만 못함을 부끄러워했다. 이러한 대우를 받는 것 자체가 어려운 것은 아니나 젊어서 이러한 대우를 받는다는 것이 어려운 일이다.

저물녘 아무개 공이 술에 많이 취했는데도 접견하러 오는 사람은 끊이지 않았다. 아무개 공은 그들을 피해 몰래 돌아가 배를 띄우게 하고는 선실을 닫고 달게 자면서 일절 하객들을 들이지 말라고 뱃사공에게 분부했다. 술이 깼을 때는 이미 한밤중이었다. 비단 창으로 달빛이 쏟아져 들어와 마치 낮처럼 환했다. 그는 강기슭을 바라보다 문득 청아한 흥취가 동하여 옷을 바꿔 입고는 어린 종을 불러 따르게 하고 길을 나섰다. 달빛에 걸음을 맡겨 가다보니 어느덧 몇 리를 걸었다. 앞에 보이는 산과

1 향시(鄕試)에 합격하고 : 원문은 '발해(發解)'로, 향시에 합격하는 것을 말한다.

2 예부에서 …… 합격하는 : 원문은 '첩남궁(捷南宮)'이다. '남궁'은 예부(禮部)를 가리킨다. 각 성에서 관장하는 향시에 합격한 사람을 거인(擧人)이라 했는데, 거인이 도성에 가서 예부에서 시행하는 시험에 합격하면 '공사(貢士)'라 칭했고 그 후 전시(殿試)에 합격하면 '진사(進士)'라 칭했다.

3 서상(庶常) : 서길사(庶吉士)의 별칭으로 한림원 소속 관명이다. 진사 중에 문학에 뛰어난 사람을 서길사로 삼았다.

4 바람 부는 과장 : 원문은 '풍첨(風簷)'인데, 예전에 과거시험장이 비바람을 막을 수 없는 노천이었으므로 이렇게 표현한 것이다.

5 순무(巡撫) …… 감사(監司) : 원문은 '무안감사(撫按監司)'로 성(省)의 고급 장관들을 말한다. 순무는 성의 최고 장관이며 순안은 각 성에 파견되어 순시하는 감찰어사이며 감사는 그 아래 포정사(布政使)와 각도 도원(道員) 등을 합쳐 말한 것이다.

냇물, 숲과 계곡이 어렴풋이 예전에 와 본 듯한 느낌이 들어 그는 속으로 퍽이나 의아했다. 잠시 후 어느 시골집에서 매우 슬피 우는 소리가 들려왔다. 아무개 공은 그 소리를 듣고 처연한 마음이 들어 소리를 따라가 보았는데, 궁벽한 작은 촌락에서 울타리도 없이 서까래만 몇 개 남은 초가집 하나를 보았다. 어린 종에게 문을 열고 들어가 보게 했더니, 여든 살쯤 되어 보이는 머리 하얗게 센 노파가 종이로 만든 등을 사르며 푸성귀와 보리죽을 차려 놓고는 죽은 남편을 제사지내며 곡하고 있었는데, 그 소리가 무척 슬피 들렸다. 아무개 공이 읍을 하며 노파에게 물었다.

"부인은 누구시기에 이토록 슬퍼하는 것입니까?"

노파가 눈물을 훔치며 사과하고는 다 헤진 간이 의자를 가져와 아무개 공에게 앉게 한 다음 울면서 말했다.

"원래는 낮에 죽은 남편의 제사를 지내려고 했습니다. 하지만 아들이 멀리 나가 여태껏 오지 않기에 돌아오지 않을 것 같아 부득이 밤에 제사를 지내게 되었습니다. 한 잔 술이라도 마련하여 제사지내려 하였으나 그것조차 얻을 수가 없어, 마음이 아픈 나머지 밤에 곡을 해서는 안 된다는 법도를 그만 어기고 말았습니다. 군자의 꾸짖음을 면할 수 없다는 건 잘 압니다."

아무개 공이 말했다.

"망부는 누구십니까? 죽은 지 몇 년이나 되셨습니까? 기왕 제사상도 갖추지 못한 마당에 어찌하여 날이 밝을 때까지 기다리지 않으셨습니까?"

노파가 말했다.

"죽은 남편은 후관의 늙은 유생으로, 재주는 많았으나 팔자가 기박하여 홍치연간(弘治年間 : 1488~1505) 아무 해에 죽었는데, 오늘이 바로 기일입니다. 저는 남편과 부부의 정이 깊었기에, 비록 제삿술[6]은 없지만 차마

6 제삿술 : 원문은 '초장(椒漿)'으로 초주(椒酒 : 산초열매로 만든 술)를 말한다. 고대에는 보통 이 술로 제사를 지냈다.

제사지내지 않을 수 없었습니다. 다음날까지 기일을 미루는 것은 도리상 감히 할 수 없습니다."

아무개 공은 노파의 말을 듣고 깜짝 놀랐는데, 그 남편의 기일이 바로 공의 생일이었으며 햇수를 헤아려보니 마침 21년째 되는 해였기 때문이다.

노파는 비록 용모는 초췌했으나 언사가 매우 고상한 것이 유가의 풍모가 깃들어 있었다. 아무개 공은 놀랍기도 하고 불쌍하기도 하여 노파에게 또 물었다.

"돌아가신 망부께서는 대단한 학자였으니, 분명 저술이 풍부하셨을 텐데, 유고를 좀 볼 수 있을까요?"

노파는 그 말을 듣고 눈물을 흘리며 고개를 끄덕이더니, 잠시 무언가 생각하는 듯하다가 아무개 공에게 아뢰었다.

"저는 남편을 오십년 동안 섬겼는데, 더우나 추우나 오로지 부지런히 학문에만 열중하였습니다. 항아리에 먹을 곡식이 없고 굴뚝에 연기가 피어나지 않아도 담담하셨지요. 지은 것이 많기로야 한우충동(汗牛充棟)[7]할 정도이고, 과거 응시문도 따로 한 권질로 엮어 놓았습니다. 예순이 넘은 뒤로는 그것을 꺼내 읽을 때마다 책상을 부여잡고 크게 탄식하며 눈물을 주룩 흘리곤 했지요. 저는 마음이 상할까 걱정되어 그것을 상자 속에 감춰두고 보지 못하게 했습니다. 그런데 돌아가기 한 달 전에 갑자기 불을 활활 지피더니 그 책을 태워버리겠다고 맹세했습니다. 그러나 거듭 책을 뒤적이며 주저주저 차마 태우지 못하고는 제게 '평생 고심하여 지은 문장을 진시황의 불구덩이[8]에 넣을 수 없으니 내 관에 넣어 함께 순장해주시오'라고 당부했습니다. 말을 마치고는 한참동안 흐느꼈지요. 임종하던[9] 날 저녁, 저에게 또 그 책을 찾아오게 하여 보더니, 맨 뒤에 시

7 한우충동(汗牛充棟) : 책이 들보에 가득차고 책 수레를 끄는 소가 땀을 흘릴 정도로 책이 많다는 뜻이다.

8 진시황의 불구덩이 : 원문은 '진거(秦炬)'로, 진시황이 분서갱유하였기에 책을 태우는 것을 '진거'라고 한다.

9 임종하던 : 원문은 '역책(易簀)'이다. 『예기』에 증삼(曾參)이 죽기 전에 자기 침상에

를 적어 넣은 후 제게 '잘 보관해 두시오. 분명 이것을 알아보는 사람이 있을 것이오'라고 말했습니다. 또 웃으며 말했습니다. '문장의 뜻이 심원하니, 내가 다시 오지 않는 이상 그 속의 신묘한 뜻을 어찌 알겠소? 나는 사는 동안 부끄러운 짓을 하지 않았으니 죽어서 그 보답을 받을 것이오. 다음 세상에는 우리 가문을 크게 일으켜 천하의 빈한한 유생들로 하여금 크게 한번 어깨를 펴게 해주리다!' 말을 마치고 크게 웃으며 숨을 거두었는데, 벌써 이십년이 되었습니다. 오직 문하생 몇몇만이 그 글을 베껴 가 읽었을 뿐, 아직 찾아와 물은 사람은 아무도 없었습니다."

아무개 공이 이 말을 듣고 급히 그 책을 달라하여 읽어보았는데, 책을 펼쳐 나온 처음 문장이 바로 자신이 향시에 합격했을 때 쓴 첫 번째 문장이었으며, 처음부터 끝까지 한 글자도 틀리지 않았다. 더욱 놀라 자세히 되풀이하여 읽어보니, 자신이 동자시(童子試)에 응시하고 회시(會試)에 참가했을 때 쓴 모든 시권(試卷)과 팔고문 범본,[10] 논(論)·표(表)·책(策)·판(判)에서부터 전시(殿試)에서 쓴 책문, 한림원 선발 때 쓴 논(論) 등이 모두 그 가운데 있었다. 민 땅 과거 시험에서 썼던 다섯 편의 평가문 역시 모두 그 문집에 있는 글이었다. 마지막에 있는 시는 임종 때 마지막으로 썼다는 바로 그 시 같았는데, 내용은 다음과 같았다.

가난한 집에서 졸박함을 지키며 보낸 칠십년 세월,
다시 올 때에는 더 이상 늙은 유생의 몸 아니리.
수고롭겠지만 그대여 평생의 뜻을 다 이룬 뒤,
돌아와 이 유고에서 숙세의 인연 깨달아주시게.

깔았던 돗자리를 바꾸라고 한 이야기에서 유래한 것으로 임종하는 것을 '역책'이라고 하였다.

10 팔고문 범본: 원문은 '묵재(墨裁)'이다. '묵재'는 명청시대 때 유행한 본보기용 팔고문 책자를 말한다.

아무개 공은 이 시를 읽고 문득 크게 깨달아 고개를 끄덕이며 크게 탄식했다. 낡은 집과 무너진 담은 바라보니 정말 옛집 그대로였다. 노파에게 물었다.

"예전에 침상이 있었는데 지금은 어디에 있소?"

노파가 등불을 들고 아무개 공을 데리고 들어가니, 썩은 돗자리와 헤진 이불에 먼지가 가득 쌓여 있었다. 노파는 다 헤진 자리를 끌어안고 누추한 돗자리 위에서 지냈던 것이다. 아무개 공은 그것을 보고 탄식하며 눈물을 흘렸다. 노파 역시 놀라며 물었다.

"공 같은 군자께서 이 가난한 집을 보고 우시니, 혹 죽은 남편과 사제지간이나 친구 관계셨습니까?"

아무개 공이 말했다.

"아니오. 그대의 망부께서 말씀하신 다시 온다는 사람이 바로 나요. 오늘 이렇게 만나게 된 것이 어찌 하늘의 뜻이 아니겠소?"

노파가 말했다.

"남편이 죽을 때, 저는 애간장이 끊어질듯 하여 다시 오겠다는 말을 듣고는 몰래 시신의 정강이를 깨물고 그 위에 내 손가락을 찔러 나온 피를 칠해 놓았습니다. 이로써 훗날 징표로 삼으려 했는데, 공께 혹 이러한 징표가 있는지요?"

아무개 공이 신을 벗어 정강이를 내 보이니, 이 자국이 분명히 나 있고 피 색깔 또한 선명했다. 노파가 크게 울었다. 아무개 공도 슬픔을 이기지 못해 하다가 천천히 노파를 위로했다.

"부인, 걱정 마시오. 망부께서 칠십년 동안 책을 읽고도 끝내 보상받지 못했던 것을 지금 내게서 받게 될 것이오. 나의 출세는 망부의 수고가 가져다 준 것이오. 만일 과거 인연을 몰랐다면 젊어서 관직에 오르게 된 것을[11] 모두 요행쯤으로 여겼을 것이오. 나는 마땅히 전생의 가문을

11 관직에 …… 것을: 원문은 '등영(登瀛)'으로 '영'은 신선들이 사는 땅이라고 전해지는 '영주(瀛洲)'이다. 여기에서는 관직에 오르게 된 것을 비유적으로 말한 것이다.

크게 일으켜 숙원에 보답하고, 천하의 곤궁한 유생들을 감동시켜 분발하게 할 것이니, 부인만 잘 살게 하는 데 그치지 않을 것이오."

노파는 눈물을 거두고 감사 인사를 했다.

아무개 공이 또 물었다.

"아들은 어디에 갔소?"

노파가 말했다.

"남편이 죽은 후 저희 모자는 살아갈 방도가 없었으나, 다행히 문하 제자 몇몇이 옛 정이 돈독하여 기일이 되면 늘 제사에 필요한 것들을 보내주었습니다. 이번에는 아무개가 막 향시에 합격하여[12] 직접 이곳에 올 겨를이 없기에 아들을 보냈는데, 왜 아직 돌아오지 않는지 모르겠습니다."

아무개 공이 [향시에 합격했다는] 아무개의 성명을 물어보니 바로 과거 시험에서 일등[13]으로 선발된 아무개였다. 나머지 네 다섯 사람도 모두 신임 관리들이었다. 이에 아무개 공은 다시 한참을 탄식했다. 이윽고 동방이 점차 밝아오고 노파의 아들이 도착하였는데, 그 뒤에 노복 하나가 술과 쌀, 돈과 물건 등을 잔뜩 짊어지고 따라 왔다. 아들은 봉두난발에 베옷을 입은 촌 사내였다. 노파는 아들에게 아무개 공께 인사드리라고 하고 늦게 돌아온 이유를 물었다. 아들이 말했다.

"장원급제한 아무개가 시험을 주관한 좌사(座師)[14]의 축수연을 위해 함께 합격한 동기들과 함께 축하주를 올리러 갔답니다. 그러나 배를 타고 관청으로 가는 도중 서로 길이 어긋나고 말았습니다. 저들은 좌사를 기다리고 저는 저들을 기다리느라 돌아오는 게 늦어졌습니다."

아무개 공이 쌀을 짊어진 자를 돌아보며 말했다.

---

12 향시에 합격하여 : 원문은 '등현서(登賢書)'이다. '현서'는 본래 현명하고 유능하다고 추천된 이의 명단으로, 후에 향시에 합격하는 것을 '등현서'라고 했다.

13 일등 : 원문은 '해원(解元)'이다. 향시를 해시(解試)라고도 하기 때문에 향시에서 1등한 사람을 '해원'이라 칭한다.

14 좌사(座師) : 거인이나 진사가 자신이 응시한 시험의 주 시험관에 대해 사용하는 경칭이다.

"장원급제한 아무개의 노복이냐?"

그가 "그렇습니다"라고 하자 아무개 공이 다시 말했다.

"돌아가 너의 주인에게 속히 이곳에 모이라고 일러라."

노복은 쏜살같이 달려갔다. 노파가 아들에게 [돌아가신 아버지가] 환생하여 다시 오게 된 자초지종을 이야기 하자 아들은 아무개 공을 아버지의 예로써 모시고자 했다. 아무개 공이 말했다.

"아니 되오! 이것은 다른 세계의 일이오."

곧 장원급제 한 아무개와 같이 합격한 몇몇 무리가 도착했는데, 아무개 공의 이야기를 듣더니 모두 머리를 조아리며 말했다.

"전생과 이생에서 사제지간이 되었다는 말은 전에도 들어본 적 없습니다."

얼마 있지 않아 현령이 왔다. 또 얼마 있지 않아 태수가 왔다. 아무개 공이 많은 관리들에게 자초지종을 이야기해 주니, 모두 놀라며 기이한 일이라고 말했다.

아무개 공은 늙은 유생의 묘에 처음으로 제사를 지냈으며, 봉분을 높여 주고 주변에 나무를 심어 주었다.[15] 또한 친척들을 대대적으로 불러 모아 대접하고 선물을 주었다. 노파 모자에게 은혜를 베푼 자들에게는 갑절로 보답해 주었다. 그가 노파와 아들을 위해 전답과 집과 노비를 사주고 재산을 다 털어 도와주니, 위로는 순무와 순안, 포정사와 안찰사[16]로부터 아래로는 공이 선발한 선비들에 이르기까지 모두 모자를 도와주었다. 노파 모자는 마침내 부자가 되었다. 아무개 공은 아들도 장가 보내주었다. 며칠 사이에 이 소식이 민 땅 전역에 두루 전해졌으며 강남 일대에도 파다해져 미담으로 여겨졌다. 늙은 서생과 학식 있는 선비 중에

15 봉분을 …… 주었다: 원문은 '봉수(封樹)'로 장례의 일종이다. 흙을 쌓아 무덤을 만드는 것을 '봉'이라 하고 나무를 심어 표지로 삼는 것을 '수'라고 한다.

16 포정사와 안찰사: 원문은 '번얼(藩臬)'이다. '번'은 포정사(布政使)의 약칭이고 '얼'은 안찰사(按察使)의 약칭이다.

는 그 소식을 듣고 눈물을 흘리는 자도 있었다. 공은 돌아갈 기한이 촉박하여 오래 머무를 수 없었기에 노파 모자와 작별하고 떠나갔으나, 죽을 때까지 왕래를 끊지 않았다. 후에 아들은 아들과 딸을 각각 다섯 명씩 낳았고, 장원급제한 아무개와 사돈을 맺었다. 다섯 아들은 모두 공부를 하여 세 명이 과거에 급제하였고 막내도 향공(鄕貢)[17]에서 시작해 이천 섬[18]의 녹을 받는 등, 과거에 합격하는 명예가 면면이 이어져 민 땅의 명문거족이 되었다고 한다.

장산래가 말한다.

전생에 곤궁하게 살다가 이생에 안락하게 사는 것은 아무 쓸모없으니, 전생에는 아무런 이익 될 게 없기 때문이다. 그러나 만약 모두 이 아무개 공처럼 될 수 있다면 더 이상 바랄 게 없을 것이다.

弘治中, 閩之侯官有老儒某, 博學善文, 屢擧不第. 性迂介, 貧困日甚. 生一子, 不能讀書, 傭耕自給, 年七十, 鬱鬱死. 死之夕, 取生平著作, 題詩其後, 囑其妻善藏之, 遂卒. 貧無以斂, 門人某某四五人醵金斂之. 內某生者, 家富, 尤篤於誼. 偕同學涕泣執喪, 瘞之而後去, 又時時周邺其孥.

嘉靖改元, 江南有某公者, 十五發解, 十六捷南宮, 夙慧神敏. 起家庶常, 不五年, 出典閩試, 拔士公明. 風簷操筆, 爲程式之文, 文不加點, 八閩傳誦焉. 九月之望, 値公誕辰, 撫按監司, 莫不具觴爲壽. 以翰苑之重, 銜命典試, 禮儀賓生, 盛絶一時. 都人士莫不歆艶, 目爲神仙中人. 薦紳先達, 亦相顧而愧弗如. 蓋不難其遇, 難其少而遇也.

抵暮醉甚, 而晉接無間. 避歸使舟, 閉艙酣寢, 戒舟人盡却賀客. 比酒

17 향공(鄕貢) : 향시에 합격하여 예부 시험을 칠 수 있는 자격을 갖춘 자를 말한다.
18 이천 섬 : 원래 한나라의 봉록 체계에서 세 번째 급에 해당하는 것으로 주목(州牧)이나 군의 태수(太守) 등이 이에 속한다.

醒, 已夜半矣. 月射紗窗, 晶皎如晝. 顧瞻岸崖, 淸興忽發, 遂潛易衣幘, 呼一小竪自隨. 乘月信步, 不覺數里. 所見山川林壑, 恍若舊遊, 意頗訝之. 俄聞哭聲甚哀, 出自村舍. 公聞之, 凄然心動, 尋聲踪迹之, 至一僻小聚落中, 一家茅屋數椽, 了無籬落. 命小竪排闥入視, 則有老嫗, 年且八旬, 頭髩皓白, 然一紙燈, 設野蔬麥粥, 祭其亡夫而哭之, 詞旨悲惋. 公揖而問嫗 : "夫人何爲者, 過哀乃爾?" 嫗揮涕而謝, 掇一破繩床命公坐, 已乃泣告曰 : "妾擬晝祭亡夫. 而兒子遠出, 遲之至今, 度弗返矣, 不得已夜祭之. 覓杯酒爲奠, 不可得, 用是感傷, 頓違夜哭之戒. 知不免爲君子所譏耳." 公曰 : "賢夫何人? 沒來幾載? 祭旣無具, 曷不姑俟質明乎?" 嫗曰 : "妾夫俟官老儒, 才豊命嗇, 沒於弘治某年, 今日乃忌辰也. 未亡人伉儷情深, 雖乏椒漿, 不忍不祭. 移忌就明, 理不敢出." 公聞之愕然, 蓋其忌辰, 卽公之生辰, 而以歲計之, 適二十一.

覩嫗容貌憔悴, 而吐詞溫雅, 有儒家風. 且驚且憐之, 因問曰 : "賢夫旣是碩儒, 必富著述, 遺編存者, 可得見乎?" 嫗聞而泣然首肯, 若有所思, 旣而告公曰; "妾事先夫五十年, 見其精勤嗜學, 無間寒暑. 甁無粟, 突無烟, 淡如也. 著述之富, 充棟汗牛, 制義文字, 別爲一編. 六十以後, 每取而讀之, 未嘗不撫几太息, 泣下數行. 妾恐傷其意, 每篋藏之, 不使得見. 將死前一月, 忽燔烈焰, 誓將焚之. 旣而展玩再四, 徘徊不忍, 囑妾曰 : '一世苦心, 難付秦炬, 當藏吾棺中, 以爲殉耳.' 言已欷歔久之. 易簀之夕, 又向妾索觀, 題詩其後, 而語妾曰 : '好藏之. 當有識者.' 旣而笑曰 : '文義高深, 非吾再來, 安識其中神妙乎? 吾生無愧怍, 死而食報. 易世而後, 大興吾宗, 令天下寒儒吐氣也!' 言已, 大笑而絶, 迄今二十年. 唯門生數輩, 抄而讀之, 他未有過而問者也."

公聞, 急索觀之, 開卷第一藝, 則發解首墨也, 從初迄末, 一字不殊. 公益駭然, 細加繙閱, 則自應試游庠, 決科會試, 一切試卷 · 墨裁, 論 · 表 · 策 · 判, 以至廷試策, 館選論, 皆在集中. 閩闈五程, 亦皆集中語也. 最後有一詩, 蓋臨終絶筆, 其詩曰 : "拙守窮廬七十春, 重來不復老儒身.

煩君盡展生平志, 還向遺編悟夙因." 公讀之, 恍然大悟, 點首浩歎. 仰視破屋頹垣, 眞同故居. 因問嫗曰 : "向有臥榻, 今則安在?" 嫗以燈引公入, 則朽簀敝衾, 塵土坌滿. 嫗擁破席, 臥草薦中. 公對之歎息泣下. 嫗亦駭然, 問 : "公君子, 對貧居而飮泣, 豈於先夫有師友淵源之雅乎?" 公曰 : "非也. 賢夫所謂再來人, 卽我是也. 今日之會, 豈緊非天?" 嫗曰 : "先夫之亡, 妾柔腸寸斷, 因聞再來之語, 私嚙屍股, 刺指血塗之. 以圖後驗, 君子豈有此徵哉?" 公解靴出股, 齒痕宛然, 作血殷色. 於是嫗大啼泣. 公亦悲不自勝, 徐慰嫗 : "夫人無憂. 賢夫讀書七十年, 老不食報, 而取償於吾. 吾之逸, 賢夫之勞貽之也. 苟昧夙因, 卽年少登瀛, 皆僥倖耳. 吾當大興前生之門, 以酬夙願, 使天下老儒有所感奮, 不徒爲夫人溫飽計也." 嫗收淚而謝.

公又問 : "令子焉往?" 嫗曰 : "先夫沒後, 妾母子無以自存, 幸及門數生, 猶敦古處, 每當忌日, 必遣邮祭. 今某生甫登賢書, 未暇躬至, 故遣兒子詣之, 不識何以不至." 公問某生姓名, 則是科所拔解元某也. 餘四五人, 亦皆新貴. 公又慨然久之. 旣而東方漸明, 嫗子已至, 後有蒼頭負酒米錢物, 相隨而來. 其子蓬鬓布衣, 一田家莊夫耳. 嫗命與公相見, 詢其何以歸遲. 子言 : "某解元以座師壽誕, 率同年稱觴. 衙署舟次, 兩不獲見. 彼候師而我候彼, 是以歸遲." 公顧負米者曰 : "若某解元僕耶?" 曰 : "然." 曰 : "歸語汝主, 速來會此." 其僕星馳而去. 嫗語其子以再來故, 子欲以父禮事公. 公曰 : "不可! 此隔世事耳." 俄而某解元及同年數輩來, 聞公語, 皆頓首曰 : "兩世師弟, 古未聞也." 未幾, 縣令來. 又未幾, 太守至. 公對多官, 備述所以, 無不愕然稱奇.

公於是首祭老儒之墓, 加封樹焉. 大集姻族, 咸有饋贈. 其於嫗母子有恩者, 倍酬之. 爲嫗子買田宅奴婢, 傾貲賑給之, 自撫按藩臬, 下至公所取士, 莫不有贈. 嫗母子遂爲富人. 又爲其子娶婦. 數日間, 傳遍八閩, 自江以南, 悉播爲美談. 老生宿儒聞之, 有泣下者. 公以歸期急, 不及久留, 辭嫗母子去, 終其身往返不絶焉. 後其子生子女各五, 某解元者與爲婚姻. 五子讀書, 三登甲第, 最少者猶以鄕貢起家, 起至二千石, 科名綿綿, 爲閩中鼎族云.

張山來曰 : 前生處約, 而今生處樂, 實所不必, 以其於前生毫無所益也. 若盡能如此公, 則無復有遺憾矣.

우초신지 권10

균랑우필(筠廊偶筆)

목중(牧仲) **송락**(宋犖)

지금 주상께서 황위에 오르신 지 4년 째 되던 해에 녹읍(鹿邑) 사람 중한(中翰) 양수(梁遂)가 어명을 받든 사신으로서 동정호(洞庭湖)를 건너게 되었다. 그때 비바람 속에서 어떤 사람을 보았는데, 수염을 길게 기르고 푸른 옷에 비단 모자를 쓰고 있었으며, 풍채가 고상해 보였다. 그 사람은 말처럼 생긴 물건을 타고서 물속에 반쯤 잠겨있었다. 또 시종이 지팡이를 들고서 흉악한 모습으로 그 뒤를 따르며 파도에 잠겼다 나왔다 하고 있었다. 배 안에 있던 수십 명이 함께 보았는데, 거리가 불과 몇 걸음밖에는 되지 않았다. 그들은 바람을 거슬러 한참을 가더니 어느덧 희미해져 보이지 않았다. 그해 8월 돌아가는 길에 양공은 제안(齊安 : 지금의 山東省 齊安)에 들려 나와 함께 술잔을 기울이며 그 일에 대해 자세히 말해주었다. 혹자가 말하기를 "그건 동정군이 어명을 받든 사신을 맞이하러 온 겁니다"라고 했는데, 혹 그럴 법도 하다.

초(楚) 땅 황안현(黃安縣)의 들판 연못에 수백 송이 연꽃이 피었다. 그 꽃들을 폭풍이 휘감아 가서는 삼 리 밖에 있는 논두렁에 심어놓았는데, 단 한 송이도 어지럽혀지지 않았다.

양주(揚州) 수월암(水月庵) 삼나무 위에는 흰 옷 입은 관음보살상과 앵무새, 그리고 대나무와 선재(善財)[1]가 다 갖추어져 있다.

나는 무성(武城 : 지금의 山東省 武城縣)에서 네댓 살쯤 되어 보이는 한 아이를 보았는데, 손발은 꼭 사마귀처럼 생겼고 머리는 두 갈래로 불쑥 솟아올랐다. 사람만 보면 "아미타불"을 외면서 지치지도 않고 오직 돈을 구걸했다.

효감현(孝感縣 : 지금의 湖北省 東北部 孝感縣)의 효렴(孝廉) 하진숙(夏振叔)【煒】이 예닐곱 살쯤 되어 보이는 한 아이를 보았다. 아이는 물속에서 목욕을 하고 있었는데, 생식기와 항문이 각각 두개씩 있었다. 후에 어떻게 되었는지 모른다.

나무꾼이 왕옥산(王屋山)에서 집채만 한 복령(茯苓)을 얻어서 제원(濟源)의 아무개 공에게 보냈는데, 십년을 먹고도 남았다.

민(閩) 땅의 어떤 사람이 산속에 살고 있었다. 그의 문 앞에 홀연 몇 겹이나 되는 궁궐이 나타나 높고도 눈부시게 하늘로 솟았다. 그러나 잠시

1 선재(善財) : 범어(梵語) sudhana의 의역이며 '선재동자(善財童子)'라 칭하기도 한다. 불교에서 말하는 보살 중의 하나로 『화엄경(華嚴經)』 「입법계품(入法界品)」에서 말하는 구도자(求道者)이다. 불경에서 말하기를, 그는 복생성(福生城) 장자(長者)의 아들이라고 하는데, 문수보살의 지명을 받아 53개의 선지식(善知識)을 참견하고 보살이 되었다고 한다. 또 관음보살을 참견하였다고 해서 관음 화상 옆에 늘 선재동자를 그려 넣기도 한다.

후 바로 사라졌으니, 아마도 '산시(山市)'였지 싶다.

같은 마을의 효렴 왕호지(王皞之)의 누이동생은 나면서부터 말을 못했다. 열다섯이 되었을 때 한 도사가 그 집을 찾아와 먹을 것을 구걸하면서 자신이 병을 잘 고친다고 말했다. 어떤 사람이 벙어리도 고칠 수 있느냐고 물으니 "그럼요"라고 대답했다. 이에 효렴이 누이동생을 데려와 고쳐달라고 했다. 도사는 물과 기름 각각 한 잔씩 가져오라고 한 다음 주문을 외우고는 그것을 한데 따랐다. 그런 다음 비녀로 저어서 고약을 만드니 점점 환약으로 뭉쳐졌다. 도사가 말했다.

"물이랑 섞어서 복용하시면 바로 말을 할 수 있게 될 것입니다. 하지만 반드시 향을 사르고 하늘에 감사를 올려야 합니다."

효렴이 누이동생에게 약을 먹였더니 바로 말을 하게 되었다. 이에 급히 도사를 찾아보았으나 이미 보이지 않았다. 온 집안 식구들이 하늘을 향해 감사의 절을 올리자 떠들썩하게 신선의 음악이 들려오더니 서서히 사라져갔다.

민중(閩中)의 낙양교(洛陽橋)가 허물어졌는데, "돌이 쪼개지면 채공(蔡公)이 다시 온다"라는 글씨가 돌에 새겨져 있었다. 은(鄞) 땅 사람 채석(蔡錫)은 명나라 영락(永樂) 계묘년(1423) 향시(鄉試)에 급제하여 인종(仁宗) 때에 병과급사중(兵科給事中)에 제수되었다가 천주태수(泉州太守)로 승진했다. 채석은 그곳에 당도하여 낙양교를 수리하고자 하였으나, 다리가 바닷가에 걸쳐있어 공사하기가 어려웠다. 채석이 바다신에게 보내는 격문(檄文)을 지었더니 갑자기 술 취한 병졸 하나가 앞으로 나와 "제가 이 격문을 가지고 갈 수 있습니다"라고 말했다. 그는 술을 달라하여 잔뜩 취한 다음 바다로 들어갔는데, 마치 신이 옆에서 그를 부축해 가는 것만 같았다. 잠시 후 '초(醋)' 자를 가지고 나왔다. 채석은 필시 8월 21일[2]을 의미할 것이리라 생각하고 그날 공사를 시작했다. 그랬더니 열흘 동안 조수가 밀려

오지 않아 공사를 완성할 수 있었다. 이 이야기는 채석의 본전(本傳)에 기록되어 있으니, 실제 있었던 일이다. 사람들은 그것도 모르고서 그 일을 채단명(蔡端明)[3]의 일사에 부록하면서 전기(傳奇)에나 나오는 황당한 이야기쯤으로 여긴다. 채석은 관직이 도어사(都御史)에 이르렀으며 재능과 청렴함으로 이름이 났다.

장산래가 말한다.

송선생(宋先生 : 宋犖)은 내 부친의 친구 분이시다. 오(吳) 땅을 다스리실 때 방대한 문집과 이 책을 증정 받았는데, 그것들을 얻고는 진귀한 옥을 얻은 것 이상으로 여겼다. 삼가 기이한 사적 몇 조항을 채록하여 선집 중에 넣었는데, 전대 사람이 『수신기(搜神記)』나 『속제해기(續齊諧記)』를 절록했던 선례를 모방해 감히 없애거나 붙이거나 하지 않았다.

今上御極之四年, 鹿邑中翰梁公遂, 以□詔使過洞庭. 風雨中, 見一人, 長髯, 藍衣紗帽, 氣度閒雅. 乘一物似馬, 半沒水內. 侍者持杖, 狰獰隨其後, 與波濤上下. 舟中數十人共見之, 相距纔數武耳. 逆風而行, 良久, 迷離不見. 其年八月, 公返棹過齊安, 與余杯酒間細言之. 或曰 : “此洞庭君迎□詔使”, 理或然也.

楚之黃安縣, 野塘荷葉數百. 爲暴風捲起, 揷三里外稻畦中, 一葉不亂.

---

2 8월 21일 : ‘초(醋)’ 자는 ‘유(酉)’ 자와 ‘석(昔)’ 자로 이루어져 있는데, ‘유’는 음력 8월을 상징한다. 21일은 ‘석’ 자의 모습으로 유추해낸 것이다. 즉, ‘석’ 자의 윗부분은 입(廿)과 일(一)이 합쳐진 모양이고 아랫부분은 일(日) 자 이므로 21일이 나온 것이다.

3 채단명(蔡端明) : 북송의 학자 채양(蔡襄)이다. 일찍이 단명전학사(端明殿學士)를 지냈기에 채단명이라고도 부른다. 낙양교는 복건성 천주(泉州)에 있었으며 원래 이름은 만안교(萬安橋)였다. 채양이 낙양교를 지은 것에 관해서는 『장원향(狀元香)』이나 『낙양교전기(洛陽橋傳奇)』 등의 전설적 요소가 강한 희극에 다수 전한다. 이에 관하여 초순(焦循)은 『극설(劇說)』에서 그 고사의 허망함을 지적하고 여기서와 마찬가지로 채석이 수리하였다고 말하고 있다.

揚州水月庵杉木上, 儼然白衣大士像, 鸚鵡·竹樹·善財皆具.

余於武城見一小兒, 四五歲, 手足似螳螂, 頭高起作兩歧. 見人念"阿彌陀佛", 惟索錢無厭耳.

孝感夏孝廉振叔【煒】, 見一兒六七歲. 浴水中, 勢與穀道各二. 後不知所終.

樵人於王屋山得茯苓如屋, 送濟源某公, 服之十年不盡.

一閩人山居. 門前忽現宮闕數重, 巍煥插天. 須臾不見, 蓋山市也.

同里孝廉王皡之, 有妹生不能言. 及笄, 有道人過門乞食, 云善治病. 或問能治啞否, 曰: "能." 孝廉遂以妹請. 道人命取水·油各一盞, 咒之, 傾一處. 以簪攪成膏, 漸結爲丸. 曰: "以水調服, 卽能言. 但須焚香謝天耳." 孝廉以藥授妹服之, 頃刻能言. 急覓道人不見. 擧家向空拜謝, 聞仙樂喧闐, 冉冉而去.

閩中洛陽橋圮, 有石刻云: "石頭若開, 蔡公再來." 鄞人蔡錫, 中明永樂癸卯鄕試, 仁廟授兵科給事中, 陞泉州太守. 錫至, 欲修橋, 橋跨海, 工難施. 錫以文檄海神, 忽一醉卒趨而前曰: "我能賫檄往." 乞酒飮大醉, 自沒於海, 若有神人扶掖之者. 俄而以"醋"字出. 錫意必八月二一日也, 遂以是日興工. 潮旬餘不至, 工遂成. 語載錫本傳中, 乃實事也. 人不知而以其事附蔡端明, 且以爲傳奇中妄語矣. 錫官至都御史, 以才廉聞.

張山來曰: 宋先生, 予父執也. 撫吳時, 以大集曁此帙見贈, 獲之不啻拱壁. 敬採異事數條載入選中, 蓋仿前人節錄『搜神記』·『續齊諧記』之例, 非敢有所去取也.

김충결공전(金忠潔公傳)

문우(文友) 동이녕(董以寧)

김현(金鉉)은 자가 백옥(伯玉)으로 무진(武進 : 지금의 江蘇省 常州市) 섬촌(剡村) 사람이다. 절개를 지키다 목숨을 잃어 '충결(忠潔)'이란 시호를 얻었기에 사람들은 그를 김충결이라 부른다. 처음에는 순천부(順天府)에 적을 두고 향시에 붙어 진사가 되었는데, 그때 나이 열아홉이라 관리노릇 하는 데 익숙하지 않아 교수(敎授)로 바꿔 달라고 청하였다. 그의 할아버지인 호부주사(戶部主事) 김여승(金汝升)이 옛날부터 많은 책을 소장하고 있어서 그는 아우 김종(金鍷)과 함께 밤낮으로 그 책들을 읽었다. 그는 이어 국자감박사(國子監博士)에 발탁되고 공부주사(工部主事)로 승진했다.

이에 앞서 명나라 회종(懷宗)이 위충현(魏忠賢)을 주살했으나 태감(太監) 장이헌(張彛憲) 등이 곧바로 권력을 잡았다. 이 무렵에 역적 이자성(李自成)의 군대가 막 위력을 떨치기 시작했다. 이때 황제는 내향(內餉)[1]을 더욱

1 내향(內餉) : 내향은 황제의 대영내고(大盈內庫)에서 내보내는 군향(軍餉)을 말한다.

보태어주면서 장이헌에게 호부와 공부의 전량(錢糧)을 총괄 관리하도록 하고, 달리 관서를 세울 것을 명하였다. 김충결이 말했다.

"나라의 존망이 달린 중대한 사안이거늘, 어찌 위충현을 죽이고서 또 다른 위충현을 임용할 수 있단 말인가? 게다가 나는 공부의 관리로 있는데, 저 자는 분명 나를 부하 부리듯 할 것이다."

그리고는 이를 저지하는 상소를 올리면서 먼저 장이헌이 혼자 부서를 차지하고 앉으면 분명 호부와 공부의 낭관(郎官)들에게 억지로 설설 기어와 배알하도록 시킴으로 선비의 절개를 꺾어놓고 조정을 욕보일 것이라고 말했다. 그러나 그가 올린 상소는 윤허를 얻지 못하였고, 전량의 총괄 관리를 맡는 관서는 이미 세워졌다. 그 후 장이헌은 과연 낭관들에게 격문(檄文)을 보내 상서(尙書)를 알현하는 법도로써 자신을 접견할 것을 명하였다. 이에 그는 다시 상소를 올려 한사코 쟁론하였다. 그러나 어지가 내려와, 직무와 관련된 사안이면 예로써 접견하는 것이 마땅하겠지만, 나머지 경우라면 통보하여 알현할 필요가 없다고 전하니, 김현은 격분하여 더 이상 진정(陳情)할 길이 없었다. 장이헌은 득의양양하여 자신의 당파와 논의한 끝에 시랑관(侍郎官)을 접견하는 예를 받기로 했다. 혹자가 "상서에 비해 좀 거만해도 되겠지요"라고 하니, 장이헌은 "나는 좀 공손해야겠지. 그저 김현을 대할 때만 거만하게 굴면 그 뿐이네"라고 말했다.

김현은 낭관들을 모아 다음과 같이 소리 높여 의론했다.

"직무와 관계된 일이라도 아전들을 보내 전달하면 그만입니다. 우리들 중 누구라도 장이헌의 청사에 오르는 자가 있으면 바로 장이헌의 양아들이 되는 것이니, 그런 자는 절대 공자(孔子)의 사당에 발을 들일 수 없습니다. 그런 자에게는 신발을 가져다 그 얼굴에 던져 퉁퉁 붓게 만듦으로써 조당에서 모욕을 주어도 마땅할 것입니다."

이에 낭관들은 모두 상서를 배알하고서는 공무가 있다면서 나갈 것을 청하였다. 때가 되자 장이헌은 누런 적삼에 붉은 옷을 입고 위풍당당하게 청사에 앉았는데, 찬례(贊禮)가 끝났는데도 서리들만 보일 뿐, 낭관들이 보이지 않았다. 그는 "상서를 만나고서 오려는가? 정오까지 기다려야 하는가?" 하고 말했다. 그러나 한참이 지나도 또 오지 않자 화를 내며 "김현을 피해서라도 즉시 오지 않으니, 저녁까지 기다리란 말이냐?"라고 말했다. 그리고는 내시에게 명해 몰래 문밖에서 기다리다가 의위병[2]이 지나가는 게 보이거든 얼른 와서 보고하라고 했다. 얼마 후 말들이 앞뒤로 그 앞을 지나갔으나 안으로 들어오는 자는 단 한 명도 없었다. 장이헌은 매우 부끄럽기도 하고 화가 치밀기도 했다. 그래서 [도성] 열여섯 개 대문의 대포를 시험 발사한다는 명목을 빌어, 열여덟 곳에 폭발장치가 없다고 무고하면서, 고의로 군대의 중대한 사안을 망치려한다고 탄핵하고, "기필코 김현을 죽여야 한다"고 말했다. 김현은 마침 상서께서 힘써 주신 덕에 간신히 관적만 삭탈당한 채 돌아갔다.

집에 있으면서 아우 김종과 더욱 열심히 집에 소장되어 있는 책을 읽었는데, 특히 『주역』에 조예가 깊었다. 부친이신 정주태수(汀州太守) 김현(金顯)과 모친 공인(恭人) 장씨(章氏)께서 때때로 그를 위로하고 북돋아주셨다. 부친께서 돌아가신 후 상복을 벗고 다시 병부거가사주사(兵部車駕司主事)로 기용되어 황성 수비를 나누어 맡았는데, 성을 더욱 잘 수리하고 대포를 더욱 잘 간수했다. 때는 숭정(崇禎) 17년(1644) 2월이었다. 이자성은 이미 대동(大同 : 지금의 山西省 大同市)을 함락하였는데, 선부진(宣府鎭)은 태감 두훈(杜勳)이 감시하고 있었다. 이에 그는 상소를 올렸다.

"선부진은 경성을 막아주는 곳이니, 선부진을 구하지 못하면 도성에 해가 미칠 우려가 있습니다. 그곳을 지키고 있는 신하 주지풍(朱之馮)은 충직하고 용맹하여 믿을만하지만, 내신의 통제를 받고 있지 않을까 염려되오니, 청컨대 즉시 내신을 철수시키고 거용관(居庸關)[3]의 감시세력도 아

2 의위병 : 원문은 '선도(扇導)'이다. 『대명회전(大明會典)』 「묘사 2(廟祀二)」에 "의위병이 일산을 펴들고 앞서 당도하더니[儀衛繖扇導至]"라는 표현이 있는 것으로 보아 의위병을 가리키는 말인 것 같다.

3 거용관(居庸關) : 북경(北京) 북쪽에 있는 만리장성의 중요한 관문이다. 북경 창평현(昌平縣) 경내에 있다.

울러 철수시켜 주십시오."

그러나 윤허하지 않았다. 3월에 과연 두훈이 선부진에서 역적을 맞아들였으며 주지풍은 죽었다는 소리가 들렸다. 김현은 통곡하며 아우 김종에게 말했다.

"지금은 내가 주공(朱公 : 朱之馮)을 위해 통곡하지만 며칠 후에 너희들은 곧 나를 위해 통곡하게 될 것이다."

역적들이 거용관에 당도하자 태감 두지질(杜之秩)과 오복(吳復)마저 적들을 맞이하며 투항하니, 급기야 역적들이 창의문(彰義門)[4] 성 밑까지 들이닥치게 되었다. 두훈은 성 위에 매달려 [상황을 보다가] 안으로 들어가 대내(大內)를 알현하고, 오직 역적들의 기세를 과장하여 말함으로써 황제를 궁지에 몰아넣을 뿐이었다. 또 여러 환관들을 두루 찾아다니며, 우리들은 여전히 부귀할 것이라고 말했다. 김충결은 황급히 금위병을 점검하고 집에 돌아가 모친을 피난시킬 궁리를 한 다음, 울며 모친에게 고했다.

"저는 황성을 지키는 몸이니, 성이 망하면 저 또한 함께 죽어야 마땅할 것입니다. 오늘 어머님께 이 몸 나라를 위해 죽게 해달라고 허락을 구하고자 하옵니다."

모친이 말했다.

"아! 내 오래 전부터 네가 책을 읽어 큰 절개를 알 것이라 여겨왔거늘, 지금 내게 죽을 것을 허락해달라 말한단 말이냐? 나는 작위를 받은 아녀자로서 너와 함께 힘써야 하지 않겠느냐. 너의 혼이 돌아오거든, 나와 우물에서 만날 수 있을 것이다."

그리고는 어서 나가라고 했다. 또 노복을 달려 보내면서 조의(朝衣)를 들고 따라다니게 했다.

역적이 도성에 들어와 감찰어사(監察御史) 왕장(王章)을 성 위에서 죽였다. 왕장도 무진 사람으로 자는 방주(芳州)였으며 김충결과 본디 잘 아는

---

4 창의문(彰義門) : 북경 외성 서문의 이름이다. 원래 이름은 광녕문(廣寧門)이었지만 북경 사람들은 관습상 창의문이라고 불렀다.

사이였다. 그가 왕장을 위해 탄식하며 흐느끼고 있을 때, 저자로 궁인들이 모두 몰려와 역적이 이미 황성에 들어왔으며, 황제와 황후 모두 사직을 위해 죽임을 당했다고 말했다. 막 궁궐로 들어가려던 참에 또 제독(提督) 경성태감(京城太監) 왕승은(王承恩)이 따라 죽었다는 소식이 들렸다. 김충결이 말했다.

"우리 마을의 왕어사(王御史 : 王章) 뿐 아니라 너희들 중에 혹 대의를 아는 자가 있어 나보다 앞서 죽는다면 내 너희들의 웃음거리가 되지 않겠느냐?"

그리고는 조의로 갈아입고 어하(御河)에 몸을 던져 죽었다. 그가 죽자 여반(呂胖)이라는 내감(內監)이 천천히 걸어오더니, 뒷짐을 지고 힐끗 쳐다보면서 말했다.

"이 자는 김병부(金兵部 : 金鉉) 아닌가? 이 자는 본디 우리 같은 사람을 사람으로 대하지도 않았다. 네가 능히 죽을 수 있는데, 나라고 못 죽을쏘냐? 너는 살아서 나 같은 사람을 멀리하고 싶어 했지만, 난 기어코 너를 가까이 해야겠다!"

그러더니 그도 어하에 몸을 던졌다.

노복이 뛰어가 모친에게 고하자 모친이 말했다.

"효성스럽기도 하지, 우리 현이는. 왕공에게서 확신을 얻더니, 여감(呂監)을 격분케 하여 죽게 만들었구나. 내 어찌 현이에게 거짓말을 할 수 있겠느냐?"

그리고는 급히 의관을 바로 하고 우물에 몸을 던졌다. 김충결의 첩 왕씨(王氏)도 따라 몸을 던져 시어머니, 남편과 같이 죽었다. 김종은 돌아와 시신을 수습하고 장례를 마친 뒤 책을 태우며 길게 통곡했다.

"우리 어머니! 우리 형님! 지금 서로 만나 의지하고 계십니까!"

며칠을 애달프게 통곡하더니 그마저 우물에 빠져 죽었다. 그 후 청나라 병사들이 들어오자 그의 가족들은 황성으로 들어가게 해달라고 청하여 김충결의 시신을 찾았다. 그러나 이미 여감의 뼈와 서로 뒤섞여버려

따로 추렴할 수 없었다. 또한 황성으로 관을 가지고 들어갈 수도 없어서 결국 두 사람의 유해를 합쳐 어하 제방 변에 같이 묻어주었다. 왕어사의 관은 고향으로 돌아갔다.

장산래가 말한다.

명나라 말에는 충의를 위해 목숨을 잃은 자가 전대에 비해 유독 많다. 여기서는 이 한 편만 기록하여, 맑은 밤에 울리는 종소리로 삼아 사람들의 깊은 성찰을 우려내고자 한다.

金鉉, 字伯玉, 武進之剡村人也. 因殉節, 謚'忠潔', 人稱金忠潔云. 初以順天籍領解, 成進士, 時年十九, 不習吏, 請改教授. 其大父戶部主事汝升, 舊多藏書, 乃與弟鋐日夜讀之. 繼擢國子監博士, 遷工部主事.

先是時, 明懷宗已誅魏忠賢, 而太監張彝憲等旋用事. 至是而賊李自成兵始熾. 添內餉, 命彝憲總理戶工錢糧, 建別署. 忠潔曰 : "此天下存亡之機也, 奈何誅忠賢, 復任一忠賢? 且我爲工曹, 必將屬視我矣." 乃抗疏言, 先言彝憲旣有獨踞之庭, 必强二部郎官匍匐進謁, 挫士節, 辱朝廷. 疏上不報, 而總理已建署. 果檄郎官以謁尚書儀注見. 復上疏固爭之. 旨諭職事相關, 自當禮見, 餘不必通謁, 金鉉亦不得激陳. 彝憲意甚得, 與其黨議接侍郎官禮. 或曰 : "視尚書當稍倨", 憲曰 : "我當稍恭. 而待金鉉倨耳."

金遂集諸郎官倡議曰 : "職事可令掾吏移之. 吾曹有一人登彝憲堂, 卽屬彝憲假子, 毋許入孔子廟. 當提吾靴擲腫其面, 辱之朝堂." 於是諸郎官詣尚書, 各請以公事出. 至期, 彝憲坐堂皇, 黃衫緹衣, 倡贊畢, 但見吏, 不見郎官. 曰 : "詣尚書始來乎? 待午乎?" 久之, 又不至, 乃恚曰 : "避金鉉, 不卽來, 待晚乎?" 命小豎竊伺門外, 望扇導來卽報. 已而馬蹄前後過之, 無一人入者. 乃大慚憤. 借驗放十六門火器, 誣指十八位無火門, 劾以故悞軍機, 曰 : "必殺鉉." 會尚書爭之力, 僅削籍歸.

家居益與弟鋐盡讀所藏書, 尤善『易』學. 而父汀州太守顯, 母恭人章, 更時時慰勉之. 至父死, 服闋, 復起爲兵部車駕司主事, 分守皇城, 益修城守火器. 時崇禎十七年二月也. 李自成已陷大同, 而宣府鎭方有太監杜勳監視. 又上疏曰 : "宣府京城之蔽, 宣府不救, 慮在京城. 撫臣朱之馮忠勇足恃, 恐受內臣之掣, 請亟撤之, 幷撤居庸關監視." 不聽. 至三月, 果聞杜勳以宣府迎賊, 朱死之. 因哭語弟鋐 : "目今我哭朱公, 數日後汝曹旋哭我也."

及賊至居庸關, 太監杜之秩吳復迎降, 遂進薄彰義門城下. 杜勳縋城上, 入見大內, 惟張皇賊勢以逼帝. 遍語諸璫, 謂吾黨富貴自在云. 忠潔則倉皇點禁兵, 歸謀匿母, 因哭告母曰 : "鉉守皇城, 城亡當與偕亡. 今日從母乞此身殉王事." 母曰 : "噫! 久謂汝讀書知大義, 乃今始向我乞身哉? 且我命婦, 與汝偕勉之. 汝魂歸, 可會我於井矣." 趣之出. 又命僕追往, 以朝衣隨之.

見賊於京城, 殺監察御史王章於城上. 王章亦武進人, 字芳州, 與忠潔素厚. 方爲之欷歔數聲, 見市中宮人遍至, 言賊入皇城, 帝后已死社稷. 欲趨入宮, 又傳聞提督京城太監王承恩從死. 曰 : "微獨吾鄕王御史也, 若輩中尙有一人知大義者, 我乃後之, 不已爲若笑耶?" 遂衣朝衣, 投御河死. 死時有呂胖者, 亦內監也, 傫然而至, 兩手反接而睨視之, 曰 : "是金兵部耶? 是人素不居我輩於人面. 豈渠能死, 吾獨不能死哉? 渠生欲遠我, 我偏近之!" 亦自沈於此.

僕以奔告其母, 母曰 : "孝哉鉉也. 旣信於王公, 又能激呂監死. 吾安可以誑鉉?" 急正冠帔, 投井中. 妾王氏隨之下, 遂與俱死. 鋐歸, 收葬畢, 焚其書而長慟曰 : "吾母乎! 吾兄乎! 此時會相見而相依乎!" 哀號數日, 又死井中. 後王師至, 家人請入皇城, 求得忠潔屍. 已與呂監骨相雜, 不可分斂. 而皇城又不得入櫬, 竟合兩骸藁葬御河堤. 而王御史之喪歸里.

張山來曰 : 明末死於忠義者, 較前代爲獨盛. 特存此一編, 以當清夜聞鐘, 發人深省.

핵주기(核舟記)

자경(子敬) 위학이(魏學洢)

명나라에 왕숙원(王叔遠)이라는 뛰어난 기교를 지닌 장인이 있었다. 한 마디밖에 되지 않는 나무로 궁실과 그릇과 인물을 만들었고, 새와 짐승과 나무와 돌을 새기면 그 모습 그대로를 본 떠 정감과 형태를 잘 표현해냈다.

그가 내게 복숭아씨로 만든 배 하나를 준 적이 있었는데, 소동파(蘇東坡)가 적벽(赤壁)에서 배 띄우는 풍경을 형상화한 것이었다. 배는 길이가 약 8푼 남짓밖에 되지 않고, 높이는 2서(黍)[1]쯤 되었다. 가운데 널찍한 곳이 선실인데, 위에는 대껍질 덮개가 있었으며, 옆에 작은 창이 나 있었는데 좌우로 각각 네 개씩, 모두 여덟 짝이었다. 창을 열고 보면 조각한 난간이 줄지어 있었다. 문을 닫으면, 오른 쪽에 "산이 높아 달은 작고, 물 떨어져 돌이 드러나는구나"라는 글귀가 새겨져 있었고, 왼쪽에는 "맑은

1 서(黍) : 옛날에는 중간쯤 되는 기장을 가져다가 길이를 세는 단위로 사용했는데, 기장 하나의 길이를 일 푼이라 하고, 백 개의 길이를 일 척이라 하였다.

바람 솔솔 불어오니, 물결도 일지 않네"라는 글귀가 새겨져 있었다. 모두 석청(石靑)[2]으로 쓰여 있었다. 뱃머리에 세 사람이 앉아있었는데, 가운데 높은 관을 쓰고 수염이 덥수룩한 이가 바로 소동파였고, 불인(佛印)[3]이 오른쪽에, 황노직(黃魯直)[4]이 왼쪽에 앉아있었다. 소동파와 황노직은 함께 두루마리 하나를 읽고 있었는데, 소동파는 오른 손으로 두루마리의 끝을 잡고 왼손으로 황노직의 등을 만지고 있었다. 황노직은 왼손으로 두루마리 끝을 잡고 오른손으로 두루마리를 가리키며 마치 무슨 말을 하고 있는 것 같았다. 소동파는 오른 발이, 황노직은 왼 발이 드러나 있었는데, 약간 옆으로 기울어진 나란한 무릎이 두루마리 아래 옷자락 속에 감추어져 있었다. 불인은 정말이지 미륵보살과 비슷했다. 어깨와 젖꼭지를 드러낸 채, 머리를 곧추세우고 위를 바라보는데, 그 느낌이 소동파나 황노직과는 사뭇 달랐다. 오른쪽 무릎을 누이고 오른 팔을 구부려 배를 누르고 있었으며 왼쪽 무릎을 세운 채 염주를 건 왼쪽 어깨를 기대고 있었다. 염주는 구슬 한 알 한 알을 셀 수 있을 정도였다. 배꼬리 부분에 노 하나가 가로 뉘어져 있었고, 노 좌우에 뱃사람 각 한 명이 있었다. 오른쪽에 있는 사람은 상투를 틀고 위를 쳐다보고 있었는데, 왼 손은 가로로 누운 나무에 올려놓고, 오른 손은 오른쪽 발목을 잡고 있어서 마치 소리 지르고 있는 것처럼 보였다. 왼쪽에 앉아 있는 사람은 오른 손에 부들로 만든 부채를 들고 왼 손으로 화로를 만지고 있었다. 화로 위에 주전자가 있고 그 사람은 그것을 그윽이 바라보고 있었는데, 마치 찻물 끓는 소리를 듣고 있는 것 같았다. 배의 등쪽 좀 편편한 곳에 이름을 새겨 넣었으

---

2 석청(石靑) : 푸른색 광물질 안료다.

3 불인(佛印 : 1032~1098) : 송나라 때 승려로 소동파와 친분이 깊었다. 강서(江西) 부량(浮梁) 사람이며 속세의 성은 임(林)이고 법명은 요원(了元)이다. 송나라 신종이 그의 도풍을 흠모하며 '불인선사(佛印禪師)'라는 이름을 하사했다.

4 황노직(黃魯直) : 송나라 시인 황정견(黃庭堅 : 1045~1105). 노직은 그의 자이며 호는 산곡도인(山谷道人)이다. 소동파는 그의 시를 보고 "속세를 훌쩍 뛰어넘어 만물 위에 우뚝 홀로 섰으니, 세상에 오래도록 이런 작품이 없었다[超軼絶塵, 獨立萬物之表, 世久無此作]"라고 말할 정도였다. 송나라 강서시파(江西詩派)의 종주이기도 하다.

니, 글인즉 "천계(天啓) 임술년(1622) 가을, 우산(虞山)의 숙원(叔遠) 왕의(王毅)[5]가 새기다"라고 되어있었다. 글씨는 모기 다리처럼 가늘었으나 필획 하나하나가 일목요연했고 글씨의 색은 검었다. 또 도장에 새기는 전서로 "초평산인(初平山人)"이라 새겼는데, 그 색은 붉었다.

배 안에 있는 것을 합해보니, 사람이 다섯이요, 창이 여덟이요, 대껍질 덮개와 노와 화로와 주전자와 두루마리와 염주가 각각 하나였다. 대련(對聯)에 적힌 글씨와 전서가 도합 서른 네 글자였는데, 그 길이를 계산해보니 채 한 마디도 채 되지 않았으니, 아마도 길고 좁은 복숭아씨를 골라 만든 것 같았다.

위자(魏子 : 魏學洢)가 자세히 살펴본 후에 감탄하며 말한다.

아, 재주가 참으로 기이하구도 하구나! 『장자(莊子)』와 『열자(列子)』에 실린 내용 중에 [그 솜씨가] 귀신같다며 칭찬과 놀라움을 표한 것이 실로 많기는 하지만, 한 마디도 못 되는 재료를 깎았는데, 수염이며 눈썹까지 명확하게 새겨낼 수 있는 자가 어디 있었던가? 만약 어떤 사람이 지금 내가 한 이야기를 다시 내게 해준다면 분명 거짓말이라고 의심할 터인데 내가 지금 친히 목격하였다. 이로 미루어 보건대, 가시 끝에 어미 원숭이를 새기지 못하라는 법은 없다.[6] 아, 재주가 참으로 기이하구나!

---

5 왕의(王毅) : 자는 숙원(叔遠) 또는 숙달(叔達)이고 호는 초평산인(初平山人)이다. 강소성(江蘇省) 상숙(常熟) 사람으로 복숭아씨를 잘 조각했다고 한다.

6 가시 끝에 …… 없다 : 『한비자(韓非子)』 「외저설상(外儲說上)」에 나오는 이야기다. "연나라 왕은 정교한 재주를 좋아했다. 위나라 사람이 말하기를 '가시 끝에 어미 원숭이를 새겨보겠습니다'라고 하니 연왕이 기뻐하며 5승(乘 : 사방 6리의 땅)의 봉록을 그에게 주었다. 왕이 말했다. '그대가 가시에 어미 원숭이 새기는 것을 보고자 하오.' 그러자 객이 말했다. '왕께서 그것을 보시려면, 반드시 반년 동안 후궁의 처소에 들어서는 안 되고 술과 고기를 먹어서는 안 됩니다. 비 개고 해나 나올 때, 음과 양이 각각 반인 곳에서 비로소 가시에 새긴 어미 원숭이를 보게 될 것입니다.' 연왕은 위나라 사람을 모셨지만 끝내 어미 원숭이를 보지 못했다. 정나라 대하의 대장장이가 연나라 왕에게 말했다. '신은 조각공입니다. 미세한 것은 반드시 칼로 새기는데, 새기는 물건은 반드시 칼보다 커야 합니다. 그런데 가시 끝에는 조각칼이 들어가지도 않으니 가시 끝에 무언가를 새기기는 어렵습니다. 왕께서 객의 조각칼을 한번 보여 달라고 하시면 그가 새길 수 있는지 없는지 아시게 될 것입니다.' 왕은 '훌륭하다'

장산래가 말한다.

안경 중에 소위 현미경이라는 게 있는데, 이처럼 작은 물체도 그것으로 보면 대추알만 하게 보인다. 이로써 미루어보건대, 한 알의 복승아씨라도 호박만 하게 보이지 말라는 법은 없다.

明有奇巧人曰王叔遠. 能以徑寸之木, 爲宮室器皿人物, 以至鳥獸木石, 罔不因勢象形, 各具情態.

嘗貽余核舟一, 蓋大蘇泛赤壁云. 舟首尾長約八分有奇, 高可二黍許. 中軒敞者爲艙, 篛篷覆之, 旁開小牕, 左右各四, 共八扇. 啓牕而觀, 雕欄相望焉. 閉之, 則右刻: "山高月小, 水落石出." 左刻: "淸風徐來, 水波不興." 石靑糝之. 船頭坐三人, 中峨冠而多髥者爲東坡, 佛印居右, 魯直居左. 蘇黃共閱一手卷, 東坡右手執卷端, 左手撫魯直背. 魯直左手執卷末, 右手指卷如有所語. 東坡現右足, 魯直現左足, 各微側其兩膝相比者, 各隱卷底衣褶中. 佛印絶類彌勒. 袒胸露乳, 矯首昂視, 神情與蘇黃不屬. 臥右膝詘右臂, 支船而豎其左膝, 左臂掛念珠倚之. 珠可歷歷數也. 舟尾橫臥一楫, 楫左右舟子各一人. 居右者椎髻仰面, 左手倚一衡木, 右手攀右趾, 若嘯呼狀. 居左者, 右手執蒲葵扇, 左手撫爐. 爐上有壺, 其人視端容寂, 若聽茶聲然. 其船背稍夷, 則題名其上, 文曰: "天啓壬戌秋日, 虞山王毅叔遠甫刻." 細若蚊足, 鉤畫了了, 其色墨. 又用篆章一文, 曰: "初平山人", 其色丹.

라고 말한 뒤 위나라 사람에게 말했다. '그대는 어떤 방법으로 가시에 어미 원숭이를 새기겠다는 것이오?' 위나라 사람이 말했다. '조각합니다.' 왕이 말했다. '내가 조각칼을 한번 보고 싶소.' 그러자 객은 '처소에 가서 가져오겠습니다'라고 말하고는 도망쳤다[燕王好微巧. 衛人曰, '請以棘刺之端爲母猴.' 燕王說之, 養之以五乘之奉. 王曰, '吾試觀客爲棘刺之母猴.' 客曰, '人主欲觀之, 必半歲不入宮, 不飮酒食肉, 雨霽日出, 視之晏陰之間, 而棘刺之母猴乃可見也.' 燕王因養衛人, 不能觀其母猴. 鄭有臺下之冶者謂燕王曰, '臣爲削者也. 諸微物必以削削之, 而所削必大于削. 今棘刺之端不容削鋒, 難以治棘刺之端. 王試觀客之削, 能與不能可知也.' 王曰, '善.' 謂衛人曰, '客爲棘刺之母猴, 何以理之?' 曰, '以削.' 王曰, '吾欲觀見之.' 客曰, '臣請之舍取之.' 因逃]."

通計一舟, 爲人五, 爲牕八, 爲篛篷爲楫爲爐爲壺爲手卷爲念珠各一. 對聯題名, 並篆文爲字, 共三十有四, 而計其長, 曾不盈寸, 蓋簡桃核修狹者爲之. 魏子詳矚旣畢, 詫曰 : 嘻, 技亦靈怪矣哉! 莊列所載, 稱驚猶鬼神者良多, 然誰有游削於不寸之質, 而須麋瞭然者? 假有人焉, 擧我言以復於我, 亦必疑其誑, 乃今親睹之. 繇斯以觀, 棘刺之端, 未必不可爲母猴也. 嘻, 技亦靈怪矣哉!

張山來曰 : 眼鏡中有所謂顯微鏡者, 一蝨之細, 視之大如棗栗. 由此推之, 則一核未嘗不可視爲東瓜矣.

심부중전(沈孚中傳)

운사(雲士) **육차운**(陸次雲)

심승(沈嵊)은 자가 부중(孚中)이다. 무림(武林 : 항주의 옛 이름) 북쪽 별장에 살았는데, 자잘한 예절 따위는 중시하지 않아 예법을 초월하는 행동으로 사람들을 놀라게 하곤 하였다. 그가 지은 사(詞)는 당시 으뜸이었다. 술을 진탕 마시기를 좋아했고 날마다 소제(蘇堤)와 백제(白堤) 사이에서 말을 달렸다. 창처럼 수염이 나 있었고, 아직 수재(秀才)가 되지 못했지만[1] 신경 쓰지 않았다.

숭정연간(崇禎年間 : 1628~1644) 아무 해에 중양절(重陽節)을 맞이하여 술과 조개를 들고 혼자 건자봉(巾子峰) 꼭대기에 올랐다. 술잔을 기울이며 목청 돋워 읊조리니, 한 스님이 붓을 적셔 그가 지은 한 연(聯)을 몰래 받

---

1 아직 수재(秀才)가 되지 못했지만 : 원문은 '금미청(衿未青)'이다. 『시경 · 정풍(鄭風)』 「자금(子衿)」에 "푸르고도 푸른 그대의 옷, 내 마음 유유자적 하구나[青青子衿, 悠悠我心]"라는 구절이 있는데, 모전(毛傳)에서는 "푸른 옷은 푸른 옷깃이다. 배우는 자가 입는 옷이다[青衿, 青領也. 學子之所服]"라고 전을 달았다. 후세에는 인신하여 수재를 상징하는 말로 쓰였다.

아 적었다.

정 머금은 꽃은 무정한 객을 보고 웃고,
득의한 산은 실의한 사람을 보는구나.

스님은 훌륭하다 감탄을 하면서 그를 데리고 절로 돌아가 새벽까지 신나게 술을 마셨다. 그때 집안사람이 그를 찾으러 와서 말하길, "오늘 읍시(邑試)가 있는데, 낭군께서는 마음에 두고 있지도 않습니까?"라고 했다. 심승은 아직 술에서 깨지 않아서 제대로 걷지도 못했다. 그런 그를 부축해서 시험 치르는 관아로 들어가 보니 이미 가로세로로 책상이 널려있어 발 디딜 틈도 없었다. 심승은 넓은 벼루에 먹을 적시더니 일어나 높은 계단 위로 올라간 다음 흰 벽에 「등고사(登高詞)」를 커다랗게 썼다. 첫 번째 결(闋)은 이렇다.

만 개 봉우리 정상에서
험운(險韻)으로 하필 '고(餻)' 자를 짊었네.
오만함으로 버티며 이 가을에 고전해본들,
저 하늘 끝 어디에 술친구가 있으랴.
얼굴은 비록 쭈그러졌지만
평생토록 청산의 웃음은 받을 수 없네.
설마 영웅을 초징한다는 한 장의 합격 통지서[2]가
산에 올라 노래하는 것을 금하는 세 촌(寸) 봉조(封條)[3]가 되었단 말인가.

다 쓰고 내려오자 어떤 사람이 그의 어깨를 두드리며 미친 듯 소리치더니, "내 어진 짝을 하나 얻었소"라고 하였다. 심승이 보았더니 현령이

2 합격 통지서 : 원문은 '현서(賢書)'로 과거시험에 합격한 명단을 가리킨다.
3 봉조(封條) : 문을 봉할 때 가로질러 붙이는 종이이다.

었다. 현령은 한참동안이나 그의 뒤를 물끄러미 바라보고 있었던 것이다. 현령은 송(宋)씨 성을 가진 사람으로, 이름은 조화(兆和)이고 자는 희공(禧公)이다. 그는 운간(雲間 : 지금의 上海市 淞南지역) 일대의 명사로서 속리(俗吏)들의 짓거리는 거들떠보지도 않는 사람이었다. 그가 심승의 팔을 붙들고 말했다.

"옛날 하감(賀監)[4]이 이백(李白)을 만났을 때 금 거북을 풀어서 저당 잡히고 술을 받아 마셨다 하오. 내 비록 하지장(夏知章)만 훨씬 못하지만 그대의 재주는 이백과 무엇이 다르겠소? 오늘의 일은 고금이 마찬가지이니, 이를 제목 삼아 그대와 함께 산곡(散曲)을 지음으로써 이 기이한 만남을 기념해두는 것이 어떻겠소?"

심승이 말했다.

"좋지요."

현령이 채 완성하기도 전에 심승이 먼저 탈고하니, 현령은 다시금 무릎을 치고 감탄하면서 그를 일등으로 뽑았다. 또 학사(學使)에게 천거하여 제자원(弟子員)으로 보충하게 하니, 그의 명성이 자자해졌다. 그때부터 현령이 심승을 취하게 만들지 않으면 심승이 현령을 취하게 만들었다. 둘은 막역한 사이가 되어 스승이니 학생이니 하는 호칭도 생략하고 너나하고 지냈으며, 서로 관이며 옷까지 바꿔 쓰고 입으면서 거리낌 없이 즐겼다.

심승의 아우가 송사에 휘말려 현령에게 조사 받게 되었는데, 현령은 그 사실을 모른 체하고 심문하였다. 그러자 심승이 청사로 뛰어나가 "그럼 안 되지, 그럼 안 돼!" 하며 크게 소리쳤다. 그러자 현령은 소맷자락을 떨치며 일어났다. 이 일이 직지(直指)에게 알려지자 직지는 백간(白簡)[5]을 올려 현령을 쫓아냈다. 그런데도 현령은 담담하니 아무런 원망도 하

4 하감(夏監) : 당나라 때 시인인 하지장(夏知章)을 가리킨다. 그가 비서감(秘書監)을 지냈기에 '하감'이라고 부른다.

5 백간(白簡) : 고대에 관원을 탄핵하는 주장(奏章)을 가리킨다.

지 않았다. 명나라가 망한 뒤에 각부(閣部) 마사영(馬士英)[6]이 나머지 병사들을 수습해 서릉(西陵)으로 숨어들자 심승은 그리로 가 군사일을 논의했다. 마사영이 일부러 비장한 체하며 말했다.

"성을 등에 지고 승부를 겨뤄야 할 것이네."

심승은 말을 타고 달려가 마을 사람들에게 "이 곳이 머잖아 전쟁터가 될 것일세"라고 말했다. 그러자 마을 사람들은 웅성대며 "승상은 야반도주하고 장군은 밤중에 숨어버렸는데, 누가 전쟁을 맡을 수 있다고 우리 백성을 죽이려 하는가?"라고 말하더니 너도나도 심승을 때려죽이고 그가 지은 책을 불살라버렸다. 남은 것이라곤 오직 『식재하(息宰河)』·『관춘원(綰春園)』 전기(傳奇) 두 종류 밖에 없다. 「관춘원」은 사장(詞場)에서 아주 아름다운 작품이라 일컬어진다.

육차운(陸次雲)이 말한다.

나는 아이 적에 길에서 심부중이 말을 타고 지나가는 것을 본 적이 있는데, 하삭(河朔: 북방) 소년의 기풍이 엿보였다. 자라서 그가 지은 사를 읽고, 다시금 그의 죽음을 탄식했다. 옛말에 이르기를, 사람의 죽음은 태산보다 무거운 게 있는가 하면 기러기 털보다 가벼운 것도 있다[7]고 했

---

6 마사영(馬士英: ?~1646): 자는 요초(瑤草)이고 귀주(貴州) 귀양(貴陽) 사람이다. 명나라 말에 봉양총독(鳳陽總督)이 되었고, 남명 홍광(弘光) 때 내각수보가 되었다. 후에 「위충현 역안(魏忠賢逆案)」에서 정죄된 완대성(阮大鋮)을 임용하여 복사(復社)의 불만을 사게 되었다. 복사에서는 마사영을 간신이라 공격하며 격렬한 정쟁을 벌임으로써 남명 조정의 불란을 일으켰다. 홍광 원년(1645)에 무창(武昌)을 진수하던 좌양옥(左良玉)이 군사를 동원하여 남하한 후 마사영과 완대성을 제거할 것을 주장하였다. 마사영은 청군에게 항복할지언정 좌양옥에게 당할 수는 없다며 변방의 군대를 철수하고 좌양옥을 수비하였다. 이렇게 하여 양주성(揚州城)을 잃고 복왕은 사로잡혔으며, 마사영은 절강(浙江)까지 도망갔으나 결국 청군에게 포로로 잡혔다. 『명사(明史)』에서는 마사영을 "사람됨이 비겁하고 원대한 지략이 없으며, 완대성을 임용하여 보복만 일삼으며 권리만을 탐하다가 결국 패망하였다[爲人貪鄙無遠略, 復引用大鋮, 日事報復, 招權罔利, 以迄于亡]"고 서술하고 있다.

7 사람의 죽음은…… 있다: 사마천이 친구 임안(任安)에게 보낸 편지인 「임소경에게 주는 답장[報任少卿書]」에 "사람은 본디 한 번 죽지만 어떤 죽음은 태산보다 무겁고 어떤 죽음은 기러기 털 보다도 가벼운데, 이는 그것을 사용하는 방법이 다른 까닭이

다. 심부중의 죽음은 기러기 털인가, 태산인가? 내가 어찌 단정 지을 수 있으리오!

장산래가 말한다.

문인들은 세상일에 어두워 사람들에게 경시 당한다. 또 조금만 뜻을 펼치지 못하면 불평을 토로한다. 그러나 그들이 지은 문장만 보면 존경할만하고 존중할만하니, 심하구나, 완벽한 인재 되기가 이토록 어렵던가!

沈嵊, 字孚中. 居武林北墅, 不脩小節, 越禮驚衆. 作塡詞, 奪元人席. 好縱酒, 日走馬蘇白兩堤. 髯如戟, 衿未青, 不屑意也.

崇禎某年, 當九日, 攜酒持螯, 獨上巾子峰頭. 高吟浮白, 有僧濡筆竊記其一聯云 : '有情花笑無情客, 得意山看失意人'. 爲之叫絶, 拉歸精舍, 痛飮達旦. 家人覓至, 曰 : "今邑試, 郎君何不介意耶?" 嵊方醉睞未開, 履無詳步. 扶入試院, 則已几席縱橫, 置足無地. 嵊乃積墨廣硯, 立身高級, 大書「登高詞」於粉壁之上. 其首闋曰 : "萬峰頂上, 險韻獨拈餻, 撑傲骨與秋鏖, 天涯誰是酒同僚. 面皮雖老, 儘生平受不起青山笑. 難道他辟英雄一紙賢書到, 做了禁登高三寸封條."

題畢而下, 有拍其肩狂叫者, 曰 : "我得一賢契矣." 嵊視之, 則令也. 潛視其後, 良久矣. 令, 宋姓, 兆和名, 字禧公. 雲間名士, 不屑爲俗吏態者. 把嵊臂曰 : "昔賀監遇李白, 爲解金龜當酒. 我雖遠遜知章, 君才何異太白? 此日之事, 今古攸同, 盍拈是題, 與君共塡散曲, 誌奇遇乎?" 嵊曰 : "善." 令未成而嵊稿脫, 更復擊節, 擢之冠軍. 薦之學使者, 補弟子員, 聲譽大起. 嗣是非令醉嵊卽嵊醉令. 交誼既狎, 畧師生而爾汝, 更冠易服, 戲樂不羈.

다「人固有一死, 死有重於泰山, 或輕於鴻毛, 用之所趨異也」"란 구절이 있다.

嵊弟有訟, 對簿於令, 令佯爲研鞫. 嵊躍出廳事, 大呼曰 : "錯矣, 錯矣!" 令拂袖起. 事聞直指, 以白簡斥令. 令恬然勿怨也. 明鼎旣移, 閣部馬士英捲其殘旅遁迹西陵, 嵊往談兵. 士英僞爲壯語云 : "當背城決勝". 嵊馳歸語里人曰 : "此地頃爲戰場矣." 里人羣譁曰 : "丞相宵奔, 將軍夜遁, 誰能任戰, 欲殃吾民?" 爭擊斃嵊, 燒其著書. 所存者, 獨『息宰河』·『綰春園』傳奇二種. 「綰春園」, 尤爲詞場稱艷云.

陸次雲曰 : 余童子時, 嘗從道中見孚中策騎過, 有河朔少年風. 及長, 讀其詞, 而歎其死. 語云, 凡人之死, 有重於泰山, 輕於鴻毛者. 孚中之死, 鴻毛耶, 泰山耶? 吾烏能論定之!

張山來曰 : 文人不諳世務, 是以爲世所輕. 稍不得意, 輒作不平鳴. 若止觀其文, 誠足令人敬之重之, 甚矣, 全才之難也!

애철도인전(愛鐵道人傳)

정구(定九) 진정(陳鼎)

애철도인은 성명을 알 수 없다. 그는 운남(雲南) 사람으로 젊어서 군(郡)의 제생(諸生)이었으나 명나라가 망하자 집을 버리고 도사가 되었다. 겨울이고 여름이고 제대로 된 옷이라곤 입지 않고 그저 한 자 되는 천으로 하체만 가릴 뿐이었다. 그는 익힌 음식은 먹지 않았고 먹는 것은 오이나 식물의 열매, 그리고 채소나 과일 뿐이었다. 전중(滇中 : 운남성 일대)은 사시사철 따뜻해 섣달에도 물고기가 살 정도였다. 그래서 도인은 끝까지 곡식을 먹지 않고도 살 수 있었다. 천성적으로 쇠를 좋아해서 쇠만 보면 너무 기뻐 반드시 막배(膜拜)[1]를 올렸다. 또 쇠를 달라고 해서, 머리·목·어깨·팔에서부터 가슴·등·허리·발에 이르기까지 헌 쇳조각을 주렁주렁 달고 다녔다. 그래서 길을 다닐 때면 마치 갑옷이라도 입은 듯 쟁그랑 쟁그랑 소리가 났다. 그는 스스로를 '애철도인'이라 불렀다.

1 막배(膜拜) : 손을 모아 이마 위에 올려놓고 꿇어앉아 절하는 모습으로 존경하거나 경외할 때 하는 의식이다.

한참 뒤에, 그가 사람의 길흉을 말하면 기이하게 들어맞는 경우가 많았기에 어리석은 사람들은 모두 그를 신선처럼 떠받들었고 애철도인도 스스로 신선이라 자부하면서 호를 '애철신선(愛鐵神仙)'이라 고쳤다. 그가 술을 좋아했기 때문에 저자 사람들은 다투어 술을 사다가 취하게 해주었는데, 혹 아녀자가 술을 가져와서 주면 땅에 부어버리고 마시지 않았다. 혹자가 그 이유를 물으면, 사납게 "너는 맹자께서 남녀는 친히 주고받지 않는다고 하신 말씀도 들어보지 못했느냐?"[2]라고 소리쳤다. 이에 애철신선은 그 명성이 사방에 자자했다. 몇 십리 몇 백리도 멀다 않고 길흉을 물으러 찾아오는 이도 있었다. 그때 애철도인은 허물어진 사당에서 지내고 있었는데, 매일같이 수백 명이나 되는 사람이 집 문을 에워싸자 크게 노하여 욕하며 말했다.

"내가 무슨 신선이냐? 나는 그저 술이나 탐하는 거지일 뿐이다. 길흉을 알긴 뭘 안다고 너희들이 내게 와서 묻는 것이냐?"

그리고는 즉시 똥물을 가져와 뿌리니, 사람들은 모두 놀라 흩어졌다.

그는 촉(蜀) 땅의 동포도인(銅袍道人) 장한(張閑)이란 자와 친했다. 동포란 동 조각을 이어서 옷처럼 만들어 입은 것을 말한다. 그래서 동포도인이라 불렀던 것이다. 그는 술값[3]을 가지고 애철도인과 시장에서 술을 마셨는데, 취하면 노래를 부르고 한바탕 통곡을 한 연후에야 조용해졌다. 갑인년(1674) 난리 때 둘은 어디론가 사라졌다.

외사씨(外史氏)가 말한다.

쇠로 옷을 만들어 입고 동으로 도포를 만들어 입은 것이 어찌 현란하

2 너는 맹자께서 …… 못했느냐? : 『맹자』 「이루상(離婁上)」에 "순우곤이 '남녀간에 주고받기를 친히 하지 않는 것이 예입니까?'라고 묻자, 맹자께서 '예이다'라고 대답했다[淳于髡曰 : '男女授受不親, 禮與?' 孟子曰 : '禮也']"라는 구절이 나온다.

3 술값 : 원문은 '장두전(杖頭錢)'으로, 『진서(晉書)』 「완수전(阮脩傳)」에 "길을 걸을 때면 백 전을 지팡이 꼭대기에 걸고서 술집으로 가 혼자 실컷 마셨다[常步行, 以百錢掛杖頭, 至酒店, 便獨酣暢]"라는 표현이 나오는데, 여기서 유래하여 장두전은 술값이라는 의미로 사용되었다.

고 이상한 것으로 남의 이목을 놀라게 하기 위함이었으랴? 혹 도가(道家)에 달리 속한 부류가 있어 동이나 쇠에 뜻을 기탁한 것이 아닐까? 알 수 없는 노릇이다.

장산래가 말한다.

쇠가 있으니 동이 있는 거야 당연하겠지. 금은을 좋아하는 자를 탐부(貪夫)라 한다면 동철을 좋아하는 자는 나름대로 이인(異人)일 터.

愛鐵道人, 逸其姓名. 雲南人也, 少時曾爲郡諸生, 明亡, 卽棄家爲道士. 冬夏無衣褌, 惟以尺布掩下體. 不火食, 所食者, 瓜蓏蔬果. 滇中四時皆暖, 雖臘月有鱗物. 故道人竟辟穀. 性愛鐵, 見鐵輒喜, 必膜拜. 向人乞之, 頭項肩臂, 以至胸背腰足, 皆懸敗鐵. 行路則錚錚然如披鎧. 自號曰'愛鐵道人'.

久之, 言人禍福多奇中, 愚男女皆以神仙奉之, 而道人亦遂以神仙自居, 更號曰'愛鐵神仙'. 嗜飮, 市人爭醉以酒, 婦人持酒與, 則傾潑不飮. 或詰之, 則厲聲曰: "若不聞孟聖人云男女不親授受乎?" 於是神仙之名四走. 有不遠數十百里, 來問吉凶. 時道人寄跡破廟, 日環繞門者數百人, 道人大怒, 罵曰: "我何神仙? 我貪酒花子耳. 知底吉凶, 汝輩來問我?" 卽擎穢撒之, 衆乃散.

與蜀中銅袍道人張閑善. 銅袍者, 聯銅片爲衣而服之者也. 故號曰銅袍道人. 嘗攜杖頭錢, 與愛鐵飮於市, 醉則歌嗚嗚, 大慟而後休. 甲寅亂, 二人不知所往.

外史氏曰: 以鐵爲衣, 以銅爲袍, 豈炫異以駭人耳目耶? 抑道家別有所屬, 而寓意於銅鐵耶? 皆不可得而解也.

張山來曰: 旣有鐵, 便應有銅. 愛金銀者爲貪夫, 則愛銅鐵者, 自是異人矣.

북서기서(北墅奇書)

운사(雲士) 육차운(陸次雲)

순치연간(順治年間 : 1644~1661)에 산동(山東)[1]에 사는 이신선(李神仙)이 도성에 유람을 왔다. 경자년(1660)에 북경에서 향시(鄕試)가 열렸는데, 두 제생이 몰래 시험 제목이 무어냐고 물어왔다. 이신선이 웃으며 말했다.

"공들은 모두 도덕인예(道德仁藝) 중의 사람이니 점 칠 필요 없소."

시제가 나왔는데, "도에 뜻을 두다[志於道]" 장(章) 전부[2]가 나와 둘은 시험에 나란히 합격했다. 신축년(1661) 회시(會試)에서도 시제를 물어오는 사람이 있었는데, 이신선은 "다섯 개 후에 네 개가 가능하다[五後四可]"고 답해주었다. 시험에 나온 첫 번째 시제는 "멈출 때를 알아야 정할 수 있다"[3] 한 절(節)로, 과연 다섯 개의 '후(後)' 자가 들어있다. 두 번째 시제는

1 산동(山東) : 원문은 '산좌(山左)'로 산동성(山東省)을 가리킨다.

2 "도에 뜻을 두다[志於道]" 장(章) 전부 : 『논어』 「술이(述而)」를 가리킨다. 첫 부분이 "공자께서 말씀하시기를, 도에 뜻을 두고 덕에 근거하며 인에 의지하고 예에서 노닌다[子曰, 志於道, 據於德, 依於仁, 游於藝]"이다. 즉, 위에서 말한 도·덕·인·예가 첫 구절에 모두 들어있다.

"부자의 문장"[4] 한 장이었고, 세 번째 시제는 "밭두둑을 바꾸고"[5] 두 절이었는데, 과연 네 개의 '가(可)' 자가 들어있었다. 영이함이 매우 많았으나 여기서는 다만 한 가지 예만 들었다.

장산래가 말한다.

선군께서 산동에서 시학(視學)[6]으로 계실 때 이신선이 찾아온 적이 있었는데, 스스로 '치선(治仙)'이라고 서명했었다. 선군께서 부서 안으로 맞아 들이자 이신선은 사람에게 명하여 서가에서 아무 책이나 한 권 뽑은 다음 아무 데나 한번 펼쳐보라고 했다. 그리고는 소매춤에서 종이 한 장을 꺼냈는데, 바로 [뽑은 책 펼친 쪽의] 첫째 줄이었다. 또 말하기를, "내일 귀한 손님이 선물을 보내올 것이다"라고 했는데, 이튿날이 되자 연성공(衍聖公)[7]께서 파라(叵羅)[8]를 선물로 보내왔다. 후에 어디로 갔는지 알 수 없다.

---

3 "멈출 때를 …… 있다": 「대학(大學)」에 나오는 구절로, "멈출 때를 알아야 정할 수 있고 정한 후라야 고요해지며, 고요한 후라야 편안해지고, 편안해진 후라야 생각할 수 있다. 또 생각한 후라야 소득이 있다[知止而後有定, 定而後能靜, 靜而後能安, 安而後能慮, 慮而後能得]"이다. 여기에는 모두 다섯 개의 '후(後)' 자가 들어있다.

4 "부자의 문장": 『논어』 「공야장(公冶章)」의 다음 구절을 말한다. "자공이 말하기를, 부자의 문장은 얻어 들어볼 수 있으나 부자께서 성과 천도를 말씀하신 것은 얻어 들어볼 수 없다[子貢曰: 夫子之文章, 可得而聞也, 夫子之言性與天道, 不可得而聞也]." 여기에는 모두 두 개의 '가(可)' 자가 사용되었다.

5 밭두둑을 바꾸고: 『맹자』 「진심상(盡心上)」의 다음 구절을 말한다. "밭두둑을 바꾸고 세금을 적게 징수하면 백성은 부자가 될 수 있다. 제 때 먹이고 예로써 등용하면 재물은 이루 다 쓸 수 없을 만큼 많아진다[易其田疇, 薄其稅斂, 民可使富也. 食之以時, 用之以禮, 財不可勝用也]." 여기에도 모두 두 개의 '가(可)' 자가 사용되었다.

6 시학(視學): 학관(學官)이다.

7 연성공(衍聖公): 대대로 공자의 적손 후예를 칭하던 봉호이다. 서한(西漢) 원시(元始) 원년(기원전 1년)에 시작되었는데, 당시 평제(平帝)는 예교를 널리 알리기 위해 공자의 후손들에게 봉호를 내렸다.

8 파라(叵羅): 범어를 음역한 것으로 서역에서 쓰는 술잔의 일종이다. 주둥이가 넓고 밑이 얕은 모양이다. 술잔의 범칭으로도 사용된다.

진아백(陳我白)은 장님인데 뼈를 더듬어 점을 잘 쳤다. 진아백이 양주(揚州)에 살고 있을 때 오강(吳江) 상국(相國) 김기범(金豈凡)이 그를 불렀다. 먼저 여러 사람들의 골상을 두루 보게 했더니 많은 것을 맞혔다. 후에 공(公 : 金豈凡) 차례가 되었는데, 진아백은 공의 몸을 두루 만지면서 "이건 궁상(窮相)이니 말할 만한 게 못 됩니다"라고 하였다. 공은 아무 말도 안 했다. 옆 사람이 "헛소리 하지 마시오"라고 하자 진아백은 다시 한 번 몸을 만졌는데, 다시금 머리를 흔들더니 "틀림없소"라고 말했다. 공은 이번에도 아무 말 하지 않았다. 진아백은 공의 몸을 더듬다 눈을 만지더니, 급히 무릎을 꿇고 "이건 용안(龍眼)이니 분명 크게 귀해질 것입니다"라고 말했다. 모두 어리둥절해하자 공이 웃으며 말했다.

"과연 대단한 관상쟁이로군."

공은 그에게 금으로 후하게 사례하고 사방에 그 명성을 알렸다.

공이 아직 태어나기 전에, 공의 부친께서 사당에 매우 경건히 기도를 올리고 있었는데, 밤에 신이 나타나 아들 하나[9]를 주겠노라 하였다. [주겠다는 아들을] 자세히 보니 바로 절 옆에 사는 거지였다. 속으로 '저런 아들이 있느니, 차라리 없는 게 낫지'라고 생각하고 있는데, 신이 "너무 염려 마라. 그 눈을 바꿔줄 테니"라고 말하고는 전각 처마에 있는 용의 눈을 꺼내 넣어주었다. 그리고 얼마 후 공이 태어났다. 이 때문에 공은 진아백을 대단하다고 여겼던 것이다.

장산래가 말한다.

정말로 이와 같다면, 부귀한 자는 내생에도 또 부귀해지고 거지는 내생에도 빈천함을 면치 못하지 않겠는가? 정말이지 알 수 없다.

---

9 아들 하나 : 민국24년 상해 개명서점(開明書店)의 연배본(鉛排本)을 배인(排印)한 1954년 문학고적간행사(文學古籍刊行社)본 『우초신지』에는 '아들 둘(二子)'이라고 되어 있으나 인민일보출판사에서 출판된 『우초신지』에는 '아들 하나[一子]'라고 되어있다. 문맥상 하나가 맞는 듯하여 고쳐 번역한다.

내가 유양(維揚 : 양주의 다른 이름)에 살 적에 진아백은 이미 큰 부자가 되어서 다시는 사람들을 위해 골상을 봐주지 않았기에 그에게 길흉을 물어볼 방법이 없었다. 그는 바둑을 아주 잘 두었다고 하는데, 비록 눈이 멀었어도 사람들이 그를 속일 수 없었다고 하니, 더욱 기이한 노릇이다.

하남(河南)의 유이순(劉理順)은 마을에서 천거를 받았으나 오래도록 급제하지 못했다. 그가 이랑묘(二郎廟)에서 공부하고 있을 때, 매우 슬프게 우는 소리가 들렸는데, 물어보니 웬 부인이었다. 남편이 외지로 가 칠년 동안 돌아오지 않자 늙고 가난한 시어머니는 둘 다 길을 찾고자 며느리를 시집보내려 하였다. 이에 먼 곳에 사는 상인으로부터 열두 냥을 받았는데, 며느리를 데려갈 때가 되자 고부간에 차마 헤어지질 못하고 그렇게 슬피 울던 중이었다. 유이순은 그 말을 듣자마자 급히 하인을 불러 말했다.

"집에 있는 은 열두 냥을 가져와라."

하인이 말했다.

"집에도 쓸 돈이라곤 없어 쌀값만 있을 뿐입니다. 내일 아침 가게에 가져다주어야 합니다."

유이순이 말했다.

"가져오기나 해라. 은자는 어찌 다시 마련하면 된다."

그리고는 그 집 아들을 대신해 다음과 같은 내용의 편지 한 통을 적었다.

"집을 칠년 동안이나 떠나있었는데, 이미 500여 금을 벌어 열흘 후면 돌아갑니다. 우선 열두 냥 은자를 보냅니다."

사람을 시켜 그 집에 보내니, 시어머니와 며느리는 그 은자와 편지를 얻고 이와 같은 사실을 상인에게 알렸다. 상인은 그 집 아들이 살아있다는 말을 듣고는 은자만 받아 떠나갔다.

열흘 후에 그 집 아들이 정말로 돌아왔는데, 벌어온 은자와 한 일 등이 편지에 적힌 내용과 똑같았다. 어머니가 그 일을 아들에게 말해주자 아들은 몹시 놀라하며 그저 “신께서 우리를 가련히 여긴 것입니다”라고 만 말하면서 매일같이 천지신명께 감사를 올릴 뿐이었다. 유공(劉公 : 劉理順)이 그 해 회시(會試)를 치를 적에 사당지기는 이랑신이 직접 유공을 전송하는 것을 보았는데, 유공은 과연 숭정(崇禎) 갑술년(1634)에 장원급제했다. 그 집 아들은 후에 사당에서 유공이 지은 시를 보고서 편지와 은자를 유공이 마련해 준 것임을 알게 되었다. 이에 온 집안 식구가 찾아가 감사를 올렸으나 유공은 끝내 그런 사실을 안정하지 않았으니, 더욱 따라갈 수 없는 점이다.

계문(薊門 : 지금의 北京市)에 어떤 사람이 새로 비단도포 하나를 마련해서는 그것을 입고 노구교(蘆溝橋)를 지나고 있었는데, 수레 미는 사람과 부딪혀 오른쪽 소매가 찢기고 말았다. 비단도포 입은 사람은 한번 쓱 살펴볼 뿐 아무 말도 하지 않았다. 수레 미는 사람이 무릎을 꿇고 간청했다.

“소인이 실수로 당신의 옷을 찢었으나 가난하여 배상할 길이 없으니, 제발 실컷 꾸짖어 과오를 벌하여 주십시오.”

옷을 찢긴 사람이 말했다.

“이미 다 찢어진 옷을 가지고 그대를 꾸짖은들 무엇 하겠소?”

그리고는 옷소매를 떨치고 떠나가 버렸다.

수레 미는 사람은 돌아오더니 갑자기 미친 듯 발광을 하며 말했다.

“내 원수를 갚을 길이 없어졌구나.”

이웃이 몰려들어 구경을 하면서 어째서 그러느냐고 묻자 그가 말했다.

“비단 도포 입은 자는 아무개인데, 나와는 전생에 쌓인 원한이 있소. 오늘은 내 목숨이 다하는 날이기에 그놈의 옷을 찢어 나를 치게 만들려고 했소. 그러면 나는 맞는 즉시 죽을 것이고, 그놈은 처벌받아 죄값을 치렀을 것인데, 나와 상대하지 않으려하니 내가 그를 어쩌겠소. 그의 도량이 이와 같으니, 나의 원한은 이미 풀렸지만 전생에 그는 아직도 내게 다섯 금을 빚졌소. 부탁이니, 할아범이 내 대신 그에게 말을 전하여 금을 가져와 내 장례비용을 대게 하시오. 그러면 나는 그에게 돈 못 받은 원한을 풀 수 있을 테니."

이웃이 그를 찾아가 수레 미는 사람이 해준 이야기를 상세히 들려주었다. 그러자 그 사람은 크게 놀라며 깨진 온돌 밑에서 수레 미는 사람에게 절했다. 수레 미는 사람이 전생의 인연을 일일이 말해주자 옷이 찢어졌던 사람은 땀을 줄줄 흘렸고 머리를 조아리며 다섯 금을 바침으로써 전생에 진 빚을 갚았다. 그리고 다시 다섯 금을 바치면서 "이것으로 그대를 위해 기도를 하고 불경을 외어 드리겠소"라고 말했다. 수레 미는 사람은 "그래주신다면 저는 그대를 원망하지 않을뿐더러 그대를 덕 있는 분이라 여길 것이오"라고 말하고는 한바탕 웃고 죽었다.

순치(順治) 무술년(1658)에 진사 탕빙(湯聘)은 제생(諸生)이었는데, 가난한 살림에 어머니를 모시다가 갑자기 병들어 죽고 말았다. 귀졸(鬼卒)이 그를 데리고 동악(東嶽 : 泰山)으로 가자 탕빙이 애원하며 말했다.

"노모께서 살아계신데, 모실 사람이 없습니다. 악제(嶽帝)께서는 가련히 여겨주십시오."

그러자 악제가 말했다.

"네 명은 여기까지이다. 저승의 법이 삼엄하여 네 뜻을 따라주기 어렵구나."

탕빙이 책상을 부여잡고 애원하자 악제는 "기왕에 유가(儒家)의 제자이니, 공자에게 보내 결정하도록 해라"라고 말했다. 귀졸이 그를 압송하여 공자 계신 곳에 갔더니 공자는 이렇게 말했다.

"생사는 동악대제(東嶽大帝)[10]가 결정하고, 공명은 문창(文昌)[11]이 주관하

10 동악대제(東嶽大帝) : 도교에서 떠받드는 동악묘(東嶽廟) 안의 태산신(泰山神)이다. 민간에서는 그가 인간의 생사를 장악하고 있다고 여겨 매년 하력(夏曆) 3월 28일에 제사를 올린다.

11 문창(文昌) : 문창궁(文昌宮) 여섯 별 중 네 번째 별을 가리킨다. 즉 큰곰자리에 있는 별이다. 옛 사람들은 이 별이 문운(文運)을 주관한다고 여겼다.

는 것이니, 나와는 아무 상관없다."

그는 돌아가는 길에 관음보살을 만나자 살려달라고 애원했다. 관음보살이 말했다.

"효성스런 마음이니, 이를 허락하여 세상 사람들의 경계로 삼은들 어떠하리?"

그러자 귀졸이 말했다.

"저 자는 죽은 지 며칠이나 되어 시체가 다 썩었으니 어찌합니까?"

관음보살은 선재(善財)[12]에게 명해 석가모니의 진흙을 가져다가 시체를 온전히 고쳐주게 했다. 선재가 단향(檀香) 비슷한 냄새가 나는 진흙을 가지고 오자 그들은 함께 집으로 돌아갔다.

시체는 과연 썩어 문드러져 있었으며 외로운 등잔불 밑에 노모 홀로 눈물을 흘리고 있었다. 죽은 지 이레나 지났어도 아직 염도 못하고 있었다. 선재가 진흙을 가져다 시체 주변을 두르자 악취가 순식간에 사라졌다. 이윽고 생기가 돌더니 혼이 그 몸 안으로 들어갔고 그 즉시 몸이 꿈틀꿈틀 움직였다. 탕빙은 눈을 뜨고 모친을 보면서 참지 못하고 흐느꼈다. 모친이 놀라 미친 듯 소리치는 바람에 이웃이 다 모였다. 탕빙이 말했다.

"어머니, 두려워 마세요. 아들이 다시 살아왔습니다."

그는 다시 살아나게 된 경위를 자세히 이야기하고는 이렇게 말했다.

"저는 본디 공명을 타고나지 못한데다가 명도 이미 다했는데, 어머니의 은혜를 갚게 해달라고 빌었더니 관음보살께서 제게 불계(佛戒)를 지킬 것을 명하시면서 진사(進士)가 되게 해주겠노라 허락하셨습니다. 다만 팔자에 관록과 지위가 없으니, 절대 벼슬을 하지 말라 주의 주셨습니다."

후에 탕빙은 과거에 급제하였으나 늘 불상을 놓고 재계하면서 오직 노모만을 모실 뿐이었다. 모친이 세상을 뜬 뒤 진정현령(眞定縣令)으로 나

12 선재(善財) : 본권 「균량우필」의 주석 1을 참조하시오.

갔다가 관직에서 죽었으니, 벼슬하지 말란 경계를 어겼기 때문이 아니겠는가?

장산래가 말한다.

관음보살은 흔쾌히 자비를 베풀었거늘, 우리 부자께서는 그에게 결정을 내려주시지 않았다. 죽은 지 며칠 된 사람을 다시 살려내는 것은 바로 은미한 것을 찾고 괴이한 짓을 행하는 것[13]과 진배없어, 중용의 도에 맞지 않기에 그리 하지 않았을 따름이다.

순천(順天 : 지금의 北京市) 강하자(江霞子)가 말해주었다.

그의 외삼촌 왕공(汪公)은 숭정 13년(1639)에 사천순도(四川巡道)를 맡고 있었다. 경략사(經略使)가 사천성에 도착하자 왕공은 말 한 필을 타고 찾아뵈러 떠났는데, 도중에 타고 가던 말이 갑자기 병도 없이 죽었다. 사천길은 가기도 쉽지 않은지라 어찌할 바를 모르고 있었는데, 한 소년이 갑자기 나타나 말을 보고 이렇게 말하는 것이었다.

"내가 말로 변해서 공을 태워드려야겠구나."

좌우 사람들은 그 소년을 간악한 인간이라 여겨 공 앞으로 끌고 갔다. 그러나 공은 "그저 미친 사람일 뿐이다"라고 하고는 소년을 풀어주었다. 소년이 문밖으로 나가자 갑자기 말이 살아났다. 공은 매우 기뻐하며 말에 올라탔다. 공이 원문(轅門)[14]에 이르러 말에서 내리자마자 말이 다시 고꾸라졌다. 공은 안으로 들어가 배알을 하고 공무를 마친 후 가마를 타

13 은미한 …… 행하는 것 : 원문은 '색은행괴(索隱行怪)'로 '소은행괴(素隱行怪)'라고도 한다. 『중용(中庸)』에 따르면, "공자께서 말씀하시기를, 소은행괴에 대해 후세에는 서술한 바가 있는데, 나는 그런 것은 말하지 않는다[素隱行怪, 後世有述焉, 吾弗爲之矣]"라고 했다. 주희(朱熹)는 『중용집주(中庸集注)』에서, "소(素)는 『한서(漢書)』에 따라 '색(索)'이라 해야 하니, 오자인 것 같다. 색은행괴라 함은 은미하고 궁벽한 도리를 깊이 찾고, 괴이한 행동을 지나치게 하는 것을 말한다[素, 按『漢書』當作'索', 蓋字之誤也. 索隱行怪, 言深求隱僻之理, 而過爲詭異之行也]"라고 하였다.

14 원문(轅門) : 지방 고급 관서의 외문이다. 여기서는 사천경략사 관서를 가리킨다.

고 돌아왔다.

한참 길을 가고 있는데, 노인 하나가 어떤 사람을 끌고 오면서 살려달라고 외치는 것이 보였다. [끌려오는] 사람을 보았더니 바로 그 소년이었다. 노인이 말했다.

"아까 공께서 타고 가던 말이 죽은 것을 보고는 소인이 동굴 속에 몸뚱이를 숨겨놓은 다음 말로 변해 공을 태워드렸습니다. 그런데 말 뱃속에서 빠져나와 제 몸뚱이를 찾았더니 글쎄 뜻밖에 이 사람이 차지하고 있지 뭡니까. 엎드려 비옵건대, 저 자에게 다시 바꿀 것을 명하시어 각자 원래 모습으로 돌아갈 수 있게 해주십시오."

공이 소년에게 물었더니 소년이 말했다.

"이건 정말이지 얻기 어려운 물건입니다. 차라리 형벌 받기를 원하지, 절대로 돌려주지 않겠습니다."

공이 법으로 다스려보려 하였으나 적용할만한 법이 없었다. 노인은 억지로 할 수 없음을 알고는 주먹질과 욕설을 번갈아 해댔는데, 소년은 그저 히히 웃으며 받기만 할 뿐이었다. 공이 노인에게 "그대에게 기왕 이런 술수가 있으니, 차라리 다른 좋은 몸뚱이를 찾아보는 게 어떻겠소?"라며 권하자 노인은 "공께서 저를 위해 기꺼이 마음을 써주시겠다면 명을 따르겠습니다"라고 하였다. 소년은 감사의 절을 한 뒤 떠나갔고 노인도 공을 따라 관서로 돌아왔다.

반년쯤 지난 어느 날, 노인이 공에게 말했다.

"공 밑에 있는 서리(書吏)의 아들이 오늘 밤 갑자기 죽을 것입니다. 내일 새벽에 [시체를] 덮지 말고 교외에 가져다 놓으라고 명해주신다면, 공께서 제게 좋은 몸을 주신 은혜에 감사드릴 것이니, 허락해주십시오."

이튿날 아침 [서리들이] 당에 오르자 공이 아무개 서리에게 물었다.

"엊저녁에 아들이 죽지 않았느냐?"

서리가 말했다.

"맞습니다."

공이 말했다.

"아들을 다시 살리고 싶지 않으냐?"

서리가 말했다.

"어찌 하면 그렇게 할 수 있습니까?"

공이 말했다.

"네 팔자에는 자식이 없으니, 다시 살아난다 하더라도 반드시 출가하도록 명해야지, 그렇지 않으면 살아났다가 다시 죽을 것이다."

서리가 말했다.

"죽어 떨어져있느니, 차라리 생이별을 하겠습니다."

공이 서리에게 교외로 시신을 옮겨다 놓으라고 명하자 서리는 울며 감사인사를 올리고 떠나갔다. 공이 돌아와 노인에게 말하자 노인은 새 옷 한 벌을 달라고 한 다음 공을 따라 성곽 밖으로 나갔다. 서리 부부는 이미 먼저 와 그들을 맞이했고, 구경꾼들이 인산인해를 이뤘다. 사람들이 보았더니, 노인은 시신을 부축해 일으키고 그 옷을 벗기고 자기 옷을 시신 몸에 입혔다. 그런 다음 자기 옷을 벗고 시신이 입고 있던 옷을 자기가 입었는데, 그 순간 노인이 갑자기 땅에 쓰러지고 관 속에 있던 사람이 벌떡 일어났다. 그는 왕공에게 감사의 절을 올렸다. 서리 부부가 불렀지만, 그는 절대 대답하지 않으면서 그저 그들을 향해 감사의 절을 올릴 뿐이었다. 서리 부부는 통곡하며 떠나갔다.

그는 바로 도인(道人)의 복장을 하였는데, 비록 무작(舞勺)[15]의 나이였지만 하는 말마다 모두 신선의 말이었다. 그가 공에게 말했다.

"시사(時事)에 대해서는 따지지도 말고, 어서 은거하셔야 합니다."

그러나 공께서는 "나라와 어버이의 일을 마치려면 아직 좀 기다려야

15 무작(舞勺) : 『예기(禮記)』 「내칙(內則)」에 보면, "열세 살이면 음악을 배우고 시를 읊으며, 작무(勺舞)를 춘다. 성동의 나이가 되면 상무(象舞)를 추고 활쏘기를 배운다[十有三年, 學樂, 誦詩, 舞勺. 成童, 舞象, 學射御]"는 말이 있는데, 후에는 유년을 가리키는 말로 사용되었다.

한다"라고 대답했다. 후에 다시금 재촉해보아도 공의 대답은 똑같았다. 그러자 탄식하며 "정해진 운명이 있는지라, 억지로 할 수 없구나"라고 말하더니, 이별하고 떠나갔다. 이듬해에 역적이 나라를 크게 어지럽혔는데, 공은 관직에 있다가 목숨을 잃었다. 【裘武宋 구술】

명나라 말에 관동(關東)에 옥그릇 만드는 장인 이완(李宛)이라는 자가 살고 있었는데, 피부가 희고 수염 하나 없었다. 그 마을에 장원(張遠)이라는 자가 있었는데, 수염이 길고 얼굴이 검었다. 이완과 장원은 둘 다 병을 앓다 죽었다. 이완이 사흘 먼저 죽고 장원이 사흘 뒤에 죽었다. 이완이 저승에 도착하자 저승관리가 말했다.

"장원은 죽는 게 맞는데, 이완은 아직 때가 안 되었으니, 살려 보내도록 해라."

그러자 귀졸이 말했다.

"이완의 몸뚱이가 이미 망가졌습니다."

저승관리가 말했다.

"그럼 장원의 몸뚱이를 그에게 빌려 주어라."

귀졸은 이완의 혼을 데리고 가 장원의 몸속에 넣어주고는 가버렸다.

시체가 벌떡 일어나자 장원의 부친이 놀라 기뻐하면서 "아들이 살아났구나!"라고 하였고, 그 아내는 "남편이 살아났구나!" 하였으며, 아들은 "아버지가 움직이시네!"라고 하였다. 이완은 눈을 뜨면서 "나는 이완인데, 여긴 어디요? 당신들은 누구기에 나더러 아들이라 하고 남편이라 하고 아버지라 하시오?"라고 물었다. 그러더니 그는 이완의 집을 향해 가버렸다. 이씨네 온 집안 식구들은 별 괴상한 일도 다 있다 하면서 그를 쫓아냈다. 이완이 말했다.

"나 이완이오. 아버님은 어찌하여 저를 아들이라 하지 않고, 마누라는 어찌하여 나를 남편이라 하지 않으며, 아들은 어찌하여 나를 아버지라 하지 않는 것이오?"

그러자 그의 부친이 말했다.

"내 아들은 죽어 시체도 다 썩었소. 내 아들은 수염이라곤 없는데, 당신은 수염이 이리 많은 게 너무도 다르거늘, 이 무슨 해괴망측한 소리요?"

이완이 말했다.

"이건 장원의 몸뚱인데, 저승관리가 내게 빌려주어 다시 살아나게 해주신 겁니다. 제 목소리도 못 알아듣습니까?"

그 집안 식구들은 "목소리는 과연 이완의 목소리가 맞는데"라고 말했다. 장씨 부자도 뒤따라 와서는 "목소리는 장원의 목소리가 아닌데"라고 말했다. 그러나 이완의 집에서는 끝내 그를 받아들이려 하지 않았다. 그러자 이완이 말했다.

"믿지 못하겠거든, 내 도구들을 가져다 줘보시오."

그러더니 잠깐 동안에 옥을 자르고 갈고 씻어 벽(璧)을 만들고 규(珪)를 만들었는데, 하나하나가 모두 이완의 본래 솜씨 그대로였으며, 장원은 하지 못하는 일이었다. 이에 그가 정말 이완임을 믿게 되어, 장씨네 집에서는 억지로 데려가지 못했고 이씨네 집에서는 더 이상 쫓아내지 않았다. 이것은 애납(艾衲) 왕유변(王游邊)이 친히 그 일을 목격하고 해준 이야기이다.

장산래가 말한다.

저승관리도 이처럼 문서를 농락하는구나! 비록 뇌물을 받은 것과는 다르다 하여도 탄핵받아 마땅하지 않을까 싶다.

이완의 아내가 기꺼이 그와 동침하려 했을까 모르겠다. 희고 수염도 없던 남편이 갑자기 수염이 잔뜩 나고 얼굴도 시커먼 남편으로 바뀌었으니, 원망이 없을 수 있었을까? 장원 부인의 경우, 다시 살아온 남편이 이완의 아내와 같이 사는 꼴을 보고 속이 편했을까? 둘 다 모르겠다.

順治時, 山左有李神仙, 游行京邸. 庚子, 北直鄉試, 有兩生密詢試題. 李笑曰: "公皆道德仁藝中人也, 無庸卜." 題出, 乃"志於道"全章, 二人皆中式. 辛丑會試, 又有以場題問者, 李曰: "五後四可." 場中首題, 乃"知止而後有定"一節, 果五'後'字. 二題乃"夫子之文章"一章, 三題乃"易其田疇"二節, 果四'可'字. 靈異最多, 此特其一事耳.

張山來曰: 先君視學山左時, 李神仙來謁, 自署曰'治仙'. 先君延入署中, 仙命人於架上, 隨手取書一冊, 復令信手揭開. 隨於袖中取出字紙一條, 乃其首行也. 又云, "明日有貴人送禮至." 及次日, 衍聖公以巨羅見贈. 後不知所之矣.

陳我白瞽目, 善揣骨. 居揚州, 吳江相國金豈凡召之. 先令徧相諸人, 多驗. 後及公, 陳徧摸之, 云: "此窮相, 不足道." 公不語. 傍人曰: "子無悞言." 陳復摸摸, 輒搖首曰: "不差." 公復不語. 陳摸至公眼, 遽跪曰: "此龍眼, 當大貴." 衆愕然, 公笑曰: "果神相也." 重贈以金, 復爲延譽.

蓋公未生時, 父翁禱於神廟甚虔, 夜夢神許賜以一子. 視之, 卽寺傍丐者. 私念: '有子如此, 不如無矣,' 神復曰: "汝勿慮. 當易其眼." 取殿廡龍眼納之. 未幾生公. 故公以爲神也.

張山來曰: 審若是, 則富貴之後身, 仍爲富貴, 乞丐之後身, 仍不免貧賤耶? 眞不可解.

余卜居維揚時, 陳我白已大富, 不復爲人揣骨, 故無從一詢休咎. 聞其頗精於奕, 目雖瞽, 人不能欺之, 尤爲奇也.

河南劉理順, 鄉薦久不第. 讀書二郎廟中, 聞哭聲甚哀, 問之, 乃婦人也. 其夫出外, 七年不歸, 母貧且老, 欲嫁媳以圖兩活. 得遠商銀十二兩, 將攜去, 姑媳不忍別, 故悲耳. 劉聞之, 急呼其僕曰: "取家中銀十二兩來." 僕曰:"家中乏用, 止有納糧銀在. 明早當投櫃矣." 劉曰:"汝且取來. 官銀再設處可也." 因代爲其子作一書, 稱:"離家七年, 已獲五百餘金, 十日後便歸矣. 先寄銀十二兩"等語. 覔人送其家, 姑媳得銀及書, 以告商. 商知其子在, 取銀去.

越十日, 其子果歸, 所得之銀, 及所行之事, 與書中適符. 母以問子, 子駭甚, 但曰:"此神人憐我也." 惟每日拜謝天地而已. 劉公是年會試, 廟祝見二郎神親送之, 中崇禎甲戌狀元. 其子後於廟中見公題詠, 乃知書銀出自公手. 擧家往謝, 公竟不認, 尤不可及也.

薊門有人, 新置繭袍一領, 衣之過蘆溝橋, 値推車者碎其右袂. 其人自顧, 絶無一語. 推車者跪而請曰:"小人誤碎君服, 貧不能償, 乞賜痛責以懲過." 碎衣者曰:"衣已碎矣, 責爾何爲?" 拂袖竟去.

推車者歸, 忽顚狂曰:"吾寃不能報矣." 鄰人聚觀, 詰問其故, 曰:"衣繭袍者爲某, 與我讐積前生. 今日我數當盡, 碎其衣, 欲致其擊我. 我則隨擊而斃, 使彼受法抵償, 而無如其不較也, 吾如彼何哉. 其量若此, 吾怨已解, 然彼於前世, 尙負我五金. 乞鄰翁爲我語彼, 持此金來, 資我殯事. 我則與彼釋此寃矣." 鄰人走訪, 詳語其人. 其人大驚, 拜推車漢於破炕之下. 推車漢歷叙前因, 碎衣者浹汗, 叩求上五金, 償宿負. 復上五金曰:"以此爲君祈福, 修佛事." 推車漢曰:"如是吾不惟不汝寃, 且汝德矣", 一笑而逝.

順治戊戌進士湯聘爲諸生時, 家貧, 奉母, 忽病死. 鬼卒拘至東嶽, 聘哀籲曰:"老母在堂, 無人侍養. 望帝憐之." 嶽帝曰:"汝命止此. 冥法森嚴, 難狥汝意." 聘扳案哀號, 帝曰:"既是儒家子弟, 送孔聖人裁奪." 鬼卒押至宣聖處, 曰:"生死隸東嶽, 功名隸文昌, 我不與焉." 回遇大士, 哀訴求生. 大士曰:"孝思也, 盍允之以警世?" 鬼卒曰:"彼死數日, 屍腐奈何?" 大士命善財取牟尼泥完其屍. 善財取泥, 若稱檀香, 同至其家.

屍果腐爛, 一燈熒然, 老母垂涕. 死七日, 尙無以殮. 善財以泥圍屍, 臭穢頓息. 遂有生氣, 魂歸其中, 身卽蠕動. 張目見母, 嗚咽不禁. 母驚狂叫, 鄰人咸集. 聘曰 : "母勿怖. 男再生矣." 備言再生之故, 曰 : "男本無功名, 命限已盡, 求報親恩, 大士命男持戒, 許男成進士. 但命無祿位, 戒以勿仕." 後聘及第, 長齋繡佛, 事母而已. 迨母死, 就眞定令, 卒於官, 豈違勿仕之戒歟?

張山來曰 : 大士慨發慈悲, 吾夫子獨不爲裁奪者. 以死數日而復生, 是爲索隱行怪, 非中庸之道, 故不爲耳.

順天江霞子云 : 其母舅汪公, 於崇禎十三年, 任四川巡道. 經略到省, 單騎往謁, 中途所乘馬, 無病而死. 蜀道難行, 計無所出, 忽有少年對馬言曰 : "我當變馬, 與公乘之." 左右以爲奸人, 擁至公前. 公云 : "此狂人也", 釋之. 少年出門去, 而馬忽活. 公喜甚, 乘之. 至轅門, 甫下馬而復倒矣. 公入謁, 事畢, 乘肩輿歸.

方行, 見一老者牽一人至, 喊云救命. 視其人, 卽少年也. 老者云 : "適見公乘馬死, 小人隨藏身山穴, 變馬負公. 出馬腹而尋身, 不意宅舍竟爲此人所占. 伏乞勅彼更換, 各還故有." 公語少年, 少年云 : "此係難得之物. 願受官刑, 斷不還矣." 公欲繩之以法, 而無法可加. 老者知不可強, 拳詈交及, 少年惟有笑受. 公勸老者 : "爾有此手段, 不若另覓好舍何如?" 老者曰 : "公肯爲某留心, 某當從命." 少年拜謝去, 老者亦隨公回署.

越半載, 一日向公云 : "公書吏之子, 今夜暴亡. 明晨弗令掩蓋, 使移置郊外, 當拜公佳舍之惠, 公許之." 明早升堂, 問某吏 : "可有子昨夜死否?" 吏曰 : "有之." 公云 : "汝欲令其重生否?" 吏曰 : "安能得之?" 公云 : "汝命無子, 雖生, 必命出家, 不則生而復死." 吏曰 : "與其死隔, 寧使生離." 公令其舁之郊外, 吏泣謝去. 公歸語老者, 老者求一新衣, 隨公出郭. 吏夫婦已先迎候, 觀者萬衆. 見老者扶屍起脫其衣, 以已衣衣其身. 隨脫已衣以其衣衣自身, 老者忽臥地, 棺中人突然起矣. 拜謝汪公. 吏夫婦呼之, 絶不應, 亦惟有向之拜謝而已. 吏夫婦痛哭去.

是人邃作道人妝, 雖若舞勺之年, 而所出者盡神仙之語. 謂公云 : "時事不可問, 宜急隱." 答曰 : "君父事了, 却稍俟之." 後再促公, 公言如故. 因歎云 : "固有定數, 不可强也." 邃辭去. 明年寇大警, 公卒於官.【裘武宋口述】

明末, 關東有爲玉器之工李宛者, 白皙無髭之人也. 其里中有張遠者, 長髯傾黑之人也. 宛・遠具抱病. 宛先三日死, 遠後三日死. 宛至冥, 冥官曰 : "張合死, 李猶未也, 放轉生." 鬼卒曰 : "李舍壞矣." 冥官曰 : "卽借張舍舍之." 鬼卒送宛魂附遠體而去.

屍忽起, 遠之父驚喜曰 : "兒生矣!", 妻曰 : "夫活矣!", 子曰 : "父能動矣!" 宛張目曰 : "我李宛也, 此何地? 爾何人而子我夫我父我耶?" 竟趨李宅. 李闔家怪而逐之. 宛曰 : "我李宛也. 父何以不我子, 妻何以不我夫, 子何以不我父耶?" 其父曰 : "我子死且腐. 我子無髭, 而爾多髯, 大異矣, 何詭說耶?" 宛曰 : "此張遠之軀, 冥曹判而假我生者也. 盍辨我之聲乎?" 其家人曰 : "聲果宛聲也." 張之父子追至, 亦曰 : "聲非遠聲也." 而李之家究不敢納也. 宛曰 : "不信, 試取我器具來." 須臾剖玉磨濾爲璧, 爲珪, 事事俱宛之素藝, 遠所不能者. 於是信其果爲宛也, 張不能强之歸, 李不復驅之去. 此王艾衲游邊云, 親見其事者.

張山來曰 : 冥官亦舞文如此耶! 雖與受賄者不同, 然亦恐宜掛彈章也.

不識李宛之妻肯與之同宿否. 以白皙無髭之壻, 而忽易以長髯傾黑之夫, 能無怏怏? 卽張遠之婦, 見其夫復生, 而爲李宛之妻所踞, 心能甘乎? 俱不可解.

귀모전(鬼母傳)

영벽(映碧) 이청(李淸)

귀모는 상인 아무개의 처다. 상인과 함께 어느 지방에서 객지생활을 하다가 임신한 몸으로 갑작스레 죽었다. 그러나 길이 너무 멀어 임시로 공터에 묻어두고는 미처 [시신을] 데리러 오지 못하고 있었다. 마침 그곳에는 전병 파는 가게가 하나 있었는데, 매일 아침 닭울음소리를 듣고 일어나보면 웬 부인이 돈을 쥐고 기다리고 서있었다. 가벼운 걸음새며 가는 목소리며 몹시 황망해하는 모습이, 마치 매일 밤 떠도는 사람처럼 보였다. 가게주인이 어찌된 일이냐고 물으니 부인이 슬프게 대답했다.

"남편이 떠나고 홀몸으로 지내는데, 젖도 나오질 않아 아이가 배고파 우는 소리를 들을 때면 밤마다 가슴을 도려내는 것만 같습니다. 모자지간에 정이 깊은지라, 새벽이슬 밟는 것도 마다않고 이렇게 급히 와서 전병을 사가 아이에게 먹인답니다."

가게에서는 처음 그 말을 듣고 그다지 의심하지 않았다. 그러나 낮에 번 돈을 상자에 넣으면 저녁에 늘 지전(紙錢) 한 장이 나오곤 하기에 의

심이 생겼다. 어떤 사람이 말했다.

"틀림없이 귀신이네. 종이란 본디 불에 타는 물건이니, 물에 넣으면 가볍기 때문에 뜨게 마련일세. 내일 아침 사람들이 가지고온 돈을 모두 물동이에 넣은 다음 떠오르는 것을 찾아내보는 게 어떻겠나?"

가게 주인이 그 말대로 했더니 부인이 가져온 돈만 물 위에 떴다. 이상하다 여기며 그 뒤를 밟았더니, 사뿐사뿐 나는 듯 걷는데 빠르기가 마치 나는 새 같았다. 부인은 갑자기 작은 무덤가로 다가가더니 몇 천 걸음 간 뒤 갑자기 사라졌다. 가게 주인은 모골이 송연해져 숨도 제대로 쉬지 못했다.

가게 주인은 급히 뛰어가 관가에 알렸다. [관가에서 그 무덤을 찾아가] 관을 열어보았더니 옷이며 뼈며 모두 재로 변해있었는데, 거기 아이 하나가 있었다. 살아있는 아이는 처음 사람을 보았을 때는 여전히 손에 전병을 들고 먹으면서 아무런 두려운 기색이 없더니 구경꾼들이 고슴도치 털처럼 잔뜩 모여 들여 시끌벅적하게 떠들어대자 그제야 놀라 울었다. 아이는 왼쪽을 바라보며 품에 안기는 모습을 하다가 오른쪽을 바라보며 옷깃을 잡고 기어오르는 자세를 취하기도 하였는데, 아직도 죽은 엄마를 살아 있는 엄마로 생각하고 응애 응애 울면서 기댈 곳을 찾고 있는 것 같았다. 슬프도다, 아이여! 사람들은 생이별에 가슴 아파하는데, 이 아이는 죽은 이와 이별하는 것을 가슴 아파하는구나. 관가에서는 이 모자를 가련히 여겨 급히 유모를 찾아 아이에게 젖을 물리고, 사람을 보내 그 아비를 데려왔다. 아비는 도착하여 아이를 보듬으며 통곡하면서 "네 어미를 닮았구나"라고 말했다. 그날 밤, 아이는 꿈에서 펄쩍펄쩍 뛰고 옹알거리며 통 잠을 자지 못했는데 누군가가 슬피 우며 아이를 안아주는 것 같았다. 이튿날 보았더니 아이의 옷은 반이나 젖은 채 아직도 마르지 않은 눈물자국이 완연했으니, 이는 영원한 이별의 흔적이었던 것이다. 아비도 슬픈 마음을 가누지 못한 채 아이를 데리고 돌아갔다.

후에 아이는 자라서 강호(江湖) 일대에서 무역 일을 했는데, 말하고 웃고 먹고 마시는 것은 보통 사람들과 다르지 않았으나, 선천적으로 몸이 가벼워 평지에서도 마치 허공을 다니듯 뛰어다닐 수 있었다. 호사가들은 아직까지도 그가 저승의 기운을 받았다고 말한다. 아이는 효성스러워서 누군가 귀신이 아이 낳은 일의 본말을 물으면 울부짖으며 광야로 달려 나가 눈이 퉁퉁 붓도록 울었다.

장산래가 말한다.

나는 전부터 귀신이 되어서 돈이 무슨 소용인가 의아했는데, 지금 이 귀모를 보니 이런 쓸모가 있었구나. 그다지 이상하게 생각할 일이 아니다.

鬼母者, 某賈人妻也. 同賈人客某所, 旣姙暴殞. 以長路迢遠, 暫瘞隙地, 未迎歸. 適肆有鬻餠者, 每聞雞起, 卽見一婦人把錢俟. 輕步纖音, 意態皇皇, 蓋無日不與星月侔者. 店人問故, 婦人愴然曰 : “吾夫去身單, 又無乳, 每饑兒啼, 夜輒中心如剜. 母子恩深, 故不避行露, 急持啖兒耳.” 店中初聆言, 亦不甚疑. 但晝投錢於筒, 暮必獲紙錢一, 疑焉. 或曰 : “是鬼物無疑. 夫紙爇於火者, 入水必浮, 其體輕也. 明旦盍取所持錢, 悉面投水甕, 伺其浮者物色之?” 店人如言, 獨婦錢浮耳. 怪而踪跡其後, 飄飄颺颺, 迅若飛鳥. 忽近小塚, 數千步, 奄然沒. 店人毛髮森豎, 喘不續吁.

亟走鳴之官. 起柩視, 衣骨燼矣, 獨見兒. 生兒初見人時, 猶手持餠啖, 了無怖畏, 及觀者蝟集, 語嘈嘈然, 方驚啼. 或左顧作投懷狀, 或右顧作攀衣勢, 蓋猶認死母爲生母, 而呱呱若覔所依也. 傷哉兒乎! 人苦別生, 兒苦別死. 官憐之, 急覔乳母飼, 馳召其父. 父到, 撫兒哭曰 : “似而母.” 是夜兒夢中趯趯咿喔不成寐, 若有人嗚嗚抱持者. 明旦視兒衣半濡, 宛然未燥, 訣痕也. 父傷感不已, 攜兒歸.

後兒長, 貿易江湖間, 言笑飮食, 與人不異, 惟性輕跳, 能於平地躍起, 若凌虛然. 說者猶謂得幽氣云. 兒孝, 或詢幽産始末, 則走號曠野, 目盡腫.

張山來曰 : 余向訝旣已爲鬼, 亦安事楮鏹爲, 今觀此母, 則其有需於此. 無足怪矣.

구피도사전(狗皮道士傳)

정구(定九) 진정(陳鼎)

구피도사는 어디 사람인지도 모르고 성씨도 자세히 알려진 바 없다. 명나라 말에 도관(道冠)을 쓰고 붉은 신을 신고, 또 개 가죽을 두르고서 성도(成都) 시내에서 걸식했다. 남의 집에 가서 걸식할 때마다 개 짖는 소리를 냈는데, 그 소리가 정말이지 똑같았다. 집의 개들은 그 소리를 들으면 진짜 개로 여기고는 뛰어나와 짖었는데, 그러면 도사도 그 개와 마주하고서 쉬지 않고 짖어댔다. 이웃 개들도 그 소리를 들으면 진짜 개로 여기고는 떼를 지어와 에워싸고서 짖어댔다. 도사가 노하여 홀연 호랑이 포효 소리를 내면 개떼들은 모두 슬슬 피해갔다. 도사는 혼자 허물어진 사당에 살았다. 깊은 밤이 되면 그는 개 한 마리가 그림자를 보고 짖는 소리를 내다가 잠시 후 개 여러 마리가 짖는 소리를 내었는데, 정말이지 수십 수백 마리의 개들이 짖는 소리와 흡사했다. 한참 후면 온 나라 안의 개들이 한꺼번에 짖어 대서 그 소리가 사방으로 울려 퍼졌다.

일 년 남짓 후에 장헌충(張獻忠)[1]이 침범하자 도사는 장헌충이 타고 온

말 앞으로 수십 걸음 돌진하더니 크게 개 짖는 소리를 냈다. 장헌충은 노하여 역적들에게 말을 몰고 가 그를 죽이라고 명령했다. 도사가 천천히 걸어가자 역적들이 여러 차례 말을 채찍질했는데도 말은 전혀 앞으로 나아가지 않았다. 장헌충은 더욱 노하여 화살을 쏘라고 했는데, 빗줄기처럼 화살을 날렸으나 하나도 적중하지 않았다. 장헌충은 더욱 크게 노하여 요물이라 여기고는 직접 말을 몰고 가서 화살을 쏘아 도사의 머리를 맞혔다. 그러나 화살이 들어가지 않고 도로 튕겨져 나와 장헌충이 타고 있는 말에 꽂혀 말이 즉사했다. 장헌충은 크게 놀라 그만 두었다.

훗날 장헌충은 존호(尊號)를 참칭(僭稱)했다. 1월 1일 아침에 장헌충의 백관들은 갑자기 개가죽을 쓴 도사 하나가 반열에 섞여 홀을 들고 가다가 갑자기 개 짖는 소리를 내는 것을 보았다. 장헌충은 크게 노하여 역적들에게 포박하라고 명령했다. 도사가 엄청 크게 개 짖는 소리를 내자 마치 수백 수천 마리의 개가 짖는 것처럼 궁정이 개 소리로 가득 메워졌다. 그 소리가 사방으로 울려 퍼져 온 성안의 개들이 그 소리를 듣고 따라 짖어대니, 개 짖는 소리가 천지를 진동했다. 장헌충이 큰 소리로 불러도 사람들은 개 소리 때문에 시끄러워 듣지를 못했다. 장헌충은 크게 놀라 물러갔다. 장헌충이 물러가자 개 짖는 소리도 그쳤다. 도사 또한 어디로 갔는지 모른다.

외사씨(外史氏)가 말한다.

세상에는 신선에 대해 말하는 사람들이 즐비하지만 나는 이를 반신반의해왔다. 지금 구피도사의 행위를 보니, 바로 신선 아닌가! 그렇지 않다면 어떻게 장헌충을 마치 강보에 쌓인 아이 다루듯 그렇게 가지고 놀 수

---

1 장헌충(張獻忠 : 1606~1646) : 원문은 '헌적(獻賊)'이라 되어 있으나 장헌충이나 장헌충의 무리로 해석된다. 장헌충은 자는 병오(秉吾), 호는 경헌(敬軒)이며 명나라 연안(延安 : 지금의 陝西省에 속함) 사람이다. 숭정(崇禎) 3년(1630) 미지기의(米脂起義) 때 스스로 '팔대왕(八大王)'이라 칭했다. 이자성(李自成)과 함께 섬서·하남·안휘 등지를 진격하고 후에 호남·사천을 치고, 성도를 빼앗아 대순(大順) 정권을 세웠다. 대순 3년(1646)에 청나라에 패전한 뒤 전사했다.

있단 말인가!

장산래가 말한다.

사람 가죽을 쓴 자는 장헌충을 보고 짖지 못했거늘 개 가죽을 쓴 자가 오히려 해냈으니, 사람이 개만 못할 수 있구나!

狗皮道士者, 不知何許人, 亦未詳其姓氏. 明末, 嘗冠道冠, 躡赤舃, 披狗皮, 乞食成都市. 每至人家乞食, 輒作犬吠聲, 酷相類. 家犬聞之, 以爲眞犬也, 突出吠之, 道士輒與對吠不休. 鄰犬聞之, 亦以爲眞犬也, 輒羣集遶吠之. 道士怒, 忽作虎嘯聲, 郡犬皆辟易. 每獨居破廟. 至深夜, 輒作一犬吠影聲, 少頃, 作衆犬吠聲, 儼然百十犬相吠也. 久之, 通國之犬皆吠, 而達乎四境矣.

歲餘, 獻賊入寇, 道士突至賊馬前數十步, 大作犬吠聲. 獻賊怒, 令羣賊策馬逐殺之. 道士故徐徐行, 賊數策馬, 馬不前. 獻賊益怒, 令飛矢, 射之如雨, 皆不中. 獻賊益大怒, 以爲妖, 親策馬射之, 中其首. 不入, 矢還中賊馬, 馬斃. 獻賊大駭, 乃已.

他日獻賊僭尊號. 元旦朝, 賊百官忽見道士披狗皮, 列班行, 執笏, 作犬吠聲. 獻賊大怒, 令羣賊縛之. 道士乃大作犬吠聲, 盈庭, 如數千百犬爭吠狀. 聲徹四外, 合城之犬聞聲, 從而和, 吠之聲震天地. 獻賊大聲呼, 衆皆不聞, 爲犬聲亂也. 獻賊大驚而退. 旣退, 犬聲息. 道士亦不知所往.

外史氏曰 : 世之言神仙者比比, 余則疑信相半. 今觀狗皮道士之所爲, 豈非神仙哉! 不然何侮弄獻賊如襁褓小兒哉!

張山來曰 : 人皮者不能吠賊, 狗皮者反能之, 可以人而不如狗乎!

여우 열녀 이야기[烈狐傳]

정구(定九) **진정**(陳鼎)

명나라 말에 여우 한 마리가 살고 있었는데, 한 육칠십 된 노인의 모습으로 변장을 하고 다녔다. 노인은 곤산(崑山 : 지금의 江蘇省 곤산현)의 갈씨(葛氏)를 찾아가 버려진 채마밭을 빌려 살고 싶다고 말했다. 갈씨가 거긴 집이 없다면서 거절하자 노인이 말했다.

"그냥 승낙만 해주십시오. 집이 있고 없고는 상관치 않습니다."

갈씨는 이상한 생각이 들었으나 승낙했다. 노인은 그 즉시 갈씨와 계약을 하고는 이렇게 말했다.

"나는 사람이 아닙니다. 당신 집안과 전생의 오랜 인연이 있어 이렇게 가까이 와 사는 것뿐입니다. 오고가실 때에 종들에게 저희를 귀찮게 하지 말라고 주의를 준다면 당신의 높은 우의에 감복할 것입니다."

갈씨는 "삼가 가르침을 따르겠습니다"라고 말하고는 떠나갔다. 며칠 후 노인이 명함을 올리면서 들어와 인사하더니 "이사 오겠습니다"라고 말했다. 노인이 이사 온 뒤에 보니 종이 수십 명은 되었는데 모두 깨끗

한 옷을 입고 있었으며, 폐물을 바쳤는데 모두 진주와 옥과 수놓은 비단으로 몇 천 꿰미의 값어치가 나갔다. 갈씨가 사양했으나 노인이 한사코 권하기에 그 폐물을 받았다. 노인은 그곳을 떠나 채마밭 문에 이르더니 갑자기 사라졌다. 갈씨는 더욱 기이하게 생각했다. 이에 사람을 시켜 몰래 엿보게 했더니 채마밭 안이 온통 고대광실이고 채색한 기둥에 아로새긴 편액까지, 완연히 사대부 가문이었다. 얼마 후 노인은 술상을 차려놓고 갈씨를 초대했는데, 성대한 술상이나 호화로운 휘장이 인간 세상의 기이함의 극치였다.

갈씨에게는 방년 스무 살 된 아들이 있었는데, 세련되고 고아한 풍류재자로서 온 마을에서 으뜸이었다. 아들은 우연히 노인의 집을 지나가다가 한 아리따운 여인을 보았는데, 나이는 열 대여섯에 한 줄기 해당화처럼 하늘하늘 거리며 무슨 말이라도 할 듯 하였다. 아들은 돌아와 그 여자 생각을 떨쳐버리지 못하더니, 한참 뒤에는 그만 병이 되어 죽을 지경에 이르렀다. 갈씨는 아들의 속내를 알아차리고 달려가 노인에게 사정을 알리면서 혼인시키자고 청했다. 그러나 노인은 "우리 같은 무리는 인간이 아니라 군자의 짝이 될 만하지 못합니다"라고 말했다. 그래도 갈씨가 한사코 청하자 그제야 허락했다. 이에 길일을 택해 여자를 맞이해오니, 장만해온 살림이 만 냥도 넘었다. 시집온 뒤에는 부부 사이가 돈독했으며 시부모를 지극 정성으로 섬겼다. 얼마 후 나라에 변란이 생겼다. 반란군이 그의 집에 들어와 부인의 미색을 보고는 욕보이려 하자 부인은 크게 꾸짖으며 칼을 빼앗아 스스로 목을 베어 죽었는데, 보았더니 한 마리 구미호였다.

외사씨(外史氏)가 말한다.

여우는 음탕한 짐승이라 사람을 음란하게 홀린다. 여우에게 죽임을 당한 자가 몇인지 모른다. 그런데 이 여우는 정절을 지키다 죽었으니, 아아, 정숙한 여자와 그 정렬(貞烈)을 다툴만하구나!

장산래가 말한다.

옛날에 친구 집에서 한 질의 작은 책을 보았는데, 모두 여우 요물에 관한 이야기였다. 정 많은 여우는 적지 않으나 열녀 여우는 아직 들어보지 못했다. 지금 이 글을 얻음에 음탕한 짐승에게 광채가 더해질 만하다. 갈씨 노인이 기꺼이 혼인을 맺고자 한 점 또한 보통사람이 미칠 수 있는 바가 아니다. 여우가 정렬로써 보답한 것도 당연한 일이다.

明末有狐, 幻老人狀, 年可六七十. 詣崑山葛氏, 欲僦其荒圃以居. 葛謝以無屋, 老人曰:"君第諾. 我勿論屋有無也." 葛異而諾之. 老人卽與葛約曰:"我異類也. 與君家有夙世緣, 故相依耳. 往來請誡從者勿相擾, 則佩君高誼矣." 葛曰:"謹奉教." 乃去. 越數日, 老人投刺進謁曰:"徙來矣." 旣至, 從者數十人, 皆衣裳楚楚, 陳幣, 悉珠玉錦繡, 値數千緡. 葛辭之, 老人固讓, 葛然後納其幣. 及去, 達圃扉, 卽不見. 葛愈異之. 使人私瞯之, 見圃內皆高堂大廈, 畫棟雕題, 儼然縉紳家也. 他日, 治酒招葛, 樽俎之盛, 帷幄之富, 極人間之異.

葛有子方弱冠, 風流都雅, 傾一邑. 偶過其居, 見一麗人, 年可十五六, 如海棠一枝, 輕盈欲語. 歸而思之不置, 久之, 遂成病且欲死. 父知其情, 走告老人, 以姻請. 老人曰:"恐吾輩異類, 不足以辱君子耳". 葛固請之, 乃許. 擇吉迎之, 奩贈以萬計. 旣歸, 夫婦篤好, 事舅姑甚孝. 未幾, 國變. 亂兵入其家, 見婦艷, 欲汚之, 婦大罵, 奪刀自剄而死, 乃一九尾狐也.

外史氏曰:狐, 淫獸也, 以淫媚人. 死於狐者, 不知其幾矣. 乃是狐, 竟能以節死, 嗚呼, 可與貞白女子爭烈矣!

張山來曰:曩於友人處, 見小書一帙, 皆紀妖狐故事. 狐之多情者, 固不乏, 而烈者則未之前聞. 今得此文, 可爲淫獸增光矣. 葛翁肯與聯姻, 亦非尋常可及. 狐之以烈報之, 固宜.